Crystal McVea mit Alex Tresniowski

Im Himmel war ich glücklich

Über die Autoren

Crystal McVea ist Lehrerin. Mit ihrem Mann und ihren vier Kindern lebt sie im US-Bundesstaat Oklahoma. Auf ihrer facebook-Seite berichtet Crystal McVea weiter über ihr Leben nach der Nahtoderfahrung:
facebook.com/crystalmcveaauthor

Alex Tresniowski schrieb früher für das *People-Magazine* und hat als Autor und Ghostwriter bereits mehrere Bücher veröffentlicht.

Crystal McVea • Alex Tresniowski

Im Himmel war ich glücklich

Die wahre Geschichte einer
lebensverändernden Nahtoderfahrung

Aus dem Englischen
von Ingmarie Flimm

GerthMedien

Dieses Buch widme ich dir, mein Gott.
Du hast mich im finsteren Tal gefunden und mein
Leben für immer verändert.
Ich freue mich auf den Tag, an dem ich wieder
in deiner himmlischen Gegenwart sein darf,
dann für immer.

Inhaltsverzeichnis

Einleitung

Voraussichtlich wird mich eines nicht allzu fernen Tages einer meiner geliebten dreijährigen Zwillinge fragen: »Mama, wie war das eigentlich damals, als du gestorben bist?«

Sie werden sicher zufällig mitkriegen, wie ich jemandem meine Geschichte erzähle und mehr darüber wissen wollen. Mit ihren großen, unschuldigen Augen werden sie mich dann ansehen und versuchen, das zu verstehen, was sie da hören. Selbst einem Erwachsenen begreiflich zu machen, was mir passiert ist, ist nicht gerade einfach. Wie soll das erst bei Kindern funktionieren?

Es gibt so viel, was ich ihnen mitzuteilen habe und was sie unbedingt wissen müssen. Meine Geschichte handelt von Hoffnung, Verzeihung und Erlösung, aber auch von der wunderbaren, heilenden Kraft, die von Gottes Nähe ausgeht. Sie erzählt davon, was ich gesehen und verstanden habe, als ich während eines Krankenhausaufenthalts meinen Körper für neun Minuten verlassen habe und mich während dieser Zeit im Himmel befand, bei Gott. Anschließend kam ich wieder zurück auf die Erde, aber mein Leben hat sich durch diese Erfahrung vollständig und für immer verändert – und zwar von Grund auf.

Trotzdem hatte ich lange Zeit keine Lust, über diese Dinge zu sprechen.

Das hatte einen Grund: Ich lebe in einer wunderschönen Stadt in Süd-Oklahoma, in einer christlich geprägten Gegend, wo viele Menschen ihre Beziehung zu Jesus sehr ernst nehmen. Und ich weiß, wie viel Schaden entstehen kann, wenn die Leute anfangen, über jemanden zu tratschen. Als Lehrerin, was nichts anderes bedeutet, als dass Eltern mir die Ausbildung ihre Kinder anvertrauen, hatte ich Angst, dass es mich sozial isolieren und lächerlich machen würde, vielleicht sogar meinen Job kosten würde, wenn meine Geschichte bekannt wird. Insofern hatte ich Angst, von anderen für verrückt erklärt zu werden.

Und obwohl Gottes Anweisungen nicht klarer hätten sein können – »*Erzähl ihnen alles, woran du dich erinnerst!*« –, fiel es mir schwer zu verstehen, warum ich das überhaupt tun sollte und was genau er da von mir verlangte.

Es bereitete mir auch deshalb Probleme, weil ich von mir selbst dachte, einfach nicht die richtige Person zu sein, um etwas von Gott zu erzählen. Ich bin halt niemand, der einen Platz auf der heiligen Liste der Vorbilder hat. Früher habe ich einfach so viel falsch gemacht, dass ich fürchte, gegen jedes einzelne der Zehn Gebote verstoßen zu haben. Nicht nur gegen ein paar, sondern gegen wirklich ausnahmslos alle. Selbst gegen das schwerwiegendste: Du sollst nicht töten.

Als ich jünger war, habe ich einen Fehler gemacht, den ich für so schwerwiegend und unverzeihlich hielt, dass ich mir nicht vorstellen konnte, Gott würde mich danach noch lieben können – wenn es ihn denn überhaupt gab.

Und genau das war mein nächstes Problem: Dass ich eine Skeptikerin war, die Gottes Existenz infrage stellte. Zwar bin ich mitten im sogenannten »Bible Belt« (Bibelgürtel) Nordamerikas aufgewachsen, vier Mal getauft worden, regelmäßig in die Kirche gegangen und habe bestimmt eine Million Predigten gehört, doch tief in meinem Herzen hatte mich all das nicht überzeugt. Immer wieder forderte ich Gott heraus, er solle mir seine Existenz beweisen. Dazu stellte ich immer wieder eine neue Hürde auf, die er zu überwinden hatte. Heute weiß ich, dass er existiert, denn er tat es jedes Mal.

Damals jedoch hielt ich die harten Zeiten meines Lebens für einen Beweis, dass Gott nichts tat, um mich vor Unglück zu schützen. Ich zweifelte an ihm und verfluchte ihn. Manchmal schwor ich sogar, ihn aus meinem Leben zu verbannen.

Und trotzdem, *trotz alledem* ist Gott mir nachgegangen. Er hat um mich geworben, hat mich geliebt und auserwählt und mich wieder zurück auf die Erde geschickt, dass ich anderen meine Geschichte erzähle.

Ganz allmählich fing ich damit an. Ich fasste mir ein Herz und erzählte zunächst Fremden in Restaurants, im Supermarkt oder der Eisdiele davon. Jedes Mal ganz spontan, vorausgesetzt ich hatte kurz zuvor Gottes »Anstupsen« gefühlt. Ich sagte meist: »Entschuldigen Sie bitte, mein Name ist Crystal McVea. Stellen Sie sich vor, ich bin 2009 gestorben und im Himmel gewesen.«

Na, wenn das mal kein gelungener Einstieg ist!

Was jeweils dann passierte, nachdem ich die ganze Geschichte meiner Nahtoderfahrung erzählt hatte, sind ganz eigene, bemerkenswerte und wunderbare Geschichten. Doch nie hätte ich geglaubt, dass ich jemals ein Buch darüber schreiben würde. Das stand definitiv nicht auf der Liste von Dingen, die ich in meinem Leben unbedingt mal machen wollte. Da stehen eher Dinge drauf, wie meinen Kindern den Broadway oder den Grand Canyon zu zeigen.

Aber nachdem ich meine ersten Ängste überwunden und angefangen hatte, von dem Erlebten zu erzählen, wusste ich, dass es zu Gottes Plan gehört, so vielen Leuten wie möglich davon zu erzählen. Und ehrlich gesagt habe ich in der Woche nur ein paar Stunden zur Verfügung, um Leute an der Kasse im Supermarkt anzusprechen. Mit dem Buch habe ich also endlich wieder etwas mehr Zeit, mich zu Hause um die Zubereitung des Essens zu kümmern.

Ich frage mich aber auch, gibt es da draußen Leute, die mich für eine Betrügerin halten, für eine religiöse Spinnerin oder eine Verrückte? Mit Sicherheit. Vielleicht werden manche Leute dieses Buch quer durch das Zimmer schleudern und es als Fiktion einstufen. *Für wen hält sich diese Mutter aus Oklahoma, die vorgibt, Gott begegnet zu sein? Warum sollten wir ihr das glauben?* Eine Antwort, die ich manchmal darauf bekomme, lautet: »Ach, Crystal, ich glaube dir schon, dass *du* glaubst, Gott gesehen zu haben. Aber ob ich das auch glaube, weiß ich nicht.« Es ist eine höfliche Art zu sagen, dass ich entweder lüge oder verrückt bin, ohne es allzu deutlich auszusprechen.

Natürlich ist meine Geschichte für manche schwer zu glauben. Ich weiß, dass das, was ich erzähle, sich jenseits unseres irdischen Erfahrungshorizonts befindet. Ganz ehrlich: Wenn mir jemand erzählt hätte, er sei gestorben und wäre Gott begegnet, bevor mir das alles passiert ist, wäre ich mit großer Wahrscheinlichkeit auch ziemlich skeptisch gewesen.

Letztlich wirft dieses Buch die schwerwiegendsten und wichtigsten Fragen überhaupt auf: Gibt es Gott wirklich? Hat er einen Plan für uns? Gibt es einen Himmel? Wozu leben wir überhaupt?

Selbstverständlich bilde ich mir nicht ein, die Antworten darauf geben zu können. Ich selber habe noch ziemlich viele Fragen. Genauso wenig bilde ich mir ein, irgendjemand

Besonderes zu sein. Ich bin einfach eine ganz gewöhnliche Mutter aus dem mittleren Westen der USA. Tag für Tag versuche ich, meine Zwillinge zu ihrem Mittagsschläfchen zu überreden. Ich fahre regelmäßig meine älteren Kinder zu ihren Nachmittagsveranstaltungen und ich versuche, gesünder zu essen und ein bisschen abzunehmen (was mir nicht immer gelingt). Aber diese Ereignisse haben *wirklich* stattgefunden und ich weiß jetzt – nachdem ich mir ein Leben lang unsicher war –, dass es Gott *wirklich* gibt. Sein Wesen ist großartig, schön und wunderbar.

Und seitdem er mir aufgetragen hat, meine Geschichte zu erzählen, tue ich das, obwohl vieles daran schmerzhaft und nicht immer angenehm ist. Wenn Sie dieses Buch lesen, werden Sie feststellen, dass ich in furchtbarer Scham gelebt habe und schreckliche Geheimnisse zu hüten hatte. Ich habe mich selbst gehasst und war davon überzeugt, wertlos zu sein. Das hat dazu geführt, dass ich viele falsche Entscheidungen getroffen habe. Aber es ist wichtig, dass Sie verstehen, wer ich gewesen bin, damit Sie nachvollziehen können, was aus mir geworden ist.

Manches von dem, was ich von meiner Zeit im Himmel beschreibe, ähnelt vielleicht anderen Berichten von Nahtoderfahrungen – das helle Licht, ein schimmernder Eingang, die Anwesenheit von Engeln. Vieles ist wahrscheinlich aber auch neu. Nur, alles, was ich aufgeschrieben habe, ist zu hundert Prozent so, wie ich mich erinnere. Nicht mehr und nicht weniger. Weder habe ich Dinge beschönigt noch das kleinste bisschen übertrieben. Ich sage den Leuten immer: »Wenn ich mir das ausgedacht hätte, dann wäre die Geschichte viel dramatischer geworden.« Was ich beschreibe, ist mir wirklich so passiert.

Gott hat mir die Dinge so eindrücklich gezeigt, dass sie in meinem Leben eine erstaunliche Kraft und Wirkung freisetzten. In meinem Alltag erlebe ich die Realität der Gegenwart

Gottes jetzt täglich. Und ich muss sagen, dass ich in diesen neun Minuten, die ich im Himmel verbracht habe, lebendiger war, als je zuvor in meinem Leben hier auf der Erde.

Ich kann nur hoffen, dass Sie einen Bruchteil der Kraft, Intensität und Herrlichkeit spüren, die ich erlebt habe – auch wenn meine Worte das wohl niemals angemessen beschreiben können.

~

Vor nicht allzu langer Zeit las ich in einer Umfrage, dass die Zahl der jungen Amerikaner, die nicht an Gott glauben, wächst. 2007 zweifelten nur 17 Prozent der unter Dreißigjährigen daran, dass es Gott wirklich gibt. 2012 waren es fast doppelt so viele (32 Prozent). Ungefähr ein Drittel der befragten jungen Amerikaner ist sich also nicht sicher, ob Gott existiert.

Des Weiteren äußerte sich Professor Stephen Hawking, der berühmte Astrophysiker aus Cambridge, 2012 in einem Interview: »Es gibt keinen Himmel und kein Leben nach dem Tod. Das ist ein Märchen für Leute, die Angst vor dem Dunkeln haben.«

Vielleicht sollten die Umfrageergebnisse und Hawkings Aussage mich traurig stimmen, aber das tun sie nicht. Und zwar deshalb, weil ich selbst eine dieser Zweifelnden war. Ich verstehe die Skepsis, von der es auch in mir immer noch Spuren gibt. Als Kind habe ich stets alles hinterfragt und auch als Erwachsene bin ich immer noch auf der Suche nach Antworten.

Und während ich jetzt nicht mehr zu denjenigen gehöre, die an Gott und seiner Macht zweifeln, ist mir sehr deutlich bewusst, welch besonderes Glück ich hatte, diese Erfahrung machen zu dürfen. Für die meisten Menschen bedeutet der Glaube, dass sie einem Gott vertrauen, den sie *nie* gesehen haben.

Und es gibt andere, deren Glaube die vielen Fragen, die sie haben, mit einschließt. Denn noch Fragen zu haben, bedeutet keineswegs, nicht glauben zu können.

Was ich sagen will: Ich kann Ihnen nicht beweisen, dass das, was mir widerfahren ist, wirklich stattgefunden hat. Wenn Sie mein Buch lesen, lassen Sie sich auf meine Geschichte ein. Wie Sie diese letzten Endes auffassen werden, hängt davon ab, was Sie zu glauben bereit sind.

Bei uns zu Hause im Flur, zwischen den Zimmern unserer Kinder, steht in schwarzer Schrift ein Bibelspruch an der Wand. Er lautet:

> *»Der Glaube ist der tragende Grund für das, was man hofft: Im Vertrauen zeigt sich jetzt schon, was man noch nicht sieht.«*
>
> Hebräer 11,1

Aufgrund dessen, was mir passiert ist, weiß ich, dass es Gott gibt. Aber man muss nicht erst sterben und ihm persönlich begegnen, um das zu erkennen.

Gott wird erfahrbar durch den Glauben.

Was also werde ich meinen Zwillingen, wenn sie zu mir kommen und mich nach meiner Himmelsgeschichte fragen, erzählen? Ich werde mich mit ihnen hinsetzen und folgendermaßen anfangen: »Meine Lieben, es gibt einen Himmel und dort ist es wunderschön.«

Crystal McVea

1. Kapitel

Alles fing damit an, dass ich eine Panikattacke erlebte. Schon zuvor hatte ich einige Male solche gehabt und kannte das Gefühl, plötzlich keine Luft mehr zu bekommen. Aber was ich im Dezember 2009 erlebte, war viel schlimmer. Ich konnte gar nicht mehr aufhören zu keuchen und zu würgen, schnappte nach Luft und brachte minutenlang keinen einzigen Atemzug zustande. Und je weniger Luft ich bekam, desto mehr steigerte sich meine Panik, was wiederum das Atmen erschwerte. Die Anfälle dieser Art häuften sich. Einige Male waren sie sogar so schlimm, dass ich schnell ins Krankenhaus gebracht und dort mit Sauerstoff versorgt werden musste.

Mein Arzt überwies mich damals zu einem Spezialisten, einige Hundert Kilometer entfernt von unserer Heimatstadt in der staubigen Ebene im Südwesten Oklahomas. Ich war dreiunddreißig und eigentlich kerngesund, obwohl ich mich in letzter Zeit etwas übernommen hatte. Der Facharzt röntgte meinen Brustkorb und verschrieb mir etwas zum Inhalieren, aber die Attacken hörten nicht auf. Daraufhin ordnete er eine Magen- und Darmspiegelung an. Doch auch sie führte zu keinem

Ergebnis. Anschließend wurden noch Galle und Bauchspeicheldrüse endoskopisch untersucht. Dabei entdeckte der Arzt eine Verengung zwischen Bauchspeicheldrüse und Leber und setzte einen Stent – ein winziges Metallröhrchen, das den Gang erweitern soll. Das hatte zwar nicht das Geringste mit meinen Atemproblemen zu tun, aber da diese kleine Schwachstelle auffiel, behandelte man sie direkt.

Als ich nach dem Eingriff wieder erwachte, hatte ich fürchterliche Schmerzen.

Sie waren so heftig, gleichbleibend und entsetzlich, dass ich mich kaum bewegen konnte. Sofort untersuchten mich die Ärzte und stellten eine Bauchspeicheldrüsenentzündung fest, vermutlich ausgelöst durch das Setzen des Stents. Ungewöhnlich war das nicht. Denn immer wenn man an der Bauchspeicheldrüse oder Galle herumdoktert, riskiert man Entzündungen. Sie sind äußerst schmerzhaft an diesen Organen und nur mit Infusionen und starken Schmerzmitteln behandelbar.

Der Arzt teilte mir mit, dass ich einige Tage im Krankenhaus bleiben müsste. Allerdings hatte ich von Krankenhäusern die Nase gestrichen voll. Seit zehn Wochen, die ich als die längsten und härtesten meines bisherigen Lebens empfand, lag ich bereits im Krankenhaus. Durch die Medikamente ging es mir so gut, dass ich mir einredete, es sei in Ordnung, jetzt das Krankenhaus zu verlassen. Hinzu kam meine Sturheit, die da sicher auch eine Rolle spielte. Also verlangte ich meine sofortige Entlassung, gegen den Rat des Arztes.

Noch in der Nacht krümmte ich mich zu Hause so vor Schmerzen, dass ich im Morgengrauen in die Notaufnahme zurückkehrte.

Dort verabreichte man mir intravenös eine Kochsalzinfusion und schloss mich zugleich an eine »Schmerzpumpe« an, die ich selbst steuern konnte. Darin befanden sich einige Dosen

Dilaudid, ein wirklich starkes Schmerzmittel. Wann immer meine Schmerzen unerträglich wurden, konnte ich per Knopfdruck für Erleichterung sorgen, wobei die Anzahl der Dosierungen pro Stunde allerdings begrenzt war.

Es dauerte keine 24 Stunden und mein Zustand verschlechterte sich massiv. Ich schwitzte, als hätte ich 40 Grad Fieber, und musste mich immer wieder übergeben. Meine Mutter Connie, die bei mir war, wischte mir geduldig den Schweiß von der Stirn und rieb mir meine Beine mit meiner Lieblingslotion ein, die nach Vanille und Weihnachten duftete. Meine Schmerzen wurden trotzdem immer schlimmer. Die Ärzte sagten, es sei völlig normal, wie ich mich fühlte.

Irgendwann am Nachmittag war ich am Ende. Ich erinnere mich noch daran, wie ich meine Augen öffnete und meine Mutter auf einem Stuhl am Fußende meines Betts vor dem Fernseher sitzen sah. Es lief gerade eine Talkshow, die wir beide sehr mochten.

»Was für ein Datum haben wir heute?«, fragte ich meine Mutter völlig aus dem Zusammenhang. »Das Jahr, meine ich?«

»Was glaubst du denn?«, entgegnete sie.

»1984.«

Meine Mutter lachte. »Meine Liebe, also ich bin gerade in 2009 unterwegs. Komm besser wieder zurück.«

Darauf sagte ich: »Ich liebe dich, Mama«, und sie antwortete: »Ich liebe dich auch«, ehe sie sich wieder dem Fernseher zuwandte. Erschöpft schloss ich meine Augen und spürte, wie mit einem Mal eine unglaubliche Schwere über mich fiel. Sie fühlte sich an, so als würde ich immer tiefer in mein Kissen sinken. Es war, als ob ich in einen unendlich festen Schlaf fiel, der auch all meine Schmerzen nahm.

~

Ungefähr zu diesem Zeitpunkt berührte meine Mutter mein Bein und stellte fest, dass es sich kalt anfühlte. Sie zog die Decke über meine Füße, dann stand sie auf, trat zu mir und stopfte sie fester um meine Arme und Schultern. Sie sah, dass ich im Schlaf zuckte, und wunderte sich über mein ungewöhnlich lautes Schnarchen.

Dann schaute sie in mein Gesicht und ihr fielen meine blauen Lippen auf.

Sofort kontrollierte sie meine Atmung. Als sie nichts hörte, legte sie ihren Finger auf meine Halsschlagader und versuchte, den Puls zu tasten. Wieder nichts. Sie rief um Hilfe. Um mich Mund-zu-Mund zu beatmen, versuchte sie das Bett herabzusenken, fand aber nicht den richtigen Schalter. Eine Schwester kam herein, rieb meinen Oberkörper und rüttelte mich.

»Crystal, was ist los?«, fragte sie. »Kannst du mich hören?«

Inzwischen war mein Gesicht ganz blau angelaufen – tief dunkelblau, fast schwarz. Denn das Schnarchen, das meine Mutter vernommen hatte, war kein lautes Schnarchen. Es war mein letzter Atemzug gewesen.

»Kannst du mich hören, Crystal?«, fragte die Schwester wieder. »Was hast du?« Als sie das wiederholte, war meine Mutter nicht mehr zu halten.

»Das können Sie bis zum Sankt-Nimmerleins-Tag machen; das hilft nichts!«, schrie sie. »Sie atmet nicht und sie hat keinen Puls. *Sie stirbt!*«

Da stürzte die Stationsschwester zur Tür herein, aber als sie mein blaues Gesicht sah, blieb sie wie angewurzelt stehen. Dann kam eine weitere Krankenschwester, die bei meinem Anblick fast ihr Klemmbrett fallen ließ.

»Mein Gott, was ist denn hier los?«, rief sie.

»Das ist ein Notfall! Wir müssen sofort Alarm schlagen, aber dafür ist sie zuständig«, sagte eine der Krankenschwestern und deutete auf die Stationsschwester.

»Lös gefälligst Alarm aus«, brüllte die Angestellte sie an. »Und zwar schnell, verdammt noch mal!«

Die Schwester löste schließlich den Alarm aus, die höchste Stufe für akute Notfälle. Nun ging alles ganz schnell: Jemand rollte die Notfallausrüstung herein, ein anderer brachte einen Beatmungsbeutel und anschließend eilten ein Arzt, ein zweiter Arzt, ein Seelsorger und ein Sozialarbeiter herbei. Ein gutes Dutzend Menschen drängte sich nun in dem kleinen Raum um meinen Körper. Eine Schwester riss mir mein Krankenhausnachthemd ab.

Jemand begann mit der Herzdruckmassage auf meiner Brust. Immer noch keine Atmung, kein Puls. Mir wurde eine Maske über das Gesicht gestülpt, um mich zu beatmen. Aufgeregt lief das Personal in mein Zimmer hinein und hinaus, während sich andere Patienten mittlerweile im Flur versammelten, um herauszufinden, wer da im Sterben lag. Meine Mutter wiederholte mitten in diesem Trubel immer wieder dieselben Worte: »Bitte stirb nicht, Crystal. Bitte bleib bei uns.«

Ich konnte sie nicht hören. Auch nahm ich weder die Maske noch die Herzdruckmassage wahr, geschweige denn, dass ich all die Ärzte und Schwestern gesehen hätte, die mein Zimmer bevölkerten. Von der ganzen Aufregung habe ich nicht das Geringste mitbekommen.

An nichts, was in diesem Zimmer passiert ist, kann ich mich erinnern, nachdem ich meiner Mutter gesagt hatte, dass ich sie liebe und mit geschlossenen Augen weggedämmert war. Ich erinnere mich nur daran, dass ich aufgewacht bin, und zwar im Himmel, bei Gott.

Das herrliche Licht

In dem Moment, als ich meine Augen auf Erden schloss und sie wieder öffnete, war ich im Himmel. Ohne Zeitverzögerung. So verhält es sich dort. Alles geschieht sofort und auf einmal.

Das macht es für mich schwierig, darüber zu erzählen. Wir sind es von unserem Leben gewohnt, dass erst dieses und dann jenes passiert. Aber so hat sich der Himmel nicht angefühlt. Alles geschah gleichzeitig, aber nicht so, dass sich Ereignisse überstürzten oder dass Eindrücke nur so auf einen einprasselten. Im Grunde kann man selbst nicht von »Ereignissen« sprechen – ich nahm alles wahr und verstand alles im selben Augenblick, als wäre mir plötzlich eine Art Urwissen zugänglich, das in mir geschlummert hatte. Es war nicht so, dass ich etwas erlebt habe und in der darauffolgenden Minute etwas anderes. Der Himmel kennt keine Minuten, Stunden oder Tage. Zeit vergeht nicht im Himmel.

Doch finden »Ereignisse« dort wirklich anders statt? Oder ist nur unsere menschliche Wahrnehmung plötzlich eine völlig andere? Ich weiß es nicht. Nur irgendwie spielt sich dort alles innerhalb eines Augenblicks ab. Und wenn ich davon erzähle, bleibt mir als Mensch nichts anderes übrig, als die Dinge in eine Reihenfolge zu bringen, weil wir nur so sie auf Erden wahrnehmen und verstehen können.

Als ich erwachte, wurde mir klar, dass ich keinen Körper mehr hatte. Ich hatte ihn hinter mir gelassen und bestand nur noch aus Geist. Dieser Zustand kam mir sofort absolut selbstverständlich vor – genauso wie man weiß, dass man zehn Zehen hat, ohne dass man sie nachzählen muss. Mein Geist hatte keine Gestalt mit klar definierten Ecken und Kanten, aber ich fühlte mich vollständig und präsent.

Ich war ganz ich selbst. Ich war dieselbe, die kurz zuvor noch auf der Erde gewesen war und ihrer Mutter versichert hatte, dass sie sie liebte, ehe sie starb. Gleichzeitig machte ich allerdings die überwältigende Erfahrung, dass dieses »Ich« schon seit einer Ewigkeit existierte. Viel länger, als ich mich körperlich auf der Erde befunden hatte.

Während mich auf der Erde stets Selbstzweifel und Ängste plagten, besaß ich nun im Himmel eine ganz klare Gewissheit darüber, wer ich war. Ich fühlte mich mit meinem Geist, Herzen und ganzen Wesen viel stärker wahrgenommen, als ich es auf der Erde je für möglich gehalten hätte. Mein Selbstbewusstsein war viel größer als das irdische Bündel an Hoffnungen und Ängsten, Träumen und Verletzungen. Ich war erfüllt von tiefer Selbsterkenntnis und der ganze Ballast, der mir auf der Erde angehaftet hatte, fiel ab. Zum ersten Mal in meinem Leben offenbarte sich mir, wer ich wirklich war. »Ich habe dich schon gekannt, ehe ich dich im Mutterleib bildete«, sagt Gott im Buch des Propheten Jeremia (1,5). Da im Himmel begegnete ich mir wirklich selbst. Das muss man sich mal vorstellen: Die erste Person, der wir im Himmel begegnen, sind wir selbst.

~

Die richtigen Worte zu finden für das, was ich im Himmel erlebt habe, fällt mir unglaublich schwer. In unserer menschlichen Sprache gibt es schlicht und ergreifend keine Worte, die das auch nur annähernd angemessen beschreiben könnten. Wenn ich sage, dass es »schön«, »großartig« und »überwältigend« war, trifft es das nicht wirklich. Das im Himmel Erlebte war so real, so leuchtend und durchdringend, dass mir mein Leben auf der Erde dagegen wie ein schemenhaftes Schattendasein vorkommt – so als ob der Himmel die eigentliche Realität wäre und unser irdisches Dasein nur ein Traum. Wovon ich erzähle, ist also nur so überwältigend groß und atemberaubend wie ich es eben imstande bin zu beschreiben – die Wirklichkeit ist nur noch um ein Vielfaches größer, atemberaubender und schöner.

Nachdem ich aus meinen Schlaf erwacht bin und mir klar wurde, dass ich nur noch aus Geist bestand, fühlte ich mich in ein herrliches Licht getaucht.

Manche Leute, die im Sterben liegen, sprechen von einer Lichtwolke, aber das finde ich nicht ganz zutreffend. Denn erstens würde das ja bedeuten, dass das Licht irgendwie begrenzt wäre, und in meinem Fall war es einfach überall, ohne Anfang und Ende. Und zweitens handelte es sich nicht nur um Licht – oder zumindest nicht um Licht, wie wir es kennen. Es war weiß, aber tausendfach weißer als das weißeste Weiß, das wir jemals gesehen haben oder uns vorstellen können. Es war großartig, strahlend und wunderbar leuchtend – einfach ein von Herrlichkeit erfülltes Licht, ähnlich wie es der Apostel Johannes in der Offenbarung beschreibt:

»Die Stadt braucht als Lichtquelle weder Sonne noch Mond, denn in ihr leuchtet die Herrlichkeit Gottes und das Licht des Lammes« (Offenbarung 21,23).

Zugleich beinhaltete es noch etwas anderes: ein Gefühl vollkommener Reinheit. Dieses Unbefleckte und Makellose erfüllte mich mit einem Frieden und einer inneren Geborgenheit, die ich bis dato auf der Erde nicht gekannt hatte. Es war, als würde man in Liebe baden, in einem herrlichen Licht, das man nicht nur sehen, sondern vor allem spüren kann. Und es fühlte sich vertraut an, als würde es mich an etwas erinnern oder als könnte ich es wiedererkennen.

Vielleicht lässt es sich so am besten sagen: Ich fühlte mich zu Hause.

Ich machte also drei unglaubliche Erfahrungen in nur einem Augenblick: Mich umgab plötzlich ein Licht der Herrlichkeit, ich nahm meine Körperlosigkeit wahr und begegnete meinem wahren Ich. Eigentlich hätte mich all das ein bisschen durcheinanderbringen müssen, aber mir kam das alles ganz selbstverständlich vor. Ich musste keine Minute darüber nachdenken. Wie überwältigend und irrsinnig das Ganze schien, bereitete mir keinerlei Kopfzerbrechen. Im Himmel gab es nichts, was mich hätte verwirren können. Nicht einmal der Moment, als ich feststellte, dass ich dort nicht alleine war

Kurz darauf durfte ich die tief greifendste, schönste und wunderbarste Erfahrung machen, die man sich nur vorstellen kann. Noch heute hüpfe ich vor Freude, wenn ich mich daran erinnere. Gott hat mich nämlich etwas so Fantastisches und Vollkommenes erleben lassen, dass ich kaum darüber schreiben kann, ohne dass mir die Tränen kommen vor Glück. Ein Geschenk, das alles, was ich zuvor erlebt hatte, verwandelte ... und erst recht alles verwandeln sollte, was noch folgen würde.

Warum dieses Geschenk mich innerlich so sehr erschüttert hat – um die ganze Wucht dahinter zu erkennen, was er mir zeigte –, müssen Sie um die schrecklichen Ereignisse wissen, die dem vorausgingen. Nur wenn Sie erfahren, warum ich mich zuvor so lange dagegen gewehrt habe, an Gottes Liebe zu glauben, werden Sie verstehen, warum dieses Wunder mir so viel Ehrfurcht einflößte, als er mir seine Liebe zeigte.

2. Kapitel

Als ich fünf Jahre alt war, nahm mein Stiefvater mich an der Hand, führte mich in ein dunkles Zimmer und stellte mir den Teufel vor.

Vermutlich hatte ich irgendetwas angestellt, nur kann ich mich nicht daran erinnern, eine derartige Bestrafung verdient zu haben. Vielleicht hatte ich ihm oder meiner Mutter Widerworte gegeben, das habe ich als Kind oft getan. Ich war ein freches Ding mit einer großen Klappe und es war sicher nicht leicht, mir den Mund zu verbieten. Und das ist es immer noch nicht.

An diesem Tag sagte mein Stiefvater, dass er mir etwas zeigen wolle, und führte mich ins Nähzimmer im zweiten Stock seines Elternhauses. Seine Mutter wohnte in derselben Stadt wie wir, einem kleinen, in der Ebene gelegenen Ort in der Nähe der Wichita Mountains. Im Nähzimmer erledigte sie stets ihre Strick- und Häkelarbeiten. Ich durfte es nie betreten, wenn wir zu Besuch waren. Deshalb wunderte ich mich, dass Hank mich dorthin brachte. Er schloss die Tür hinter uns, machte aber kein Licht; es war stockdunkel. Mein Stiefvater beugte sich hinunter auf ein Knie und setzte mich auf sein anderes Bein. Es war so dunkel, dass ich ihn kaum sehen konnte.

»Crystal«, sagte er, »glaubst du, dass es den Teufel gibt?«

Ich schwieg. Ich wusste nicht, was ich ihm antworten sollte. Seit einem Jahr fuhr ich mit einem Bus, der alle Kinder aus der Nachbarschaft einsammelte, zum Gottesdienst und hatte erst allmählich angefangen, mich mit den biblischen Geschichten zu beschäftigen. Ich hatte vom Bau einer Arche gehört, davon, dass jemand vom Wal verschluckt wurde und dass ein Mann namens Jesus am Kreuz gestorben war. Ich glaubte aber auch an den Weihnachtsmann, den Osterhasen und die Zahnfee, wie die meisten Kinder meines Alters. Und, ja, ich glaubte auch, dass es den Teufel gibt, obwohl ich nicht viel über ihn wusste. Nur hatte ich nicht die geringste Lust, ihm persönlich zu begegnen – am allerwenigsten in einem dunklen Zimmer.

»Ich kann dem Teufel Bescheid geben, dass er kommt und sich um böse kleine Mädchen kümmert«, sagte mein Stiefvater. »Ich werde ihn extra für dich herrufen.«

Dann schrie er plötzlich: »KOMM UND HOL SIE DIR!«, und richtete eine Taschenlampe auf die hintere Wand.

Und dort, im aufblitzenden Licht, sah ich ihn: Sein Gesicht war grausig rot und aus seinem Kopf ragten große, spitze Hörner hervor. Beängstigend, richtig hart und grausam, starrte er mich mit seinen weißen Augen an. Unsere Blicke trafen sich und ich sprang schreiend vom Bein meines Stiefvaters. Ich versuchte wegzulaufen, konnte aber die Tür nicht finden. Wie wild schlug ich im Dunkel um mich, als sich endlich die Tür öffnete und ein Lichtschein ins Zimmer fiel. Es war meine Mutter Connie, die nachsehen wollte, was los war.

Ich stürzte in ihre Arme und drückte sie ganz fest an mich. Noch heute erinnere ich mich, wie mein Stiefvater lachte und meine Mutter mit ihm schimpfte, ehe sie mich wieder nach unten schickte.

In der Nacht habe ich kaum ein Auge zugetan. Das Bild dieser furchtbaren roten Fratze hatte sich tief in mein Gedächtnis eingebrannt … und existiert dort noch immer. Mit niemandem habe ich darüber gesprochen, was ich an diesem Abend gesehen habe – nicht einmal mit meiner Mutter. Und es vergingen Jahre, ehe ich das Nähzimmer wieder betrat. Ich war zehn oder elf, als die Mutter meines Stiefvaters mich hinaufschickte, um etwas aus ihrem Wandschrank zu holen.

Ich hatte mich verändert. Ich glaubte nicht mehr blind alles, was ein Kind so glaubt. Es fiel mir schwer, überhaupt an etwas zu glauben. Trotzdem schlug mir das Herz bis zum Hals, als ich die Stufen hochkletterte, und ich verlangsamte meine Schritte, als ich mich dem Zimmer näherte. Dann öffnete ich die Tür, rannte zum Wandschrank und wühlte verzweifelt darin, um möglichst schnell wieder das Zimmer zu verlassen.

Aber dann entdeckte ich auf dem Boden des Wandschranks unter den Schuhen etwas, das mir bekannt vorkam. Zwei bekannte Augen starrten mich an.

Es war das glühend rote Gesicht, an das ich mich all die Jahre erinnert hatte.

Mir war sofort klar, dass das nicht der Teufel sein konnte. Vielmehr handelte es sich um ein groß gerahmtes Gemälde. Es war das Bildnis eines spanischen Eroberers. Für die Schlacht trug er Kriegsbemalung und auf seinem Helm prangten zwei große Hörner.

Den Teufel hatte ich also gar nicht gesehen. Es war nur ein dummes altes Bild gewesen, mit dem mein Stiefvater sich einen Spaß erlaubt hatte, um mich zu erschrecken.

Plötzlich hatte sich mit dieser Entdeckung eins meiner schrecklichsten Erlebnisse und Geheimnisse meiner Kindheit in Luft aufgelöst, nur Erleichterung darüber empfand ich nicht. Wenn überhaupt fühlte ich zunehmende Verwirrung. Denn obwohl ich den Teufel nicht gesehen hatte, spürte ich immer noch die Angst vor ihm. Und das, obwohl ich nicht wusste, ob es ihn überhaupt gab. Als Kind hatte ich vor vielem Angst – vor der Dunkelheit, vor leeren Räumen, vor allem Möglichen. Natürlich las ich in der Bibel, so wie alle anderen Kinder meines Alters, aber sie bestand für mich nur aus leeren Worten. Gottes Botschaft von Liebe und Geborgenheit erreichte mich einfach nicht.

Zwar sagte man mir, Gott liebt mich – dass er mich schützen würde und mir nichts Böses in der Welt geschehen könne, wenn ich an ihn glaubte –, doch nichts in meinem bisherigen Leben hatte mich davon überzeugen können, dass das stimmte.

~

Ich war schon immer neugierig. Ich liebe es, Fragen zu stellen und zu wissen, warum die Dinge so sind, wie sie sind. Als Kind habe ich meiner Grundschullehrerin solche Löcher in den Bauch gefragt, dass sie sich einen Plan hat einfallen lassen, nur um mich ruhig zu halten. Sie schnitt ein Blatt Papier in fünf Streifen und gab sie mir.

»Crystal, jedes Mal, wenn du etwas sagen möchtest, gibst du mir einen der Streifen«, sagte sie. »Wenn der letzte Streifen weg ist, ist deine Redezeit für heute beendet.«

Nicht mehr reden dürfen? Das war wie eine Folter für mich. Also hütete ich meine Streifen sehr sorgfältig, damit sie nicht ausgingen. Trotzdem waren meist nach fünfzehn Minuten die ersten vier Streifen bereits weg.

Da nahm ich meine Schere und schnitt den letzten Streifen in fünf neue Streifen. Ich fand das eine ziemlich gute Idee, meine Lehrerin leider nicht. Sie nahm mir meine fünf kleinen

Papierschnipsel weg und ich musste für den Rest des Tages meinen Mund halten.

Ich weiß auch nicht, wie es kommt, dass ich so redselig bin. Vielleicht liegt es daran, dass ich meine Geburt fast nicht überlebt hätte. Ich kam einen Monat zu früh auf die Welt, per Notkaiserschnitt. Meine Mutter hatte einen ganzen Tag lang, 24 Stunden, in den Wehen gelegen, und als meine Herztöne schwächer wurden, wollten die Ärzte nicht mehr länger warten. Ich wog nur knapp über zweitausend Gramm. Ich war winzig, sagte meine Mutter, und sah aus wie eine kleine Chinapuppe mit hellroten Haaren und smaragdgrünen Augen. Eine der Schwestern fand mein Aussehen so merkwürdig, dass sie zu meiner Mutter sagte: »Also, wenn Ihr Baby vor hundert Jahren mit so roten Haaren und grünen Augen geboren wäre, hätte man es auf dem Scheiterhaufen verbrannt.«

Meine Mutter verbat sich solche Kommentare und scheuchte sie aus dem Zimmer.

Später teilten die Ärzte meiner Mutter mit, dass ich eine Wachstumsstörung hätte, was bedeutete, dass ich wohl angeblich nur wenige Wochen leben würde.

Doch ich war nicht nur zu klein; es war auch so, dass ich von Anfang an alles auf meine Art machen wollte. Weder nahm ich die Flasche an noch ließ ich zu, dass man mich zwangsernährte. Das Einzige, was meiner Mutter gelang, war, mir winzige Happen Fertignahrung mit einem kleinen Strohhalm einzuflößen. Ich war so dünn und zerbrechlich, dass meine Haut in Falten hing wie bei einem Shar-Pei-Welpen. Die Ärzte nannten es Wachstumsstörung, für meine Mutter war es ganz einfach Sturheit.

Dieses Muster scheint sich durch mein ganzes Leben zu ziehen: Zuerst stehe ich vor dem Beinahe-Tod, dann komme ich über die Runden und schließlich endet das Ganze mit jeder Menge Geschwätz.

Als meine Mutter mich schließlich mit nach Hause nahm, ließ sie mich die ersten sechs Monate auf ihrer Brust schlafen. Manchmal, wenn ich schrie, bekam ich keine Luft mehr oder hörte kurzzeitig auf zu atmen. Dann trug mich meine Mutter so lange herum, bis ich mich wieder beruhigte und Luft bekam. Mein Vater, der sichtlich begeistert war über die kleine Tochter, die er nun hatte, versuchte stets, seine Hilfe anzubieten, aber meine Mutter ließ mich keine Minute aus den Augen. Schließlich empfahl der Arzt ihr, mich in ein anderes Zimmer zu legen, die Tür zu schließen und mich einfach mal in Ruhe zu lassen. Meine Mutter weigerte sich. Irgendwann jedoch konnte der Arzt sie immerhin überzeugen, mich in eine Wiege zu legen, die sie dicht neben ihr Bett stellte.

Das erste halbe Jahr meines Lebens war ich so zart und winzig, dass meine Mutter fürchtete, ich könnte nicht überleben. Freundlicherweise kam ein Arzt jeden Abend auf seinem Nachhauseweg bei uns vorbei und sah nach mir. Meine Mutter sagte ihm irgendwann, dass sie seine Sorge sehr zu schätzen wisse, sie ihn aber nicht dafür bezahlen könne.

»Glauben Sie wirklich, ich stelle Ihnen in Rechnung, um das hübscheste aller rothaarigen Babys weit und breit zu sehen?«, fragte er zurück.

Heute sagt meine Mutter, dass sie nie zuvor für jemanden eine solch tiefe Liebe empfunden habe wie für mich. Ihre Liebe war es wohl auch, die bewirkte, dass ich schließlich anfing zu wachsen. Zwar war ich immer noch winzig klein, aber ich war stark. Mit acht Monaten fing ich an zu laufen. Und ungefähr zur gleichen Zeit brachte ich mein erstes Wort über die Lippen: »Ma« – und seitdem habe ich wohl nicht mehr aufgehört zu reden.

~

Meine Güte, wie sehr habe ich meine Mutter und meinen Vater geliebt. Sicher, die meisten Kinder tun das. Nur für mich waren sie wirklich das schönste Paar auf diesem Planeten. Meine Mutter war so hübsch mit ihren langen, strohblonden Haaren, und wie sie immer lächelte und lachte und allen guttat, die um sie waren. Und mein Vater war der coolste Typ, den ich kannte. Gut aussehend, charmant, selbstbewusst – er zog die Aufmerksamkeit auf sich, wo immer er auftauchte. Er nannte mich immer »Zuckerbärchen« und es fühlte sich toll an, von ihm einen besonderen Namen erhalten zu haben.

Auch von meiner Großmutter mütterlicherseits, Oma Ernie, wurde ich mit Liebe überschüttet. Sie besuchte uns oft in Oklahoma oder holte mich zu sich nach San Antonio, wo sie lebte, und wenn wir zusammen waren, war ich ihr das Allerliebste auf der Welt. Wir pflückten Blumen in ihrem saftgrünen Garten oder schauten einfach dabei zu, wie die Kühe in der Nähe ihres Hauses grasten. Ich erinnere mich, dass sie immer Mu'umu'us trug, diese leuchtend bunten Hawaii-Kleider, und ich liebte es, mich darunter zu verstecken.

»Hat irgendjemand Crystal gesehen?«, fragte meine Oma dann und ich kicherte unter ihrem Mu'umu'u.

Meine Großmutter konnte ausgezeichnet Klavier spielen und sie unterrichtete die Kinder aus der Nachbarschaft auf ihrem hohen Everett-Klavier. Heute habe ich dieses holzverkleidete Everett in meinem Wohnzimmer stehen. Es lässt sich nicht mehr stimmen, aber man kann noch darauf spielen. Und immer wenn eines meiner Kinder daran sitzt, denke ich an meine Oma Ernie zurück und daran, wie gern wir uns hatten.

Dass ich meine Mutter und Großmutter um mich hatte, war für mich ein großes Geschenk, denn sonst hatte ich nicht allzu viele Freunde. In Wahrheit hatte ich keinen einzigen. Ich vermute, meine Eigenwilligkeit kam bei den Nachbarskindern nicht gut. Meine Mutter lud anfangs alle Kinder zum Spielen zu uns nach Hause ein, aber da ich immer alles bestimmen wollte, ließ ich sie nie mit meinen Sachen spielen. Sie sollten nur dasitzen und zusehen, wie ich damit spielte. Verständlich, dass dazu nach einer Weile niemand mehr Lust hatte.

Einmal im Alter von drei oder vier Jahren hatte ich wohl darauf bestanden, dass meine Mutter mir mein hübschestes Kleid anziehen, mich frisieren und sogar ein wenig schminken sollte. Anschließend setzte ich mich draußen vor unsere Haustüre und wartete darauf, dass mich jemand besuchte. Nicht dass Sie das falsch verstehen, ich hatte keine Verabredung zum Spielen, ich *hoffte* nur, dass vielleicht ein Kind vorbeikommen und mich besuchen würde. Meine Mutter beobachtete mich die ganze Zeit, wie ich Pusteblumen blies und auf einen Freund wartete, der nie kam. Es brach ihr fast das Herz.

Wenn ich Gelegenheit hatte, neue Freunde zu finden, vermasselte ich es oft. So meldete mich meine Mutter eines Tages zu einer Ballettschule an. Ich war sehr aufgeregt. Ich schlüpfte in mein kleines Tutu und hüpfte den ganzen Weg bis zum Tanzstudio. Dort angekommen faszinierte mich der glatte und glänzende Holzboden so sehr, dass ich eine ganz seltsame Idee entwickelte: Ich fragte mich, wie viele Mädchen ich wohl umwerfen könnte, wenn ich über den Boden schlitterte wie eine Bowlingkugel. Ich zielte also auf eine Gruppe von fünf oder sechs Mädchen, die mitten im Tanzstudio standen, nahm einen kleinen Anlauf und schlitterte mit einem Lächeln auf dem Gesicht los. Ich glaube, ich habe mindestens vier von ihnen umgerissen … und das gleich beim ersten Mal. Nach der Stunde bat die Ballettlehrerin meine Mutter, mich gleich wieder abzumelden.

Nicht dass ich bösartig war, aber ich trieb die ganze Zeit viel Unfug. Irgendwie glaubte ich wohl auch, den Erwachsenen ebenbürtig zu sein, und so stellte ich immer Fragen, machte Vorschläge und verhielt mich so, als ob ich schon groß sei.

Ich erinnere mich daran, wie ich einmal mit meinem Onkel Chris, der bei der Navy war, eins meiner Lieblingsbrettspiele spielte. Es heißt »Candy Land« und ist relativ simpel. Man zieht bunte Kärtchen und bewegt einen Spielstein auf farbigen Feldern über den Spielplan. Damals bereitete ich das Spiel minutiös vor. Was Onkel Chris nicht wusste, als wir uns zum Spielen hinsetzen: Ich hatte alles so aufgebaut, dass ich die Karten ziehen würde, die mich wie im Flug ans Ziel bringen und gewinnen lassen würden. Mit meinen drei Jahren war ich stolz auf mich selbst, einen solch brillanten Einfall gehabt zu haben. Zuerst merkte mein Onkel gar nicht, was los war. Schließlich fiel es ihm aber doch auf. Er stand auf und hatte keine Lust mehr zu spielen.

»Du mogelst ja«, sagte er. »Mit dir spiele ich nicht mehr.«

Dass er so etwas sagte, traf mich. Aber ja, er hatte recht – ich mogelte.

Außerdem war ich eine Kidnapperin.

Als ich fünf war, ging ich morgens in eine Spielgruppe und nachmittags in einen Kindergarten. Eines Tages durften wir etwas von zu Hause in den Kindergarten mitbringen. Wieder einmal hatte ich einen meiner brillanten Einfälle: Aus der Vormittagsbetreuung wollte ich ein Mädchen, das etwas jünger war als ich und das ich sehr mochte, mitbringen. Nicht damit sie sehen konnte, was ich mitbrachte, sondern *sie* sollte der Gegenstand sein, über den ich im Stuhlkreis reden wollte. Als der Bus kam, der uns zum Kindergarten fuhr, schnappte ich sie mir und schlich mich heimlich mit ihr weg. Im Kindergarten angekommen setzte ich mich neben sie und wartete darauf, dass es losging. Es dauerte nicht lange, bis unsere Erzieherin das zusätzliche kleine Gesicht bemerkte. Sie schickte uns zum Leiter der Einrichtung, Mr. Booker.

»Wer ist dieses kleine Mädchen?«, fragte Mr. Booker.

Ich log ihn an und behauptete, es sei meine Cousine. Ich dachte, wenn sie mir das glaubten, könnte sie vielleicht bleiben. Mr. Booker rief in der Spielgruppe an und fand heraus, was wirklich passiert war. Mein wunderbarer »Mitbringgegenstand« wurde postwendend wieder zurückgeschickt und ich war sehr traurig.

So war ich als Kind – neugierig, spitzbübisch, bestimmend. Ich stellte eine Menge Fragen und ich ließ nicht locker, bis ich Antworten darauf bekam. Ich war immer neugierig herauszufinden, was passierte, wenn ich dies oder jenes ausprobierte. Noch ein Beispiel gefällig? Als ich drei war, setzte mich eine der Erzieherinnen aus der Spielgruppe in eine Ecke, nachdem ich mich wieder einmal danebenbenommen hatte. Unglücklicherweise setzte sie mich direkt neben eine Steckdose. Das war in den 1970er-Jahren, lange bevor es Kindersicherungen gab. Natürlich nahm ich meine metallene Haarklammer ab und hielt sie in die Steckdose. Der elektrische Stoß schleuderte mich drei Meter zurück. Ich blickte auf meine Finger – sie waren schwarz. Meine Betreuerin brachte etwas Eis, legte es auf meine Fingerspitzen und setzte sich mit mir in einen Schaukelstuhl, bis ich mich beruhigt hatte.

Wenigstens weiß ich seitdem, was passiert, wenn man seine Haarklammer in eine Steckdose hält.

Leider habe ich auf diese Art und Weise die meisten Lektionen meines Lebens gelernt: durch richtig schmerzhafte Erfahrungen.

~

Die bedeutendste Erinnerung an meine frühe Kindheit ist jedoch das Scheitern der Ehe meiner Eltern. Mein Vater, der erst zwanzig war, als die beiden heirateten, hatte sich damals wie wahnsinnig in meine Mutter verliebt. Ihre Hochzeit in der örtlichen Kirchengemeinde war ein überwältigendes Ereignis. Seine Brüder schmückten sein Auto mit Blechdosen und Rasierschaum und der Pfarrer reiste extra aus Illinois an, um die Trauung abzuhalten. Aber die beiden hatten wohl einfach zu früh und zu jung geheiratet, denn sie mussten beide erst einmal erwachsen werden. Insofern dauerte es nicht lange, bis die ersten Risse in ihrer Beziehung sichtbar wurden.

Nach seiner Entlassung aus der Air Force wurde mein Vater DJ in einem Tanzklub und er gibt selbst zu, dass er von da an in ein Leben mit Partys und Alkohol hineingeriet. Er arbeitete sechs Nächte in der Woche und war nicht viel zu Hause, weder bei mir noch bei meiner Mutter. Wenn er da war, gab es Streit.

Leider habe ich nur eine einzige Erinnerung an das Zusammenleben meiner Mutter und meines Vaters. Sie besteht darin, dass sie in unserem Wohnzimmer miteinander streiten, sich anschreien und herumstoßen. Anderes, nach der Hochzeit der beiden, kommt mir nicht mehr in den Sinn.

Meine Mutter kann sich an diesen Streit gut erinnern, während mein Vater leugnet, dass er je stattgefunden hat. Und das zeigt auch schon die ganze Geschichte ihrer Trennung: zwei Meinungen, einander widersprechende Erinnerungen und insgesamt einfach sehr wenig – und das setzt sich bis heute fort –, worauf ich mich verlassen konnte. Sie waren beide furchtbar jung und haben viele Fehler gemacht. So erklärt sich für mich bestmöglich, was damals passiert ist.

Durch die Trennung meiner Eltern hat sich mein Leben drastisch verändert. Sie wurden geschieden, als ich drei Jahre alt war. Ein Moment, der für mein Leben einen gravierenden Einschnitt bedeutete, denn von diesem Moment an fühlte ich mich verwundbar.

Er war das Ende meines inneren Friedens.

Nach nur einem Jahr heiratete meine Mutter erneut – meinen Stiefvater Jeff, einen Kfz-Mechaniker aus dem östlichen Hinterland Oklahomas. Er war ein magerer, harter Typ mit einem schroffen, rotbraunen Bart und strähnigen roten Haaren. Anfangs fand ich ihn nett und lustig. Er warf mich gern über seine Schulter und nannte mich seinen »Kartoffelsack«. Oder er machte aus uns dreien ein Familiensandwich: Die beiden Brothälften waren er und meine Mutter und ich war der kalte Aufschnitt in der Mitte. Sie umarmten mich innig, während ich kreischte: »Ich bin die Wurst!« Hank schaffte außerdem meinen ersten Hund an, einen verwahrlosten kleinen braunen Köter, den er »Critter« nannte, was so viel bedeutete wie kleines Monster. Ich liebte das kleine Monster. Apropos: Meine schönste Erinnerung an Hank ist die, als er mich mit zum Karneval nahm und durch die Geisterbahn trug. Es war stockfinster und andauernd sprangen Monster hervor, die uns erschreckten. Meine Mutter erzählte mir später, dass ich und mein Stiefvater uns die Lungen herausgeschrien hätten, so laut, dass ein Mitarbeiter des Jahrmarkts eine Seitentür öffnete, damit wir wieder herauskamen.

Aber dann passierte etwas Schreckliches mit Hank und er mutierte selber zu einem Monster.

Dass er mir weismachen wollte, ich hätte den Teufel gesehen, war bei Weitem nicht das Schlimmste, was er mir antat, nachdem er zu unserer Familie gehörte. Eines Nachts, als ich fünf war, hatten er und meine Mutter einen entsetzlichen Streit, schlimmer als alles, was sie mit meinem Vater jemals ausgefochten hatte. Hank hatte Drogen genommen, war betrunken oder beides, und als er genug Wut angesammelt hatte, nahm er sein Gewehr und kam in mein Kinderzimmer.

Ich schlief fest in meinem süßen kleinen Bett, zusammengekuschelt mit meinem besten Freund Snoozy, einem Riesenteddy in rot-weißem Schlafanzug, mit Pantoffeln und einer Nachtmütze, den Hank mir zu meinem dritten Geburtstag gekauft hatte. Ich habe von dem ganzen Streit und den folgenden Ereignissen nichts mitbekommen. Meine Mutter lief ihm schreiend nach, er solle damit aufhören, doch da stand Hank schon in meinem Schlafzimmer und zielte mit dem Gewehr auf mein Bett.

Er drückte ab.

Als der Schuss fiel, blieb meine Mutter wie angewurzelt stehen. Hank kam heraus, die rauchende Schusswaffe in der Hand, und sah sie an.

»So«, sagte er. »Jetzt habe ich sie umgebracht.«

3. Kapitel

Die Kugel verfehlte meinen Kopf um dreißig Zentimeter. Sie hinterließ ein großes Loch in der Wand, direkt über meinem Kopfteil. Erstaunlicherweise bin ich vom Schuss nicht aufgewacht. Ich habe nie herausgefunden, ob Hank absichtlich neben meinen Kopf gezielt hatte, nur um meiner Mutter Angst zu machen – ähnlich wie bei mir mit dem Teufelsbild –, oder ob er einfach nicht getroffen hat, weil er so betrunken war. Wie dem auch sei, ich war dem Tod erneut von der Schippe gesprungen.

Hank benahm sich nicht immer wie ein Monster. Ich erinnere mich, dass ich ihn geliebt habe, weil er nach der Scheidung meiner Eltern für mich da war. In der Zeit danach war ich verzweifelt. Ich habe darauf bestanden, meinen Vater so oft wie möglich zu sehen. Er sollte mich immer noch in den Arm nehmen und »Zuckerbärchen« zu mir sagen. Aber nein, es geschah nicht. Meinen Vater konnte ich nur noch ein paarmal im Jahr sehen. Zwar hatte er nach der Scheidung ein Besuchsrecht, aber die geplanten Treffen fanden oft nicht statt. Meine Mutter erinnert sich, wie ich angezogen auf der Veranda auf meinen Vater wartete und Stunden später wieder hereingeschlurft kam, völlig am Boden zerstört. Andererseits behauptet mein Vater, dass er zu den vereinbarten Treffen auftauchte und niemand zu Hause war. Jemals die Wahrheit herauszufinden, ist für mich wohl unmöglich. Ich habe es mit widersprüchlichen Erinnerungen zu tun und abweichenden Versionen.

Als ich vier war, wurde meine Mutter erneut schwanger. Meine erste Reaktion war pure Entrüstung – ich fand es nicht gut, dass Hank und sie ein Baby gemacht hatten, ohne mich vorher zu fragen. Ich wusste nicht, wie Babys entstanden – ich dachte, es sei so ähnlich, wie wenn man Teig zum Gären in einen Ofen stellt. Jedenfalls schien es Spaß zu machen und ich fühlte mich ausgeschlossen.

Natürlich fragte ich meine Mutter, warum sie mir nicht Bescheid gegeben hatte. Sie wusste, dass ich nicht aufhören würde, sie mit Fragen zu löchern, also klärte sie mich auf. Was für ein Schock! Aber gleich am nächsten Tag versammelte ich in der Spielgruppe die Kinder um mich und erklärte ihnen stolz, woher Babys kommen. Die Erzieherin hielt meinen kleinen Sexualkundevortrag für unpassend, schnitt mir das Wort ab und meldete das Ganze meiner Mutter.

Obwohl ich zunächst verärgert reagiert hatte, war ich in Wirklichkeit unglaublich aufgeregt, einen kleinen Bruder oder eine kleine Schwester zu bekommen. Ich weiß noch, wie meine Mutter mir ihren Schwangerschaftstest zeigte – bestimmt habe ich darauf bestanden, ihn zu sehen –, und ich war fasziniert von dieser seltsamen kleinen Ampulle (damals gab es noch keine Teststreifen). Wochenlang musste meine Mutter diese oben auf dem Fernseher stehen lassen, weil ich dachte, das Baby sei darin, und weil ich unbedingt zusehen wollte, wie es wuchs.

Das neue Familienmitglied brachte allerdings auch ein Problem mit sich: Weil bald ein Baby im Haus sein würde, mussten wir unser kleines Hundemonster abgeben. Jedenfalls sahen das meine Mutter und Hank so. Sie erzählten mir, wie großartig es sein würde, ein neues Baby zu haben, und dass mein Hund ein wunderbares neues Zuhause finden würde. Ich glaubte ihnen und gab zögernd mein Einverständnis.

Ich saß auf der Veranda, gemeinsam mit Critter, als die neuen Besitzer kamen. Es war ein junges Pärchen und die beiden sagten, sie hätten ein großes Haus mit einem schönen Hinterhof, ideal für einen Hund. Sie versicherten mir, dass ich ihn jederzeit besuchen könne. Dann nahm der Mann Critter an die Leine, führte ihn in sein Auto und schloss die Tür. Es war der Moment, in dem mich mein einziger wahrer Freund verließ. Monatelang bat ich meine Mutter, ihn endlich einmal besuchen zu dürfen, aber irgendwie ging sie nie darauf ein.

Ich vermisste meinen Hund sehr, aber nichtsdestotrotz konnte ich es kaum abwarten, bis das neue Baby da war. Eines Morgens, als ich in meiner Spielgruppe war, kam die Erzieherin zu mir auf den Spielplatz und sagte, dass ich ans Telefon kommen solle. Das hatte ich noch nie erlebt und deshalb wusste ich, dass etwas Wichtiges passiert sein musste. Ich rannte den ganzen Weg zum Büro und nahm den Hörer.

»Stell dir vor, Crystal«, hörte ich meine Mutter. »Du hast einen kleinen Bruder bekommen. Du bist jetzt eine große Schwester!«

Am nächsten Tag nahm Hank mich mit ins Krankenhaus, damit ich meinen neuen Bruder Jayson kennenlernen konnte. Ich fand ihn überraschend winzig. Als er dann nach Hause kam, durfte ich ihn zum ersten Mal im Arm halten. Ich habe ihn sofort geliebt.

Wie eine Löwenmutter über ihre Jungen wacht, so wachte ich über Jayson. Er hatte wildes rotes Haar und war ein eigensinniger kleiner Floh – süß wie Pudding in der einen Minute und in der nächsten ein unausstehlicher Rabauke. Einmal spielte ich mit ihm in unserem Hinterhof. Er saß in der Babyschaukel und ich schaukelte ihn an, als ein großer schwarzer Hund von den Nachbarn vorbeistreunte. Er war größer als wir beide zusammen und ich bekam schreckliche Angst. Ich versuchte Jayson aus der Schaukel zu zerren, aber seine Beine blieben hängen. Ich drehte mich nach dem Hund um. Er kam immer näher. Schließlich rannte ich panisch ins Haus, während ich Jayson in der Schaukel baumelnd zurückließ.

»Mama, Mama ein großer Hund will Jayson auffressen!«, schrie ich. Sofort rannte meine Mutter hinaus. Ich erwartete, dass die Babyschaukel leer hin und her schwingen würde, während sich der große Hund das Maul leckte. Stattdessen war der Hund verschwunden und Jayson schaukelte fröhlich weiter. Ich vermute, dass er dem Köter einfach einen kleinen Tritt verpasst hatte. So war mein Bruder – ein knallharter süßer kleiner Kerl.

Mit acht oder neun durfte ich Jayson bereits babysitten. Meistens machte das Spaß – vor allem, als wir einmal eine Wissenschaftsshow im Fernsehen sahen und anschließend versuchten, eine Windel anzuzünden und dabei ein wassermelonengroßes Loch in den Wohnzimmerteppich brannten (na ja, lustig war es natürlich nur bis zu dem Zeitpunkt, als meine Mutter wieder nach Hause kam). Allerdings wusste Jayson auch genau, wie er mir auf die Nerven gehen konnte. Er fand immer wieder neue Gelegenheiten, mich zu ärgern. Wenn ich eine Freundin zu Besuch hatte, rannte er in Unterwäsche herum, weil er genau wusste, dass mich das verrückt machte.

Aber egal, wie sehr wir uns stritten, mein Beschützerinstinkt für Jayson war ungemein stark ausgeprägt, fast so als ob ich seine zweite Mutter wäre. Und in vielerlei Hinsicht war ich das auch. Denn als unsere Familienverhältnisse schwieriger und chaotischer wurden, waren Jayson und ich oft uns selbst überlassen. Stets versuchte ich, Jayson vor den familiären Problemen abzuschirmen, sogar wenn das bedeutete, dass ich selbst mehr zu leiden hatte.

Aber auch ich war nur ein Kind und hatte zu lernen, dass es mir nicht immer gelang, Jayson oder mich selbst vor allem Schrecklichen zu bewahren, das über uns hereinbrach. Ähnlich wie den großen schwarzen Hund, der über unseren Hof lief, konnte ich das Böse, das sich in unser Leben drängte, nicht aufhalten – ich konnte nur versuchen, davor zu flüchten.

Zu der Zeit, als Jayson auf die Welt kam, wurde der jüngere Bruder meines Stiefvaters Hank ermordet. Nie habe ich die ganze Geschichte erfahren, aber ich weiß, dass ihn jemand in seinem Haus erschlagen hatte. Und ich erinnere mich, wie dieser Verlust Hank von Grund auf veränderte. Er fing an zu trinken und Drogen zu nehmen.

Die Ehe zwischen meiner Mutter und ihm wurde zu einem Albtraum aus Streit und Gewalt. Meine Mutter hatte nicht verstanden, was dazu geführt hatte, dass sich Hank so plötzlich verändert hatte. Sie war immer noch sehr jung und vor allem naiv. Trotz der vielen Streitereien versuchte sie alles, um ihre Ehe zu retten. Sie schleifte Hank sogar mit zu einer Eheberatung, was letztlich aber nicht viel half.

Hank glich damals einem führerlosen Güterzug. Er war missmutig, in sich gekehrt, wild und unberechenbar. Es schien nur eine Frage der Zeit zu sein, wann es zum großen Knall kommen sollte. Wenn er nicht gerade im Aufbruch zu einer exzessiven Sauftour war, schrie er meine Mutter einfach immer nur an. Eines Nachts hatten die beiden eine wirklich schreckliche Auseinandersetzung. Ich sah meine Mutter zusammengekrümmt am Boden liegen, wie sie versuchte, Hanks Schlägen auszuweichen. Ich lief zu ihr und warf mich auf sie, um sie zu schützen, und während ich so auf ihr lag, urinierte ich aus Angst und Entsetzen.

Danach folgte der Abend, an dem Hank mich beinahe in meinem Bett erschossen hätte.

Nachdem Hank das Gewehr abgefeuert hatte, stürzte meine Mutter in mein Schlafzimmer, schnappte mich und Jayson, warf uns ins Auto und fuhr mit uns fort – zu meinem Vater.

Mein Vater, Brad, lebte immer noch in derselben Stadt und meine Mutter fragte, ob wir drei bei ihm bleiben könnten. Sie hatten sich nach der Scheidung nicht im Guten voneinander getrennt. Noch immer gab es viel Groll zwischen den beiden. Aber hier handelte es sich schließlich um einen Notfall und meine Mutter war sich sicher, dass Brad uns aufnehmen würde.

»Crystal kann hierbleiben«, sagte mein Vater. »Du nicht.«

Meine Mutter lehnte das ab. Sie wollte mich nicht alleine lassen, stieg zurück zu uns ins Auto und fuhr zu ihrer Freundin Bridget. Ich kann mir kaum ausmalen, wie alleingelassen und gedemütigt sie sich gefühlt haben muss, nachdem mein Dad sie so abgewiesen hatte. Aber meine Mutter nahm grundsätzlich die Dinge so an, wie sie kamen, und sie tat alles, um ihre Kinder zu schützen. Während all das passierte, schlief ich im Auto. Nie hat mir meine Mutter davon erzählt, dass mein Vater uns fortgeschickt hat. Erst Jahre später habe ich es von ihm selbst erfahren.

Im Nachhinein sagt er heute, dass ihm diese Entscheidung sehr leidtut. Ich habe irgendwann verstanden, dass er selber aus einer tiefen inneren Verletzung heraus gehandelt hat. Als Kind habe ich immer gehört, wie meine Mutter sich beschwert hat – und habe nur ihren Schmerz miterlebt –, und deshalb dachte ich, sie wäre die Einzige gewesen, die bei der Scheidung leiden musste. Aber mein Dad trug auch viele Wunden davon. Er hatte schließlich eine ganze Familie verloren.

Auch habe ich erfahren, dass mein Vater in dieser Nacht, nachdem wir weg waren, in sein Auto stieg und Ausschau gehalten hat nach Hank. Sie kannten sich und waren Freunde, aber in dieser Nacht wollte mein Vater ihn töten. Glücklicherweise hat er ihn nicht gefunden. Das Leben wäre sonst für uns alle ganz anders verlaufen – besonders für meinen Dad, der vermutlich immer noch im Gefängnis sitzen würde.

Hanks geistesgestörtes Abdriften brachte das Chaos in unser Haus. Und in einer solchen Atmosphäre passieren schlimme Dinge, sodass man keine Chance mehr hat, Ordnung hineinzubringen. In der Abwärtsspirale, in der sich die zweite Ehe meiner Mutter befand, wurde alles immer schlimmer. Das normale Funktionieren einer Familie – Eltern fühlen sich für ihre Kinder verantwortlich, achten darauf, dass schlechte Angewohnheiten nicht einreißen, bestärken sie in dem, was gut läuft – wurde vollständig außer Kraft gesetzt. Jayson und ich waren ja nur Kinder und in diesem Chaos lauerte eine Vielzahl an Gefahren.

4. Kapitel

Dass es in meinem Leben dunkle Geheimnisse gab, habe ich bereits angedeutet. Dreißig Jahre lang habe ich die Dinge für mich behalten. Niemandem habe ich mich anvertraut, nicht einmal meiner Mutter. Und auch heute noch fällt es mir schwer, darüber zu reden. Denn ich habe das Ganze tief in mich hineingefressen und unter den Teppich gekehrt – aus Scham.

Ich wurde sexuell missbraucht. Mit nur drei Jahren zum ersten Mal. Meine Mutter hatte mich in der Stadt in die Betreuung eines Babysitters gegeben und dort passierte es. Danach fiel es mir schwer, in unser Badezimmer und auf die Toilette zu gehen. Als meine Mutter fragte, was denn los sei, erzählte ich ihr, dass im Haus des Babysitters etwas geschehen war. Sie ging daraufhin mit mir zu einem Arzt und der bestätigte, dass ein sexueller Missbrauch stattgefunden hatte – nicht nur eine unsittliche Berührung. Außerdem empfahl ihr der Arzt, dass es das Beste wäre, den Vorfall mir gegenüber gar nicht zu erwähnen. Ich sei noch zu klein, als dass ich mich später daran erinnern würde. Also sprach meine Mutter nicht mit mir darüber und ich schwieg auch dazu. Und da sie mich nie wieder zu diesem Babysitter brachte, war das Thema ohnehin vom Tisch.

Wir haben fast dreißig Jahre lang kein Wort mehr darüber verloren.

~

Als ich fünfeinhalb war, wurde ich erneut Opfer, diesmal im Haus eines anderen Babysitters. Ich erinnere mich, wie mich der ältere Ehemann der Babysitterin auf seinen Schoß nahm. Ich wollte das nicht, fühlte mich aber genötigt, denn mein kleiner Bruder Jayson war auch dabei. Er schlief fest in seiner kleinen Babytragetasche und ich dachte, *wenn ich auf dem Schoß sitzen bleibe, tut der Mann wenigstens Jayson nichts an.*

Da ich meiner Mutter nicht noch mehr Probleme aufhalsen wollte, als sie ohnehin schon hatte, erzählte ich ihr dieses Mal nichts von dem Übergriff. Angesichts von Hank, unserer finanziellen Situation und all der anderen Sorgen wusste ich, dass das Leben für meine Mutter nicht leicht war. Weitere Hiobsbotschaften konnte sie wirklich nicht gebrauchen. Deshalb erzählte ich niemandem davon.

Außerdem hatte mein Schweigen einen weiteren Grund. Schließlich wurde ich ja nicht zum ersten Mal missbraucht. Dasselbe war mir schon einmal passiert und ich fragte mich daher, *ob vielleicht mit mir etwas nicht stimmte. Wie war es sonst möglich, dass sich so etwas wiederholte*? Ich fühlte mich innerlich beschmutzt, kaputt und ganz schlecht. In diesem Zustand konnte ich mich doch unmöglich meiner Mutter anvertrauen, dachte ich, und empfand zum ersten Mal in meinem Leben tiefe Scham.

Mit nur sechs Jahren habe ich also zwei gescheiterte Ehen meiner Mutter miterlebt und wurde zweimal Opfer sexuellen

Missbrauchs. Als ich danach mit Situationen konfrontiert wurde, in denen mir Schaden zugefügt wurde, empfand ich das als gar nicht mehr so schlimm. Es schien »normal« für mich, schlechten Einflüssen ausgesetzt zu sein.

Kein Wunder – wenn man als junger Mensch sexuell missbraucht wird, beeinflusst das stark das eigene Selbstbild. Und diese Erfahrung wirkt sich auf die Entwicklung der eigenen Persönlichkeit aus. Sie verursacht eine innere Verletzung, deren Wunde weiterem Missbrauch die Tür öffnet. So jedenfalls war das bei mir. Scham, Schmutz und Verletzlichkeit wurden ein Teil von mir.

~

Meine Mutter brachte uns nicht sehr lange zu diesem zweiten Babysitter. Als ich sechs war, blieben wir einmal die Woche bei Hanks Mutter. Donnerstagabends nach meiner Klavierstunde holte meine Mutter mich ab und nahm mich mit in die zweistöckige Eigentumswohnung, in der Hanks Mutter mit Hanks Stiefvater und ihren beiden Teenagertöchtern wohnte. Selbst nach der Scheidung von Hank hielt meine Mutter Kontakt zu dieser Familie, obwohl diese vorsichtig ausgedrückt ziemlich gestört war.

Diejenigen, die das am meisten zu spüren bekamen, waren die beiden Töchter, Alice und Rita. Sofern ich das beurteilen kann, behandelten ihre Eltern die beiden wie Sklavinnen. Weder durften ihre Freunde zu Besuch kommen noch war ihnen gestattet zu telefonieren. Stets hatten sie nach der Schule sofort nach Hause zu kommen und nachmittags und abends mussten sie kochen und das Haus putzen.

Gemeinsam mit Hanks Mutter und seinem Stiefvater ging meine Mutter ins obere Stockwerk, während wir Kinder unten warteten. Wenn die Erwachsenen etwas von uns wollten, stampften sie auf den Fußboden – einmal für Alice, zweimal für Rita. Die Mädchen mussten dann hochrennen und fragen, was sie wollten, und es dann schnell herbringen. Ich erinnere mich, dass Alice und Rita andauernd mit Bierflaschen und Essen unterwegs waren. Dass sie tyrannisiert wurden, und zwar so schlimm, dass sie jeglichen Widerstand aufgegeben hatten, war nur allzu offensichtlich.

Neben Alice und Rita, die wie arme Dienstmägde herumliefen, gingen auch andere Leute im Haus ein und aus, wenn wir unsere Abende dort verbrachten. Sie schlossen sich der Gesellschaft im Obergeschoss an, während Jayson und ich unten blieben. In einer solch schrägen, chaotischen und vergifteten Umgebung sind unbeaufsichtigte Kinder besonders gefährdet. Und unglücklicherweise passierte ausgerechnet mir das Schlimmste, was man sich nur vorstellen kann, denn während unserer wöchentlichen Besuche wurde ich sexuell missbraucht. Zunächst fing das Ganze mit körperlicher Aufdringlichkeit an, ehe es immer schlimmer wurde. Zwar passierte es nicht jedes Mal, wenn wir da waren, aber oft genug. Fünf Jahre lang. Ich erzählte niemandem von diesen Vorkommnissen: nicht meiner Mutter, keinem Freund, niemandem. Zum einen hatte ich keine Ahnung, wie man so etwas überhaupt in Worte fassen sollte – der bloße Gedanke daran verursachte mir bereits Übelkeit. Außerdem war ich zu diesem Zeitpunkt bereits davon überzeugt, dass alles meine Schuld war. Dass so etwas einmal passierte, konnte man sich ja erklären. Aber drei Mal? Mit drei verschiedenen Leuten?

Offensichtlich war ich der gemeinsame Nenner und das Ganze mein persönliches Problem.

~

Wo war Gott bei all diesen Ereignissen? Wo steckte er? Der Schöpfer, von dem ich so viel gehört hatte? Wöchentlich nahm uns meine Mutter mit in den Kindergottesdienst – eine Zeit lang besuchten wir die baptistische, dann die methodistische Gemeinde, wo ich regelmäßig von der Großartigkeit und Herrlichkeit des himmlischen Vaters hörte. Nur Gott als den liebenden Vater zu begreifen, erschloss sich mir nicht.

Ich konnte mir einen liebevollen Vater, der immer für mich da war, nun wirklich nicht vorstellen. Die Zeit mit meinem eigenen Vater war sehr begrenzt gewesen und mein Stiefvater war sicher auch kein Paradebeispiel väterlicher Liebe. Deshalb machte es für mich nicht viel Sinn, Predigten über einen liebevollen Vater zu hören, der mich angeblich immer beschützt. Nichts, was ich in diesen Bibelstunden hörte, konnte ich auf mein eigenes Leben anwenden. Und dass Gott mich nicht vor schlechten Einflüssen bewahrt hatte, wusste ich nur allzu gut. Während also Scham und Wertlosigkeit immer tiefere Wurzeln in mir schlugen, keimten auch meine Zweifel an jeglicher Existenz oder Güte eines himmlischen Vaters.

Mit Jesus verhielt sich das anders. Alles, was ich über ihn hörte, machte ihn mir sympathisch. Zum einen war er ein Mensch und kein überirdisches Wesen. Außerdem war er am Kreuz für die Sünden der Menschen gestorben – er hatte also wenigstens versucht, *mich* zu retten. Insofern empfand ich so etwas wie Zuneigung gegenüber Jesus und wollte ihn näher kennenlernen.

In der Kirche hörte ich auch zum ersten Mal, wie ein Pfarrer über die Taufe sprach, dass sie die Seele reinigt. Die Vorstellung, *gereinigt* zu werden, gefiel mir. Ich weiß noch, dass ich dachte, *genau das will ich, ich will wieder rein sein*. Ich hatte so schreckliche Erfahrungen durch- und mitgemacht, dass mir der Gedanke, all die Schande und den Schmerz mit einem schlichten Wasserbad abzuwaschen, überwältigend erschien. Also stupste ich gleich meine Mutter an und sagte ihr, dass ich getauft werden wollte, und sie nahm mich mit nach vorne. Die Gemeinde betete für mich und noch an diesem Abend fand meine Taufe statt.

In betrat einen separaten Raum und zog mir dort ein schlichtes weißes Gewand an. Das Taufbecken war hoch oben auf einer Empore und besaß eine Glaswand, sodass alle Kirchenbesucher mich sehen konnten. Langsam schritt ich zu dem Becken und hielt dabei die Luft an. Gleich würde es passieren! Ich würde gereinigt werden! Ich stieg in das Becken, bis das lauwarme Wasser mir bis an die Brust ging. Dann legte der Pfarrer mir die Hand auf den Rücken, tauchte mich ins Wasser, holte mich wieder nach oben und tauchte mich erneut. Tropfnass und prustend kam ich aus dem Wasser hoch. Und: Ich hatte Jesus in mein Leben hineingelassen.

Und bis heute erinnere ich mich an dieses wunderbare Gefühl: Ich fühlte mich so sauber, als wäre meine Seele geschrubbt worden.

Leider hielt es nicht lange an. Die Taufe hatte scheinbar nicht gewirkt, denn ich hatte gehofft, dass sie mich von all dem Dreck für immer befreien würde. Aber als all das, was mir schmutzig schien, wieder passierte, fragte ich meine Mutter, ob ich nicht noch einmal getauft werden könnte. Also fand nach einigen Monaten erneut eine Taufe statt.

Insgesamt wurde ich viermal getauft: einmal bei meiner Geburt in einer katholischen Kirche, zweimal in der Baptistengemeinde und letztlich noch einmal bei den Methodisten, als ich zwölf Jahre alt war. Jedes Mal fühlte ich mich gereinigt.

Aber das Gefühl war nie von Dauer.

Folglich begann ich zu zweifeln, ob ich jemals gerettet werden würde – oder ob es überhaupt einen Gott gab, der mich retten konnte. Wenn Gott in der Lage war, mir zu helfen, warum hatte er es nicht schon längst getan? Mein Lebensweg schien mich immer weiter von Gott wegzuführen, nicht zu ihm hin. Sosehr ich mir auch wünschte, mich als von Gott geliebtes Kind zu fühlen, es gelang mir einfach nicht – ich fühlte mich beschmutzt und wertlos.

Aber vor allem fühlte ich mich einsam. Niemand war da, der mich beschützte – kein Held, kein Retter. Inmitten einer feindseligen Welt fühlte ich mich ganz allein.

Wenn ich heute zurückblicke, dann bricht es mir fast das Herz, dass ich mich so isoliert und von Gott verlassen gefühlt habe. Ich wünschte, ich könnte der jungen Crystal von damals sagen, dass sie sich nicht so verängstigt und alleine fühlen muss, weil – das weiß ich jetzt – wir nie alleine sind, nicht einmal in unseren verzweifeltsten Augenblicken. »Denn Gott hat seine Engel ausgesandt, damit sie dich schützen, wohin du auch gehst« (Psalm 91,11). In Wirklichkeit hatte ich also Beschützer, himmlische Helden waren bei mir und ich war gar nicht allein – niemand ist das.

Gott ist mit uns – immer! Und seine Engel begleiten uns auf all unseren Wegen.

Die Engel

Plötzlich nahm ich zwei Wesen wahr, rechts und links vor mir. Augenblicklich wusste ich, dass sie genau das waren, was sie zu sein schienen – Engel.

Nicht irgendwelche Engel – es waren meine ganz persönlichen Engel.

Sie strahlten eine solche Helligkeit aus, dass ich sie kaum voneinander zu unterscheiden vermochte. Aber sie waren nicht gestaltlos; sie besaßen eine Figur, die unserem menschlichen Körper ähnelte: lang und schlank. Der Engel auf der rechten Seite kam mir etwas größer vor als das andere. Weder bewegten sich die beiden noch schwebten sie herum – sie waren einfach nur da.

Ich empfand direkt eine tiefe Liebe für sie.

Eine große, überfließende Liebe, die mich regelrecht überwältigte. Die Engel schienen meine besten Freunde zu sein, die ich jemals haben würde, obwohl »Freundschaft« unsere Beziehung nicht richtig auszudrücken vermochte. Sie waren meine Beschützer, meine Lehrer, meine Fürsprecher, meine Helden und gleichsam verkörperten sie meine ganze Kraft, meine spirituelle wie die meiner Seele und meines Herzens. All das bündelte sich in ihnen und einem gewaltigen Gefühl, so als wären sie schon immer Teil meiner Existenz gewesen.

Sie waren und sind meine Wegbegleiter – in der Vergangenheit, Gegenwart, Zukunft und für alle Ewigkeit. Ich spürte, wie sie bei mir gewesen waren, als ich traurig und einsam war und als ich schwierige Entscheidungen zu treffen hatte. In ihrer Gegenwart fühlte ich mich aufgehoben, unglaublich sicher und frei, einfach glücklich und erfüllt. Mir war auch klar, warum sie da waren: um mich willkommen zu heißen und nach Hause zu bringen. Sie waren das beste Begrüßungskomitee, das man sich nur wünschen kann.

Außerdem stellte ich fest, wie wir uns direkt und völlig selbstverständlich miteinander unterhielten. Absolut reibungslos. Was ich damit meine? Es war so, als könnte man einen Knopf drücken und im selben Augenblick alles über jemanden erfahren. Und diese Person wiederum könnte sich umgekehrt ebenso vollständig über mich informieren. Oder als gäbe es ein Passwort, das einem Zugang zu allem gewährt, was man jemals gesagt oder gedacht, gefühlt, geschrieben oder geglaubt hat in seinem bisherigen Leben, und zwar in der Vergangenheit, Gegenwart und Zukunft. So als könnte man sich ein vollständiges Bild über jemanden machen, wie es menschlich gesehen auf der Erde wohl niemals möglich wäre. Aber genau so war es – das Wissen, dass alles, was uns ausmachte und für uns wichtig war, frei zwischen uns ausgetauscht wurde und unsere ewige Verbindung und tiefe Übereinstimmung bestätigte. Da war kein Raum für Geheimnisse, Scham, Missverständnisse oder negative Gefühle.

Alles zwischen uns wurde getragen von diesem wunderbaren, schönen und aufbauenden Wissen voneinander.

Ich wünschte, ich könnte behaupten, die beiden wiedererkannt zu haben, dass ich ihnen auf der Erde schon einmal in menschlicher Gestalt begegnet wäre, aber so war es leider nicht. Viele Menschen, die Nahtoderfahrungen gemacht haben, berichten, dass sie von einem geliebten Verwandten erwartet worden wären und überwältigt waren von der Freude des Wiedersehens. Ich hätte gerne meine geliebte Großmutter Ernie wiedergetroffen, aber das geschah leider nicht. Damit möchte ich nicht sagen, dass so etwas nicht möglich wäre, aber ich habe dies eben nicht erfahren. Trotzdem erfüllte mich eine tiefe

Freude, meinen Engeln zu begegnen. Nie haben sie mich verlassen und ich weiß, sie werden das auch niemals tun.

Neben meinen beiden Schutzengeln war da aber noch jemand an meiner rechten Seite. Wer das war, auch das wusste ich sofort, denn ich fühlte, wie mein Geist einfach nur zusammensank und vor seiner Anwesenheit niederfiel. Hätte ich einen Körper gehabt, wäre ich auf die Knie gegangen, hätte meine Arme erhoben und mich lobend und anbetend verneigt.

Dass ausgerechnet ich das erleben durfte, überwältigt mich. Ich! Crystal! Die ich doch so vieles im Leben falsch gemacht, immer gezweifelt und nie Antworten auf meine vielen Fragen gefunden habe!

Ausgerechnet ich war nun hier – in der himmlischen Gegenwart Gottes.

5. Kapitel

Bestand meine Kindheit nur aus einer Reihe miserabler Erfahrungen? – Natürlich nicht! Allerdings hatte ich auch keinen Vergleich, wie eine normale Kindheit aussehen sollte, von daher empfand ich mein Leben einfach als ziemlich normal. Und ich habe viele wirklich schöne Erinnerungen an diese Zeit. Selbst an den furchtbarsten Tagen gab es immer noch etwas, worüber ich lachen konnte. Eine Fähigkeit, die ich von meiner Mutter geerbt habe, und ich glaube, sie hat uns beiden geholfen, das alles durchzustehen. Egal wie schlimm es uns traf, wir behielten unseren Humor und lachten, anstatt zu weinen – so wie an jenem Abend, als meine Mutter Weihnachtsschmuck aus Salzteig herstellen wollte.

Ich war damals vier oder fünf und durfte ihr helfen, den Teig auszurollen und die Formen auszustechen – Zuckerstangen, Rentiere und Schneemänner. Als wir fertig waren, schob sie das Blech in den Ofen und ich ging ins Bett. Ein paar Stunden später stürzte meine Mutter dann in mein Zimmer und weckte mich.

»Los, komm«, sagte sie. »Wir müssen hier raus.«

Was war passiert? Meine Mutter hatte in der Küche die Gebäckteile mit Farbe angesprüht. Sie war dafür nicht nach draußen gegangen und nun war das ganze Haus voller giftiger Gase. Sogar mit aufgerissenen Fenstern war der Gestank unerträglich. Gemeinsam mit Hank hatte sie mich aus dem Bett geholt und nun saßen wir alle drei mitten in der kalten Winternacht auf unserer Veranda vor dem Haus, bis die Luft wieder rein war.

Dieses kleine Missgeschick wurde später eine meiner liebsten Kindheitserinnerungen. Denn nachdem sie mich auf der Veranda abgesetzt hatte, lief meine Mutter zurück ins Haus und holte alle meine Brettspiele. »Kommt, wir machen einen Spieleabend!«, schlug sie vor. Ich weiß noch, wie wir da zu dritt auf der Verandatreppe saßen – ich im Schlafanzug und Wintermantel – und mein Lieblingsspiel spielten: das Angelspiel, bei dem man winzige Fische mit kleinen magnetischen Angelhaken aus einem aufgestellten Aquarium herausziehen musste. Hank, meine Mutter und ich spielten miteinander, wir lachten und hatten jede Menge Spaß, obwohl meine normale Schlafenszeit längst überschritten war, sodass niemand von uns mehr an die giftigen Dämpfe dachte.

Schlimmen Situationen das Beste abgewinnen – darin ist meine Familie besonders gut. Nachdem sich meine Mutter nach der Schießerei von Hank hat scheiden lassen, bestand unsere Familie nur noch aus einem Dreierteam: die übel zugerichtete, aber immer noch schöne Mutter Connie, ihre aufsässige, altkluge Tochter und der schelmische kleine Lausejunge. Als Alleinerziehende hatte meine Mutter eine harte und entbehrungsreiche Zeit – wir waren zwar nicht so arm, dass wir betteln mussten, aber wir hatten sehr wenig Geld. Trotzdem wird mir ganz warm ums Herz, wenn ich an diese Jahre zurückdenke. Warum? Weil es uns irgendwie wie ein großes Abenteuer erschien, arm zu sein.

Meine Mutter hatte damals eine Ausbildung als Zahnarzthelferin abgeschlossen und konnte nach der Scheidung für zwei Zahnärzte in der Stadt arbeiten. Sie tat alles, damit ihr ausgezahlter Lohn möglichst lange reichte, aber es wurde am Monatsende immer knapp. Ich weiß noch, wie sie uns des Öfteren abends »Arme-Leute-Spaghetti« servierte – Spaghetti nur mit Soße, ohne Fleisch.

Erst viel später wurde mir bewusst, dass es sich nicht um den Namen des Gerichts handelte, sondern wir selbst die »armen Leute« waren.

Mutter wusste die Feste zu feiern, wie sie fielen. Der erste Schultag nach den Ferien war immer eine große Sache. Irgendwie schaffte sie es immer, Geld zusammenzukratzen, um uns jedes Schuljahr neue Kleider und Schuhe zu kaufen, und wir durften immer unsere eigenen Federmäppchen und Brotdosen aussuchen. Und wenn einer von uns in der Schule eine Auszeichnung erhielt, egal, wie unbedeutend oder albern sie war, kam unsere Mutter immer vorbei, um zu sehen, wie wir geehrt wurden, und freute sich mit uns. Sie saß auch ganz vorne, wenn wir im Schultheaterstück einen Busch oder eine Schneeflocke darstellten. Und während meiner Pfadfinderzeit half sie mir, kiloweise Kekse für wohltätige Zwecke zu verkaufen. Unser Wohnzimmer platzte fast vor gestapelten Keksdosen der Mädchen-Pfadfinder, die wir sortieren und in der ganzen Stadt verteilen mussten. Am Ende war der Preis dafür wahrscheinlich nur ein winziges Stofftier, aber es hatte sich gelohnt, allein die Zeit mit meiner Mutter in dem mit Plätzchen vollgestellten Zimmer zu verbringen.

An viele ihrer kleinen freundlichen Gesten erinnere ich mich – wie sie uns beispielsweise jeden Morgen Lunchpakete für die Schule machte und immer einen kleinen Zettel in die Serviette legte, auf dem sie mir einen guten Tag wünschte oder mir schrieb, dass sie sich darauf freute, mich mittags wiederzusehen.

Mit ihr ins Autokino zu gehen, war ein weiteres besonderes Vergnügen. Schon im Vorfeld machte sie tonnenweise Popcorn, das sie in eine große, braune Papiertüte füllte, die wir mitnahmen. Sie breitete neben dem Auto eine Decke aus und ließ uns Kinder darauf liegen, während sie auf einem Klappstuhl hinter uns saß. Ich habe immer noch den Geschmack von diesem salzigen Popcorn auf der Zunge und sehe dazu das Gesicht meines Bruders, das von der großen Leinwand angeleuchtet wurde.

Selbst wenn ich es gar nicht verdient hatte, war meine Mutter noch lieb zu mir. So kaufte sie in einem Sommer ein kleines Planschbecken für unseren Hof und bat Jayson und mich, ihr beim Aufblasen zu helfen. Jayson legte sofort los. Aber es war ein besonders heißer Tag und ich hatte keine Lust zu helfen. Meine Mutter ermahnte mich und sagte: »Wenn du nicht mithilfst, darfst du auch nicht ins Wasser.« Dann eben nicht, sagte ich und ging schmollend weg.

Später guckte ich aus dem Küchenfenster und sah, wie meine Mutter und mein Bruder im Pool herumplanschten. Sie hatten einen Riesenspaß. Clever, wie ich war, stellte ich mich im Badeanzug in ihre Nähe und wartete darauf, dass sich ihr Mitleid regte. Ich wusste aus Erfahrung, dass sie ihre Strafen nicht immer konsequent durchzog, und es dauerte gar nicht lange, da war ich auch im Pool. Ich war frech gewesen, aber sie wollte mir trotzdem nicht den Tag verderben. Ich habe diese kleine, liebevolle Geste nie vergessen.

Meine Erinnerungen erscheinen in unterschiedlicher Form, manche sind hell und sonnig wie Sommertage, andere viel dunkler. Und obwohl meine Mutter sich bemühte, mir meine Kindheit so lange wie möglich zu erhalten, schwand sie in Wirklichkeit schon dahin.

Ich weiß noch ganz genau, wann ich Gott zum ersten Mal klar und deutlich sagte, dass ich ihn hasste.

Ich war sieben Jahre alt und ging in die zweite Klasse. Es gab nicht viele Orte auf der Welt, an denen ich mich sicher fühlte, aber einen Ort der Geborgenheit kannte ich – bei meiner Großmutter.

Oma Ernie war die einzige Person in meinem Leben, die immer zu mir gehalten hat. Sie war die Größte für mich und gleichzeitig war sie mein größter Fan. Einmal, als ich klein war und bei ihr übernachtete, wollte ich in ihrem Wohnzimmer etwas im Fernsehen sehen. Ich fragte ihren Ehemann, einen netten, aber brummeligen alten Kerl namens Jim (den ich Paw Paw nannte), ob er es mir erlaubte. Er sagte Nein, denn er sah gerade eine andere Sendung. Nun, Großmutter Ernie kam herein und jagte Paw Paw in ihr Schlafzimmer, wo er sein Programm auf einem winzigen Fernseher weitergucken musste. Und ich nahm Platz vor dem großen Bildschirm.

Aber ganz alleine vor dem großen Apparat zu sitzen, war plötzlich gar nicht mehr so lustig. Also ging ich ins Schlafzimmer und setzte mich neben Paw Paw.

Paw Paw war brummig, aber er brachte mich auch zum Lachen – wenn auch nicht immer freiwillig. Ich erinnere mich, dass meine Großeltern mit mir in den Zoo gingen und Paw Paw mir auf dem Parkplatz etwas erklärte. Gerade als er sagte: »Hast du mich verstanden, junge Dame?«, ließ ein Vogel genau auf seiner Glatze etwas fallen. Ich musste so lachen, dass ich mir fast in die Hosen machte. Ich fand es auch lustig, dass Paw Paw jedes Mal einschlief, wenn er auf mich aufpassen sollte. In einem Sommer stellte Oma Ernie extra ein Kinder-Planschbecken für mich auf und Paw Paw sollte bei mir bleiben, während ich im Wasser auf der hinteren Veranda spielte. Es dauerte nicht lange, da war Paw Paw eingenickt, und ich lief auf Zehenspitzen ins Haus und holte die Schaumbadeflasche meiner Großmutter.

Bald war mein Planschbecken voller Seifenblasen. Als Großmutter Ernie nach Hause kam und durch das Küchenfenster nach mir Ausschau hielt, erblickte sie nur noch meinen kleinen Kopf, der aus einem riesigen Schaumberg herausguckte. Meine Schaumbad-Eskapade führte übrigens zu dem einzigen Streit zwischen meinen Großeltern, an den ich mich erinnern kann. Paw Paw wollte das seifige Badewasser nämlich auf die Blumen ausschütten, damit sein Gras nicht darunter litt, während Großmutter es lieber aufs Gras kippen wollte, damit ihre Blumen nicht eingingen. Ich weiß nicht mehr, wer von beiden gewonnen hat, aber ich erinnere mich, wie Paw Paw mein entleertes Kinderplanschbecken den Flur entlang hinter sich herschleifte und auf den Müll warf.

Meine Großmutter gab mir in vielerlei Hinsicht ein Gefühl von Geborgenheit und Liebe.

Es ist lustig, dass ich mich an so viele Kleinigkeiten erinnere, zum Beispiel diesen Pistazienpudding, den sie immer für mich machte, oder wie sonderbar ich es fand, wenn sie Eiswürfel in meine Milch warf. Aber bis heute fühle ich mich durch den Geschmack von einem gehaltvollen, nussigen Pistazienpudding irgendwie getröstet. Oma Ernie ließ mich auch zwischen sich und Paw Paw in ihrem Bett schlafen, in Wirklichkeit waren das zwei aneinandergeschobene Betten, über die ein großes Laken gespannt wurde. Ich rutschte immer in den Ritz dazwischen und das war einer meiner Lieblingsplätze – eingesunken in Großmutters Bett, am sichersten Ort auf der ganzen Welt.

Dann erfuhr ich eines Tages, dass Oma Ernie krank war.

Ich verstand nicht viel von dem, was die Leute über sie sagten, außer dass ihr Herz aussetzte. Sie war erst in ihren Sechzigern, hatte aber immer viel geraucht. Mit den Jahren war sie immer dünner und schwächer geworden. Schließlich kam sie ins Krankenhaus. Meine Mutter fuhr mit uns nach San Antonio, um sie zu besuchen, aber als wir ankamen, war es von der Uhrzeit zu spät für einen Besuch – wir riefen sie stattdessen an. Ich nahm den Hörer und wollte Oma erzählen, was ich an diesem Tag alles gemacht hatte, aber sie war zu müde zum Reden. Ich war überrascht, dass Oma Ernie mich nicht ausreden ließ – sie war die Einzige, die sich an meiner Plauderei nie gestört hatte. Sie sagte immer: »Leute, die viel reden, haben auch viel Interessantes zu berichten.« Ich war verletzt, versicherte aber, dass ich gleich am nächsten Morgen zu ihr kommen würde.

»Schlaf gut, mein Engel«, sagte sie. »Ich liebe dich.«

Wenige Stunden später wurde ich mitten in der Nacht wach. Ich weiß nicht, wovon, aber es fühlte sich an, als hätte mich jemand gerüttelt. Es war niemand da. Ich ging zu meiner Mutter ins Schlafzimmer, aber ihr Bett war leer.

Augenblicklich wusste ich, dass Oma Ernie in dieser Nacht gestorben war.

Ich ging in die Küche und sah, wie meine Mutter auf und ab ging. In diesem Moment klingelte das Telefon, ein lautes Gerassel, das die nächtliche Stille erschütterte. Ich sah zu, wie sie den Hörer abnahm, eine Weile zuhörte und dann in die Knie ging, jammernd und weinend. »Nein, Daddy, nein!«, hörte ich sie schreien. Ich lief zu ihr und sie nahm mich in ihre Arme und hielt mich fest. Wir saßen auf dem Küchenfußboden und weinten. Und ich klammerte mich fest an meine Mutter, als sie ihre Mutter verlor.

Bis heute frage ich mich, wie ich wissen konnte, dass Oma Ernie gestorben war, bevor der Telefonanruf kam, aber ich mag die Vorstellung, dass sie es war, die mich mit einem leichten Schütteln aufgeweckt hatte, um sich von mir zu verabschieden. Kurze Zeit später sagte ich Gott, dass ich ihn hasste.

Ich weiß, Zorn ist nur eines der fünf Stadien der Trauer, aber du meine Güte, wie viel Zeit habe ich doch in diesem Zustand verbracht. Durch den Tod meiner Großmutter war ich am Boden zerstört und wütend, dass jemand, der mich bedingungslos geliebt hatte, mir genommen worden war. Ich erinnere mich, dass ich Gott sagte, er hätte lieber jemand anderen sterben lassen sollen. Ich weiß, das klingt furchtbar, aber damals war ich sieben Jahre alt und konnte den Verlust eines so geliebten Menschen nicht anders verarbeiten. Es schien, als hätte der Schlag eines grausamen Schicksals zufällig gerade mich getroffen. Warum musste Gott ausgerechnet Oma Ernie nehmen? Wie konnte er mir so etwas antun?

»Ich hasse dich«, sagte ich Gott an diesem Tag. »Ich hasse dich, ich hasse dich, ich hasse dich.«

Erst ein paar Jahre später wurde mir bewusst, dass ich selbst in den schlimmsten Lebenskrisen – als mein Glaube an Gott auf einem absoluten Nullpunkt angekommen war – nie aufgehört habe, mit ihm zu reden. Unsere Gespräche bestanden zwar hauptsächlich aus Fragen und Flüchen, Zweifeln und Forderungen, aber es fanden immer noch Gespräche mit ihm statt. Ich schwor viele Male, dass ich Gott aus meinem Leben verbannen würde, und manchmal tat ich das auch, aber nie für lange.

Aus irgendeinem Grund, auch wenn ich nicht einmal mehr daran glaubte, dass er mich hörte, blieb ich mit Gott in Kontakt.

~

Durch den Verlust von Oma Ernie wurde ich noch schneller erwachsen. Ihr Tod machte mich wütend und verstörte mich zugleich. Nachdem mein Großvater nach einer ganzen Weile wieder geheiratet hatte, erstaunte es mich selbst, dass ich mich mit seiner neuen Frau Mary anfreundete. Sie war lustig und eine Draufgängerin. Heute, dreißig Jahre später, sind wir immer noch gute Freunde. Aber damals, als Oma Ernie starb, war ich untröstlich. Wie ich bereits erwähnte, war ich schon immer altklug und redete gern mit Erwachsenen, als wäre ich eine von ihnen, aber als meine Großmutter starb, hatte ich tatsächlich das Gefühl, meine Kindheit sei zu Ende.

Leider wurde meine Situation zu Hause immer schwieriger. Zum Teil lag das an meiner eigenen Starrköpfigkeit. Mein Eigensinn zeigte sich bereits, bevor ich überhaupt auf die Welt kam, indem ich mich vierundzwanzig Stunden lang weigerte, überhaupt herauszukommen, bis die Ärzte mich holen mussten. Und als Kind boykottierte ich die Bemühungen meiner Mutter, ein hübsches kleines Mädchen aus mir zu machen – stattdessen war ich ein aufsässiger Wildfang, der sich das Haar nicht frisieren oder in Rüschenkleider stecken ließ, außer an Ostern oder wenn ich mich für einen unsichtbaren Freund fein machen wollte. Alle anderen Mädchen erschienen zur Einschulung in süßen bunten Kleidern; ich hingegen trug ein Flanellhemd und Jeans. Und im ersten Schuljahr bekam ich dreimal von der Lehrerin einen Verweis: einmal, weil ich mir die Haare an einem heißen Tag im Waschbecken nass gemacht hatte und die anderen beiden Male – nicht sehr überraschend –, weil ich zu viel geschwätzt hatte.

Aber obwohl ich ein anstrengendes Mädchen war, glaube ich nicht, dass ich mich wirklich schlecht benommen habe. Normalerweise war ich eine gute Schülerin und hatte gute Noten.

Natürlich spielte auch eine Rolle, dass mein Dad – der ansonsten nicht mit meinem Schulalltag in Berührung kam – mir für jede Eins zwei Dollar versprochen hatte. Ich weiß noch, wie stolz ich war, wenn ich ihn anrief und ihm vorrechnete, wie viel Geld er mir schuldete. Er machte Witze und meinte, ich würde ihn noch ruinieren. Aber ich wusste, dass er stolz auf mich war, und das war ein schönes Gefühl.

Obwohl ich manchmal ein bisschen besserwisserisch und frech sein konnte – und oft nicht gut hörte –, galt ich letztlich nicht als Problemkind. Ich war nicht missraten. Aber dann kam Hank in mein Leben und in den Jahren, nachdem wir uns von ihm getrennt hatten, änderte sich das langsam.

Wenn ich zurückblicke, denke ich, dass ich einige gute Gründe dafür hatte, mit der Welt in Konflikt zu geraten. Mein Vater, den ich bewunderte, war nicht viel da, und es gab lange Phasen, in denen ich überhaupt nichts von ihm hörte. Ich erinnere mich, dass in der fünften Klasse eine Lehrerin nach meinen Eltern fragte. Ich fing an zu weinen und sagte ihr, dass ich seit fünf Monaten nicht mit meinem Dad gesprochen hatte. Sie war überrascht, aber mir war damals schon klar, dass es in meinem Leben keinen Vollzeitvater geben würde.

Dann kamen die Jahre, die meine Mutter ihre »wilde Zeit« nennt. Nach der Scheidung von Hank war sie noch jung und hübsch und fing an, sich mit anderen Männern zu treffen. Ich kann mich nicht mehr an viele dieser Männer erinnern, weiß aber noch, dass ich einige gern mochte und dass sie trotzdem nach kurzer Zeit wieder aus meinem Leben verschwanden.

Während dieser Jahre, als meine Mutter keinen festen Lebenspartner hatte, vertraute sie mir viele Dinge an. Ich wusste genau, wie wenig Geld wir hatten, welche Rechnungen wir nicht bezahlen konnten und wie düster unsere Zukunft aussah. Gelegentlich sprach sie auch schlecht über meinen Vater und sagte Dinge, mit denen ich damals noch nichts anfangen konnte. Als Kind war ich damit überfordert.

Und in gewisser Weise übernahm ich auch Erziehungsverantwortung. Als Hank weg war, ernannte meine Mutter mich zu Jaysons permanentem Babysitter, und so verbrachte ich viele

Nächte mit meinem kleinen Bruder, während meine Mutter sich austobte. Ich badete Jayson, hielt das Haus sauber und bereitete das Essen zu. Ich war mehr der Partner meiner Mutter als ihre Tochter.

Und dennoch nahm ich meiner Mutter das nicht übel, weil ich glaubte, ich sei dafür verantwortlich, ihr Leben erträglicher zu gestalten. Ich wusste, dass sie den ganzen Tag in der Zahnarztpraxis arbeiten musste und wie knapp unser Geld war. Ich wusste auch, wie einsam sie sich fühlte. Also tat ich mein Bestes, um sie zu entlasten und sie glücklich zu machen, wie ich es eben konnte. Ich wollte nicht, dass meine Mutter allein war oder Angst hatte.

Aber dann, als ich zehn Jahre alt war, hörte meine Mutter auf mit diesen Treffen. Plötzlich entschied sie, dass sie ihre Elternrolle nun besser ausfüllen wollte. Nachdem sie drei Jahre lang ununterbrochen auf Partys gegangen war, blieb sie zu Hause, stellte neue Regeln auf und setzte Grenzen, wo vorher keine gewesen waren.

Wie man sich vielleicht vorstellen kann, nahm ich das nicht besonders gut auf. Ich ärgerte mich und war wütend wegen all dem, was ich ertragen hatte – und wovor sie mich nicht beschützt hatte. Ich fand, es sei zu spät, dass sie mich nun erziehen wollte.

Ich hatte gelernt, dass ich nur überleben konnte, wenn ich für mich selbst sorgte. Obwohl ich meine Mutter liebte, hatte ich das Gefühl, mich nur auf mich selbst wirklich verlassen zu können. Der Missbrauch im Haus von Hanks Mutter fand immer noch statt und es gab niemanden, mit dem ich darüber sprechen konnte – ganz sicher nicht mit meiner Mutter, deren Sorgen ich schließlich erleichtern und nicht vermehren wollte. Ich war auf mich selbst angewiesen, übernahm mehr und mehr Verantwortung, verlor mehr und mehr meine Unschuld, bis nichts mehr davon übrig war. Ich war bereits erwachsen.

Und deshalb bekämpfte ich meine Mutter mit Zähnen und Klauen, als sie sich einbildete, sie könnte wieder die Elternrolle übernehmen. Wenn sie mir etwas sagte, machte ich genau das Gegenteil. Jeder Versuch, mich zu disziplinieren, stieß auf Geschrei und Gegenwehr. Wir stritten ständig um alles – das Aufräumen meines Zimmers, meinen Fernsehkonsum, die Hausaufgaben und so weiter. Sie hatte mir die Möglichkeit genommen, ein normales Kind zu sein, indem sie all ihre Erwachsenenprobleme bei mir abgeladen hatte, und ich war absolut nicht gewillt, mich wieder wie ein Kind behandeln zu lassen. Ich hatte nicht dafür so viele schlimme Dinge überlebt, um mich nun von ihr wieder in diese Kindheit zurückverfrachten zu lassen. Was mich betraf, war meine Kindheit vorbei, und daran gab es nichts zu rütteln.

Die folgenden Jahre wurden ein Albtraum für uns beide. Meine Mutter gab mir eine Anweisung, ich weigerte mich und gab Widerworte. Sie schubste mich, ich schubste sie zurück. Es dauerte nicht lange, da trugen wir regelrechte Bodenkämpfe aus und rangen miteinander auf dem Wohnzimmerteppich, während uns Jayson entsetzt zusah. Gelegentlich versuchte meine Mutter, uns zur Ordnung zu rufen, indem sie uns den Hintern versohlte oder uns mit einem Holzlöffel oder einem Gürtel schlug. Aber diese Bestrafungen brachten mich nur noch mehr auf und ich schlug mit aller Kraft zurück. Als ich zwölf war, verwickelten wir uns in einen besonders üblen Kampf. Ich weiß nicht mehr, ob sie mich mit einer Haarbürste zu schlagen versuchte oder mit etwas anderem, aber ich habe sie wirklich fest gestoßen. Sie stieß mich zurück und ich stürzte durch die Duschtür in die Badewanne.

Für mich waren diese Kämpfe – zusätzlich zu dem, was im Haus von Hanks Mutter passierte – mehr, als ich ertragen konnte. Am nächsten Tag nahm ich das bisschen Geld, das ich fürs Babysitten der Nachbarskinder bekommen hatte, und sagte meiner Mutter, dass ich bei Braums etwas fürs Mittagessen einkaufen wollte. Wir aßen Sandwichs und Eis und danach teilte ich meiner Mutter mit, was ich vorhatte. Sie hörte mir zu, dann senkte sie ihren Kopf und brach in Tränen aus.

Ich hatte meiner Mutter gesagt, dass ich von zu Hause wegwollte. Und das setzte ich auch in die Tat um.

6. Kapitel

Einfach loszuziehen, nach Kalifornien zu trampen, auf einen Güterzug aufzuspringen oder etwas ähnlich Verrücktes hatte ich jedoch nicht im Sinn. Was ich meiner Mutter an diesem Tag sagte, war schlicht und einfach, dass ich bei meinem Vater in Illinois leben wollte.

Meine Mutter war gelinde gesagt untröstlich. Schließlich war sie immer für mich da gewesen. Sie hatte für mich gesorgt, mich gekleidet und ernährt, während mein Dad sich aus allem herausgehalten hatte, und nun behauptete ich, dass ich es vorzog, bei ihm zu wohnen. Vermutlich hätte sie um mich kämpfen und sich weigern können, mich gehen zu lassen, aber ihr war wohl klar, dass sie diesen Kampf verlieren würde. Ich hatte mich entschieden. Ich wollte weg.

Zum Glück erklärte sich mein Vater einverstanden. Vor meiner Abfahrt veranstaltete meine Mutter auf unserer Rollschuhbahn noch eine Abschiedsparty für mich. Es hingen dort Luftballons und Spruchbänder und alle meine Freunde kamen, um sich von mir zu verabschieden. Ein paar Tage später kam dann mein Vater vorbei, den ganzen Weg von Illinois, um mich abzuholen. Ich erinnere mich nicht mehr, ob ich damals geweint habe, als ich meine Mutter verließ, aber ich bin mir sicher, sie tat es. Niemand auf der ganzen Welt stand mir so nah wie sie. Und Jahre später wurde mir bewusst, sie war die *einzige* Person in meinem Leben, die mich nie verlassen hatte. Sie war meine beste Freundin und zugleich meine ärgste Feindin. Sie war keine perfekte Mutter, aber sie liebte mich und es war entsetzlich für sie, mich gehen zu lassen. Aber ich denke, sie hatte auch erkannt, dass wir dringend Abstand voneinander brauchten. Also packte ich meine Sachen, unter anderem meinen geliebten Teddy Snoozy, stieg zu meinem Vater ins Auto und ließ meine Mutter zurück.

~

Mein Vater stammte nicht aus armen Verhältnissen, aber seine Familie kam immer gerade so über die Runden. Er erzählte davon, dass die Nachbarskinder all das besaßen, was seinen Brüdern und ihm nie möglich war zu besitzen. Und er hatte sich schon damals geschworen, selber unermüdlich dafür arbeiten zu gehen, sodass es seinen Kindern einmal besser gehen würde.

Sein guter Vorsatz schloss auch eine Sache ein, die er sich von seinen Eltern immer gewünscht, aber nicht bekommen hatte: Zuwendung. Seine Eltern, Odel und Mardel, waren strenge Katholiken, die ihre Kinder über alles liebten, es aber nicht immer zeigten oder gar nicht wussten, wie sie ihre Gefühle zum Ausdruck bringen sollten. Mein Vater hatte also die Absicht, seinen Kindern die Zuwendung und Anerkennung zu schenken, die er als Kind vermisst hatte. Bedauerlicherweise hatte das Leben seine Pläne durchkreuzt.

Als ich bei ihm auftauchte, gab mein Vater sich alle Mühe, mir ein Zuhause zu schaffen. Er machte ein Zimmer für mich zurecht mit pinkfarbenen Vorhängen, einem Nachtisch und einem Wecker sowie einem Schreibtisch für die Hausaufgaben. Er freute sich sehr, dass ich da war und dass er endlich Gelegenheit hatte, mich kennenzulernen. Aber schon nach ein paar Tagen stellte ich fest, dass es ihm schwerfiel, mir seine Gefühle zu zeigen. Das Leben mit ihm war ganz anders als das Leben mit meiner Mutter. Während meine Mutter ein unberechenbares Temperament hatte, in der einen Minute nett und liebevoll war und in der nächsten wütend herumschrie, blieb mein Vater immer ruhig. Er war kühl und distanziert. Ich hatte mich daran gewöhnt, dass meine Mutter brüllte und fluchte und wirklich *allen* Gefühlen Raum gab, im Guten wie im Bösen, und nun hatte ich es plötzlich mit einem Elternteil zu tun, das fast überhaupt keine Gefühle zu haben schien.

Mein Vater hatte einen ausfüllenden Job, er unterhielt Kneipen und Nachtklubs und das nahm seine Zeit fast vollständig in Anspruch. Nach der Scheidung von meiner Mutter eröffnete er in unserer Heimatstadt eine kleine Kneipe am Stadtrand. Und schon damals, die wenigen Male, die ich ihn besuchte, war er immer mit einem coolen Auto unterwegs und hatte eine umwerfend schöne Freundin im Schlepptau. Soweit ich das beurteilen konnte, war seine Ausstrahlung sehr anziehend und sein Leben schien nur aus Partys zu bestehen. Auch in Illinois eröffnete er einen Nachtklub und war sieben Tage die Woche damit beschäftigt, ihn am Laufen zu halten. Leider hatten wir dadurch völlig verschiedene Tagesabläufe, sodass er in meinem Leben nur wie ein Schatten existierte. Am Wochenende half ich ihm, im Klub aufzuräumen, weil ich auf diese Art Zeit mit ihm verbringen konnte. Aber ich war viel alleine.

Trotzdem stürzte ich mich vollends in mein neues Leben. An meiner neuen Schule wurde ich Cheerleaderin und fand in der siebten Klasse endlich Freunde. Eine Zeit lang ging alles gut und mein Vater tat sein Bestes, um ein richtiger Vater für mich zu sein. Er kam zu einigen meiner Cheerleading-Treffen, fuhr mich und meine Freunde zu Spielen und lud uns anschließend zum Eisessen oder zu Burger King ein. Er begleitete mich sogar zu einem Mutter-Tochter-Fest in die Schule und war dort der einzige anwesende Vater. Einmal hatte ich während der Schulzeit einen kleinen weiblichen Notfall. Normalerweise hätte ich meine Mutter angerufen und sie wäre diskret aufgetaucht und hätte mir meine Utensilien gebracht. Dieses Mal jedoch musste ich meinen Vater darum bitten. Wenig später rief mich eine Schulangestellte in ihr Büro. Ich trat ein und sah auf ihrem Schreibtisch eine riesige braune Einkaufstüte, vollgestopft mit allen weiblichen Hygieneprodukten, die man sich nur vorstellen kann. Die Angestellte bemerkte meine Beklemmung und erlaubte mir, die große Tüte mit all den Produkten in ihrem Büro stehen zu lassen, damit ich sie nicht in der Schule und Klasse mit mir herumschleppen musste.

Als ich später wieder zu Hause war, sah mein Vater mich nur an und sagte: »Bitte zwing mich nie wieder, so ein Zeug zu kaufen.«

»Alles klar«, sagte ich. »Es wird nicht wieder vorkommen.«

Wenn es ernst wurde, war mein Vater zur Stelle – wie damals, als ich versuchte, meine Stirntolle besonders hoch zu föhnen und der Lockenstab in mein Auge geriet, wobei ich mir den Augapfel verbrannte. Mein Vater brachte mich schleunigst zum Augenarzt, der mir eine Augenklappe verpasste.

Oder als ich ihm morgens Speck in der Pfanne briet, der so verbrannte, dass der Rauch den Feueralarm auslöste und mein Dad so schnell die Treppe herunterkam, dass er ausrutschte und polternd bis ins Erdgeschoss stürzte. Geschockt, noch mit dem Pfannenheber in der Hand, sah ich ihn mit großen Augen an und wir müssen heute noch beide darüber lachen.

Dass ich meinen Vater nicht annähernd so viel sah, wie ich es mir gewünscht hatte, fiel mir wirklich sehr schwer. Von all den Geburtstagen, an die ich mich als Kind und Teenager erinnern kann, hat er meines Wissens nur zwei miterlebt. Und ich wüsste nicht, dass wir uns jemals ernsthaft miteinander unterhalten hätten. Dabei rede ich doch so gerne. So kam es, dass ich niemanden hatte, dem ich meine Ängste und Unsicherheiten und die nagenden Selbstzweifel anvertrauen konnte, unter denen ich immer gelitten habe.

Niemandem, außer Gott.

Während der Zeit, als ich bei meinem Vater lebte, entwickelte ich so etwas wie ein Gebetsleben. Meine Mutter hatte mich jeden Abend ein Gutenachtgebet sprechen lassen und obwohl sie schon längst nicht an meiner Bettkante saß und mir dabei zuhörte, führte ich das einfach fort. Und nun bei meinem Vater begann ich, häufiger zu beten. Es war nicht so, dass ich plötzlich mehr an Gott glaubte. Selbst wenn ich das getan hätte, zweifelte ich daran, dass er mir zuhörte. Aber da ich so viel Zeit alleine verbrachte – und weil gerade ich so dringend jemanden brauchte, mit dem ich reden konnte –, kam es, dass ich mich fast jeden Abend an Gott wandte. In meine Gebete schloss ich die Obdachlosen ein, meine Familie und die Jungs in meiner Schule. Als Teenager hatte ich eine furchtbare Akne, also betete ich auch gegen die Pickel. Ich bat Gott darum, alles, was in meinem Leben schiefgelaufen war, wieder in Ordnung zu bringen.

Die Akne ließ sich aber auf diese Art nicht heilen, also bat ich meinen Vater, mit mir für eine Behandlung zum Arzt zu gehen. Aber aus irgendeinem Grund tat er das nicht. Um ihm meine Probleme zu schildern, musste ich abends immer auf ihn warten. Doch an manchen Abenden unter der Woche kam er erst gegen zwei Uhr nachts nach Hause. Er sagte in Bezug auf die Akne, dass er dafür kein Geld hätte. Also sah ich jeden Morgen schlimmer aus – und fühlte mich auch so.

Ich beschloss, meine Bitte Gott vorzubringen. Insofern hatten meine Gebete einen schlichten und sehr konkreten Inhalt – ich bat Gott, meinen Vater davon zu überzeugen, einen Arzt aufzusuchen. Abend für Abend, Woche um Woche betete ich dafür. Zu meinem Entsetzen passierte aber überhaupt nichts. Ich schloss daraus, dass es Gott nicht gab und falls doch, dass er sich für meine Probleme nicht interessierte.

Teenager durchleben ihre Gefühle sehr intensiv und wenn sie sich einsam und niedergeschlagen fühlen, kommt ihnen das Leben häufig hoffnungslos vor. So erging es mir. Ich war von zu Hause weggelaufen, um dem Missbrauch zu entkommen, aber wenn ich im Bett lag und die Augen schloss, sah ich noch alles klar vor mir. Ich hatte ein Elternteil verlassen, mit dem ich ständig gekämpft hatte, und befand mich nun bei dem anderen, der nie zu Hause war. In der Schule zogen die anderen wegen meiner Akne über mich her und ich fühlte mich dagegen machtlos. Ich hatte das Gefühl, mein Leben nicht im Griff zu haben, und sah keinerlei Möglichkeit, die Ereignisse um mich herum zu beeinflussen. Nicht einmal Gott, den ich so sehr anflehte, konnte mir in meiner unerträglichen Situation helfen.

Und so beschloss ich nach einer Weile, dass die einzige Lösung darin bestand, meinem Leben ein Ende zu setzen.

An einem Abend, an dem ich besonders verzweifelt und mein Vater bei seiner Arbeit war, ging ich in sein Badezimmer und öffnete die Spiegeltür des Arzneischranks. Ich nahm mehrere Schachteln von den schmalen Glasregalen und legte aus jeder einige Tabletten auf sein Bett. Dann ging ich zu seiner Hausbar und kam mit einer Flasche Wodka zurück. Ich schluckte die Pillen und spülte sie mit zwei großen Schlucken

Wodka herunter. Aus irgendeinem Grund füllte ich die Flasche sorgfältig mit Wasser auf, damit mein Dad nicht bemerkte, dass etwas daraus fehlte.

Nachdem ich die Tabletten genommen hatte, saß ich auf der mit Teppich ausgelegten Stufe und wartete. Plötzlich hatte ich Angst, rollte mich zu einer Kugel zusammen, fing an zu weinen und zu wimmern: »O Gott, o Gott.« Trotzdem bereute ich nicht, was ich getan hatte. Ich wollte einfach nur, dass der Schmerz und die Traurigkeit weggingen. Mein Selbstwertgefühl war zerstört und es gab keinen Weg, mich wiederherzustellen. Dies war das Einzige, was ich tun konnte, damit das alles endlich aufhörte. Dabei lehnte ich eigentlich gar nicht das Leben als solches ab. Ich wollte nur weg! Und so legte ich mich ins Bett, schloss die Augen und schlief ein.

~

Als ich aufwachte, war es Morgen und ich war immer noch da. Abgesehen davon, dass mir speiübel war, hatte sich nichts verändert. Mein Vater war nach Hause gekommen und ihm war nichts Ungewöhnliches aufgefallen – weder die leeren Tablettenschachteln noch der verwässerte Wodka. Den bemerkte er erst Wochen später, als sich ein Gast beschwerte, sein Drink schmecke nach nichts. Ich dachte nicht einmal besonders darüber nach, was ich getan hatte und warum es nicht funktioniert hatte. Ich seufzte und machte mit meinem miserablen Leben weiter wie bisher.

Nach der achten Klasse kam meine Mutter nach Illinois und besuchte mich. Als sie mein von Aknepickeln übersätes Gesicht sah, war sie schockiert. Ich bin sicher, sie sah auch, dass mein Selbstbewusstsein, dessen Robustheit sie aus eigener Erfahrung kannte, schwer gelitten hatte. Meine Mutter warf meinem Vater einen Blick zu und tat das, worin sie in Konfliktsituationen immer gut war – sie schrie ihn an.

»Ich habe sie dir anvertraut!«, zeterte sie. »Was hast du mit ihr gemacht!« Es gab also wieder einmal Zoff, bei dem meine Mutter auf der einen Seite kämpfte und mein Vater auf der anderen und ich als hilfloser Zankapfel war wieder mittendrin.

Aber bei diesem Streit wurde mir etwas Wichtiges klar – nämlich, dass meine Mutter mir gefehlt hatte. Ich hatte mir eingebildet, erwachsen zu sein, aber nun erkannte ich, dass das nicht stimmte. Ich brauchte die Zuwendung meiner Mutter mehr, als mir bewusst gewesen war. Sie sah mich an und sagte: »Weißt du was? Vielleicht sollte ich dich einfach wieder mit nach Hause nehmen.« Ich stimmte ihr ohne Zögern zu.

Also ging ich zurück nach Oklahoma und lebte wieder bei meiner Mutter, nachdem ich zwei Jahre bei meinem Vater gewesen war. Zum ersten Mal seit langer Zeit war ich optimistisch. Ich glaubte, dass unsere Beziehung sich verbessern würde – dass meine Mutter und ich doch gut miteinander auskommen könnten. Trotz allem brauchte ich sie und sie brauchte mich. Das wussten wir jetzt beide. Wir waren wieder ein Team, wir gegen den Rest der Welt, und wir sorgten füreinander.

Als Erstes ging meine Mutter mit mir zum Hautarzt und meine Akne verschwand.

Damals erkannte ich nicht, wie Gott seine Hand dabei im Spiel hatte. Weder hielt ich ihm zugute, dass mein Vater mich aufgenommen und dadurch der sexuelle Missbrauch in meinem Leben beendet wurde, noch, dass meine Mutter in genau dem Augenblick, als ich sie brauchte, auftauchte und mich zurückholte. Mir war einfach nicht klar, dass Gott Gebete manchmal dadurch beantwortet, dass er uns Menschen schickt. Ich fragte auch nicht danach, warum ich das Schlucken dieser vielen Tabletten überlebt hatte. Vermutlich dachte ich, ich hätte eben noch einmal Glück im Unglück gehabt. Rückblickend gesehen bin ich mir sicher, nur eine Menge harmloses Zeug erwischt zu haben, Aspirin oder was auch immer. Aber im Nachhinein weiß ich auch, dass es kein Glück im Unglück war.

Es war Gott, der sich durch den ganzen Müll meines Lebens hindurch bemerkbar gemacht hat. Es war Gott, der in meinen schwersten Krisen bei mir war – immer wieder. Es war Gott, der die feindseligen Gefühle, die mir so zusetzten – Wut, Bitterkeit und Selbsthass –, wegnahm und mir stattdessen half und zeigte, dass er da war. Erst viele Jahre später wurde mir klar, dass der Gott, den ich jetzt anbete, schon damals in dieser schlimmen Zeit bei mir war. Und dass ich nur in der damaligen Dunkelheit überhaupt sein Licht wahrnehmen konnte.

~

Bis ich wieder Gottes Hilfe benötigte, dauerte es nicht lange. Dieses Mal war es dringender denn je. Ich war noch nicht lange wieder bei meiner Mutter, als sie ein Monster aus meiner Vergangenheit zurück in mein Leben brachte.

Meine Mutter begann, sich wieder mit Hank zu treffen. Es war wohl so, dass Hank ihr in der Kirche einen Zettel zugesteckt hatte. Darauf stand: »Ich liebe dich und meine Kinder und will wieder bei euch sein.« Also zog Hank wieder bei uns ein.

Das hat mich echt umgehauen! Der Mann, der mit einer Schusswaffe auf meinen Kopf gezielt und meine Mutter blutig geschlagen hatte, brachte plötzlich meinen kleinen Bruder zur Schule und hielt sich bei uns zu Hause auf, als sei nichts weiter gewesen? Und viel schlimmer: Da meine Mutter sich eine große glückliche Familie wünschte, beschloss sie, wieder ihre strenge Elternrolle zu spielen. Meine Aufmüpfigkeit entfachte erneut.

Wir begannen wieder mit dem alten Stechen und Hauen, so wie es vorher gewesen war – mit Gebrüll und Handgreiflichkeiten und ständigen Eskalationen auf beiden Seiten. Ihren Höhepunkt fanden unsere Auseinandersetzungen ausgerechnet an meinem fünfzehnten Geburtstag.

Ich erwartete, dass meine Mutter wie immer ein Brimborium machen würde. Darauf konnte man sich verlassen – dass sie an meinem Ehrentag etwas Besonderes veranstalten würde. Aber in diesem Jahr verkündete meine Mutter kurz vor meinem Geburtstag, dass wir alle nach Texas zu einer Familienfeier von Hank fahren würden. Sie hatte keine Ahnung von der Hölle, die ich jahrelang im Haus von Hanks Mutter erduldet hatte, deshalb wusste sie auch nicht, warum ich das Ganze als einen großen Verrat empfand. Außerdem verletzte es mich, die Reise ausgerechnet auf mein Geburtstagswochenende zu legen. Ich weigerte mich strikt mitzukommen. Folglich fuhren sie, Hank und Jayson ohne mich und ich blieb bei meiner Tante Bridget.

An und für sich war es nicht schlimm, bei Tante Bridget zu bleiben. Eigentlich war ich gerne bei ihr und ihrem Mann Al. Sie hatten uns damals aufgenommen, nachdem Hank seine Pistole auf mich abgefeuert hatte. Aber sosehr ich Bridget und Al mochte, meine Mutter, die sonst immer meine Geburtstagspartys veranstaltet hatte, konnten die beiden nicht ersetzen. Sie war einfach nicht da. Meine Tante und mein Onkel brachten mir ein Schokoladencreme-Törtchen mit einer Kerze in der Mitte – eine rührende Geste, aber sie reichte nicht aus, um mich für das zu entschädigen, was ich vermisste.

Anstatt ein wunderbares Geschenk zu meinem Geburtstag zu bekommen, verlor ich etwas – ich verlor den Glauben daran, dass ich wichtig war. Ich hatte das Gefühl, kein wertvoller Mensch zu sein. Wenn meine Mutter mich nicht lieb genug hatte, um mich einem gewalttätigen Ex-Mann vorzuziehen, dann konnte ich mich auch nicht lieb haben. Der Selbsthass, der sich in meiner Seele breitgemacht hatte, nahm überhand. Ich gab mir die Schuld für all die schlechten Dinge, die passiert waren, und ich glaubte, dass ich nicht mehr an erster Stelle stand, weil ich es einfach nicht verdiente.

Ich war überzeugt, wertlos zu sein, und beschloss, mich auch entsprechend zu verhalten.

~

Nach meinem fünfzehnten Geburtstag ging die Highschool-Zeit für mich los. Ich fing an, mich mit Jungs zu verabreden. Am Anfang war es ganz unschuldig. Ich traf mich mit einem Jungen, wir fuhren in seinem Auto herum und blieben so lange weg, wie es ging. Einmal, ich ging mit einer Freundin aus meiner Kindheit auf eine Party, fiel mir ein großer, schnuckeliger Teenager auf und ich wünschte mir, dass er zu mir kommen und mich ansprechen würde. Tatsächlich tat er das. Ich war ganz aufgeregt. Wir stiegen in sein Auto, fuhren durch die Gegend und hielten schließlich an der Straße, um uns zu unterhalten. Längst schon hätte ich zu Hause sein sollen, es war nach 23 Uhr. Aber ich blieb bei ihm und wir redeten weiter bis drei Uhr morgens, als plötzlich ein Auto vor uns auf der Straße mit quietschenden Reifen anhielt. Es war seine Mutter, sie war nicht gerade begeistert. Keine Ahnung, ob er bestraft wurde – ich jedenfalls habe jeden einzelnen Schlag gespürt.

Wenig später schwärmte ich für den Enkel eines älteren Paars, das meine Mutter aus der Kirche kannte. Nach dem Gottesdienst trafen wir uns, fuhren in der Stadt herum und verbrachten den ganzen Tag zusammen, bis in die Nacht hinein. Diesmal war es eine Polizeistreife, die uns irgendwo auf einem Parkplatz aufgriff. Ein Polizeibeamter brachte mich nach

Hause, wo meine Mutter bereits mit meiner gepackten Tasche vor der Haustür wartete.

»Du gehst ins Jugendheim«, teilte sie mir mit – in die Einrichtung für verhaltensauffällige Jugendliche.

Nachdem wir uns jahrelang gezofft, an den Haaren gerissen und geprügelt hatten, waren meine Mutter und ich hoffnungslos zerstritten. 90 Prozent unserer Zeit verbrachten wir damit, gegeneinander Krieg zu führen. Ein Ende unserer Feindseligkeiten war nicht absehbar. Ich stellte ihre Autorität selbst dann infrage, wenn ich wusste, dass sie recht hatte. Dabei rebellierte ich weniger gegen sie als gegen die ganze Welt. Je weniger Kontrolle ich über mein Leben hatte, umso mehr schlug ich um mich aus lauter Wut und Frustration. Letztlich reichte es meiner Mutter. Sie beendete unsere Auseinandersetzung, indem sie mich weggab – und ich war unheimlich froh, gehen zu dürfen.

»Gut«, antwortete ich, »aber komm nie wieder zu mir. Ich komme nie mehr zurück.«

Im Heim hieß es, ich könnte dreißig Tage bleiben. Das klang großartig: ein ganzer Monat nur für mich, ohne meine Mutter. Am nächsten Morgen holte mich allerdings die Realität ein. Ich wurde in der Morgendämmerung von einer Angestellten geweckt und hatte den Waschraum zu säubern. Um sechs Uhr morgens schrubbte ich die verdreckten Fußböden und Toiletten. Ein anderes Mädchen, das mit mir eingeteilt war, fragte mich, was ich angestellt hatte.

»Ich bin abends zu lange weg gewesen«, antwortete ich. »Und du?«

»Ich habe mit einer Schere auf meine Mutter eingestochen«, sagte sie.

An diesem Abend rief ich meine Mutter an, entschuldigte mich und bat sie, ob sie mich bitte, bitte wieder abholen könnte.

Und sie kam. Doch trotz dieses Moments blieb die Lektion, die ich in der Jugendanstalt hätte lernen sollen, aus.

Nach diesem Erlebnis befreundete ich mich mit einem älteren Mädchen aus der Schule, Jennifer, und sie nahm mich mit auf richtige Partys. Sie brachte mich zur Air Force, wo ein paar Typen vom Militär eine Party veranstalteten, und ich trank mein erstes Bier … und dann noch ein paar … und war schließlich so betrunken, dass ich einen Filmriss hatte. Jennifer fuhr mich nach Hause, aber am nächsten Tag war mir so übel, dass ich mich in einem fort übergeben musste. Meiner Mutter sagte ich, dass ich eine Magen-Darm-Grippe hätte.

Von da an war ich viel mit Jennifer unterwegs, weil sie wegbleiben durfte, so lange sie wollte, und weil sie immer zu den Partys der Air Force fuhr. Ich war gerne bei diesen süßen jungen Typen in ihren Wohnheimen. Es dauerte nicht lange, da hatte ich mich in einen von ihnen verknallt. Es war ein gut aussehender, dunkler Typ mit glatter, gebräunter Haut und dunkelbraunen Augen. Er war unglaublich süß und überschüttete mich mit Aufmerksamkeit. An meinem Geburtstag gab er mir einen Strauß schöner, langstieliger Rosen und ich fiel fast in Ohnmacht. Ich wurde sechzehn. Er war zweiundzwanzig.

Es war meine erste Liebesbeziehung und ich stürzte mich kopflos hinein. Leidenschaft und Verliebtheit nahmen mich vollkommen in Besitz und gefangen. Endlich gehörte mir etwas ganz allein – etwas, das mir nie wieder jemand wegnehmen würde. So kam es, dass ich mich nach meinem Geburtstag zum ersten Mal freiwillig einem Mann hingab.

Zwei Wochen später verließ er mich. Er sagte, ich sei ihm zu jung.

Die Euphorie meiner ersten Liebe wich der vollkommenen Verzweiflung meines ersten Liebeskummers. In dem ganzen Leid und Elend, das ich während meiner Kindheit erlebt hatte,

hatte mich nichts so vollständig aus der Bahn geworfen. Stundenlang lag ich im Bett, hörte Liebesschnulzen und telefonierte schluchzend mit meinen Freundinnen. Als meine Mutter während einer dieser Anrufe vor meiner Zimmertür stand, kam ihr zu Ohren, dass wir miteinander geschlafen hatten. Als sie mich deswegen zur Rede stellte, erwartete ich, dass sie sich richtig aufregen würde. Überraschenderweise setzte sie sich aber auf mein Bett und drückte mich. Ich hatte offenbar vergessen, dass meine Mutter auch sehr mitfühlend sein konnte.

Es dauerte Monate, bis ich den Liebeskummer verarbeitet hatte, aber allmählich fand ich zurück in den Rhythmus meines normalen Highschool-Alltags. Bald fiel mir ein süßer Oberstufenschüler auf. Phillip war einer der beliebtesten Jungen in der Highschool. Er war groß, sah gut aus und fuhr so einen tollen roten Pick-up. Alles an ihm war toll. Wir gingen zusammen aus und verbrachten viele Abende damit, in seinem schicken Pick-up die Hauptdurchgangsstraße unseres Ortes auf und ab zu fahren. So war das damals, als das Benzin noch günstig war – wir fuhren die Straßen entlang, wendeten, fuhren wieder zurück, und das die ganze Nacht lang, hupten Freunde an, sprangen heraus und stiegen in andere Autos ein, hielten bei der Eisdiele, kauften uns Milchshakes oder stellten uns auf einen Parkplatz, um einfach ein bisschen herumzublödeln.

Mit Phillip probierte ich zum ersten Mal Marihuana aus. Dann machte Phillip mit härteren Drogen weiter. Ich wollte zwar ein böses Mädchen sein, aber *das* war mir dann doch zu viel. Natürlich war ich hin und wieder betrunken, aber an harten Drogen hatte ich kein Interesse. Das führte zu Konflikten zwischen uns und Phillip und ich fingen an, jeden Abend heftig zu streiten. Ich war dieses Anschreien gewöhnt und fand, dass es ganz normal zum Leben gehörte und vielleicht nicht einmal ungesund war. Aber Phillip behandelte mich schlecht, jagte mich weg, beschimpfte mich und verschwand dann, um mit seinen Drogenfreunden abzuhängen.

Nach einer unserer Streitereien packte Phillip mich, warf mich durch seine Fliegengittertür und ich stürzte die Treppe herunter. Er schmiss mein Portemonnaie hinterher und knallte die Tür zu, während ich weinend dalag und wieder aufsammelte, was aus meinem Portemonnaie herausgefallen war. Als meine Mutter herausfand, was Phillip mit mir gemacht hatte, bestand sie darauf, dass ich keinen Umgang mehr mit ihm haben sollte.

Wieder kam der Liebeskummer und wieder zerfloss ich. Meine Selbstachtung, mit der es noch nie weit her gewesen war, pendelte sich auf einem sehr niedrigen Stand ein. Hinzu kam, dass ich mit dem Tanzen im Highschool-Team aufhörte, weil ich glaubte, ich sei zu dick, um im kurzen Rock aufzutreten. In Wirklichkeit war ich schlank, 1,50 Meter groß bei 50 Kilogramm, aber ich war überzeugt, abscheulich dick und unansehnlich zu sein.

Bulimie war ein weiteres dunkles Geheimnis in meinem Leben, das mich seit meinem dreizehnten Lebensjahr begleitete. Mit ihr hatte ich wenigstens etwas Kontrolle über mein Leben ausgeübt. Jedoch ertappte mich eines Tages mein Bruder und erzählte es prompt meiner Mutter. Mein Geheimnis war entdeckt worden und es sollte noch Jahre dauern, ehe ich die düstere Macht, die dahinterstand, besiegen konnte.

Mein Leben befand sich in einer Abwärtsspirale. Ich ging von der Highschool und besuchte fortan eine Förderschule für Jugendliche mit sozialen Problemen und Anpassungsschwierigkeiten, in der mich meine Mutter angemeldet hatte. Einige der Schüler hielten sich für zu cool, um auf die normale Schule zu gehen, und wollten nur Partys feiern, trinken und kiffen, so wie ich. Andere hatten schreckliche familiäre Hintergründe und kamen auf der Regelschule nicht zurecht. In dieser Schule gab es keine Anwesenheitspflicht; man konnte einfach kommen, wann man Lust hatte, und lernen, was einen interessierte. Es gab eine Menge schwangere Mädchen und andere, die bereits ihre winzigen, ganz neuen Babys wiegten. Ich glaube, wir waren alle einfach auf der Suche nach einem geordneten Leben und einer besseren Zukunft. In einer Welt, in der wir als gescheitert galten, versuchten unsere Lehrer, uns vom Gegenteil zu überzeugen.

An dieser Schule wurde mir klar, dass ich eines Tages Lehrerin werden wollte.

Zu dieser Zeit nahm ich auch einen Job als Kellnerin in dem Lokal »Sizzlers« an, wo ich ungefähr zwei Dollar in der Stunde verdiente, plus Trinkgeld. Ich wollte so viel Geld wie möglich sparen, um unabhängiger von meiner Mutter zu werden. Ich besaß mittlerweile ein eigenes Auto – einen riesigen, hellbraunen Gebrauchtwagen, den meine Mutter erstanden und mir zu Weihnachten geschenkt hatte. Ich weiß, dass ich ihr für das Auto hätte dankbar sein müssen, aber ich weinte, als ich es sah, und zwar nicht vor Freude. Es war so groß, unförmig und so uncool, dass ich mich absolut gedemütigt fühlte. Im Winter sprang es nicht einmal an und ich musste eine Art Kugelschreiber in eine Röhre im Motor stecken, ehe ich den Zündschlüssel herumdrehte. Vermutlich war der vorige Besitzer Mitglied eines Drogenkartells gewesen, denn es hatte ein goldverziertes Nummernschild und überall hingen Goldkugeln an der Innenverkleidung.

Es hatte keine guten Stoßdämpfer mehr und hüpfte wie verrückt bei jeder kleinen Bodenwelle. Um nicht gesehen zu werden, wie ich in mein abscheuliches Auto stieg, fuhr ich möglichst spät zur Schule und kam möglichst früh wieder nach Hause.

Aber es stellte sich bald heraus, dass das Auto nicht nur

peinlich war, sondern auch ziemlich praktisch. Der Konflikt mit meiner Mutter eskalierte immer mehr und wir veranstalteten wieder eine unserer monumentalen Schlachten. Irgendwann in all dem Geschrei, Handgemenge und Haareziehen sagte meine Mutter mir, ich sollte verschwinden, wenn ich ihre Regeln nicht akzeptieren könnte. Und das tat ich.

Ich packte meine Habseligkeiten in mein geräumiges Auto und lebte den folgenden Monat darin. Ich besuchte Freunde, ging zur Schule und genoss meine neu gewonnene Freiheit. Drei Wochen lang rief ich meine Mutter nicht einmal an, um ihr zu sagen, dass es mir gut ging. Irgendwann tauchte sie in der Schule auf, um mir zu sagen, dass sie mich liebte und sich Sorgen um mich machte. Schließlich willigte ich ein, wieder nach Hause zu kommen, unter einer Bedingung: Ich würde abends keine Ausgangssperre mehr akzeptieren. Meine Mutter akzeptierte. Sie sah ein, dass ich nun fast erwachsen war, und versprach mir, mich dementsprechend zu behandeln.

~

Mit siebzehn lernte ich auf einer Party einen Mann kennen. Dean war bereits verheiratet gewesen und hatte das Sorgerecht für seine dreijährige Tochter. Er war sechs Jahre älter als ich, aber das war mir egal. Ich hatte mich immer reifer gefühlt und hatte mich daran gewöhnt, mit Leuten zusammen zu sein, die älter waren als ich. Außerdem liebte ich Dean. Er war so aufmerksam und schien mich wirklich zu mögen. Innerhalb weniger Tage, nachdem wir uns kennengelernt hatten, war unsere Beziehung bereits sehr ernst. Er war die dritte große Liebe in meinem verrückten Teenagerleben.

Aber natürlich hielt auch diese Beziehung nicht lange. Nach dem stürmischen Beginn war es genauso schnell wieder vorbei, wie es angefangen hatte. Dieses Mal zog es mir nicht ganz so schlimm den Boden unter den Füßen weg, weil ich gerade anfing, aufs College zu gehen. Was ich allerdings zu der Zeit noch nicht wusste, aber bald herausfinden würde, war, dass meine Trennung von Dean nicht so problemlos verlaufen war, wie ich gedacht hatte. Tatsächlich stand noch etwas zwischen uns. Eines Nachmittags, als meine Mutter nach Hause kam, lag ich hemmungslos heulend auf dem Wohnzimmersofa.

»Was ist los?«, fragte sie. »Sag mir doch, was du hast.«

Ich konnte nicht, weil ich so sehr weinen musste. Schließlich hatte ich irgendwann wieder genug Luft, um zwischen Schluchzern damit herauszuplatzen.

»Mama«, sagte ich, »ich bin schwanger.«

7. Kapitel

Als sich herausstellte, dass ich schwanger war, lag meine Beziehung mit Dean bereits vier Wochen zurück. Das Ende war nicht besonders dramatisch verlaufen; wir waren drei Monate zusammen gewesen – hatten Autorennen besucht und ich hatte seine kleine Tochter gebabysittet –, als er mir mitteilte, dass wir uns nicht mehr treffen würden. Wir saßen auf einer Holzbank auf einem Spielplatz. Ich zog den traumhaften Ring ab, den er mir geschenkt hatte, und warf ihn ihm vor die Füße. Damit war die Sache erledigt. Es tat zwar noch weh, aber es schien wie das unvermeidliche Ende all meiner Beziehungen zu sein.

Als ich einer meiner Freundinnen erzählte, dass ich meine Periode nicht bekam, ging sie mit mir in eine Drogerie und wir kauften einen Schwangerschaftstest. Ich zog mich damit ins Badezimmer zurück und hielt anschließend den Streifen ins Licht, um das Ergebnis zu sehen, konnte aber nicht genau erkennen, was es bedeutete. Meine Freundin sah sich den Streifen an und plötzlich weiteten sich ihre Augen. In diesem Augenblick wusste ich, dass ich schwanger war. Ich war gerade einmal siebzehn Jahre alt und erwartete ein Baby.

Wie war das passiert? Na ja, natürlich weiß ich, *wie* so etwas passiert. Ich meine aber, wie konnte ausgerechnet mir das passieren? Ich hatte schließlich die Pille genommen, aber vielleicht, so fiel es mir plötzlich ein, habe ich einmal einen Tag ausgelassen. Vielleicht auch mehrere. Meine kleine Nachlässigkeit genügte, dass sich mein Leben auf dramatische Weise änderte. Ganz gleich wie erwachsen ich mir vorkam, in Wirklichkeit war ich selber noch ein Kind. Und hatte mit Sicherheit noch nicht die Reife, die Verantwortung für ein eigenes Kind zu übernehmen.

Zuallererst rief ich Dean an. Er kam zu meiner Freundin und wir saßen gemeinsam auf ihrem Bett und redeten. Er regte sich nicht auf, wurde auch nicht böse, aber er hatte einen sehr klaren Standpunkt.

»Ich will keine weiteren Kinder«, sagte er. »Wenn du es abtreiben lässt, gebe ich dir Geld. Aber wenn du dich für das Baby entscheidest, dann ist es allein deine Sache.«

Es war das erste Mal, dass ich das Wort »Abtreibung« im Zusammenhang mit meiner Person hörte, und es traf mich wie ein Faustschlag in den Magen. Ich brach in Tränen aus, aber Dean ließ sich nicht umstimmen. Er blieb ruhig und es war nicht böse von ihm gemeint – er sagte einfach nur, dass er weder mit mir noch mit unserem Kind etwas zu tun haben wollte.

Anschließend ging ich direkt nach Hause und machte einen weiteren Schwangerschaftstest. Das Ergebnis war dasselbe. Ich legte mich aufs Sofa und weinte, wie ich nie zuvor geweint hatte. Und ein überwältigendes Panikgefühl ergriff mich – eine eiskalte Angst kroch mir bis in die Knochen. *Was geschieht jetzt? Was soll ich tun? Habe ich mein Leben ruiniert?* Wenn ich ein Baby bekam, bedeutete das, dass ich mich von all meinen hochfliegenden Plänen und Träumen verabschieden musste. Eigentlich wollte ich auf ein erstklassiges College gehen und

Lehrerin werden. Vor allem wollte ich meine Heimatstadt verlassen und mir die Welt ansehen. Aber mit dieser Neuigkeit lösten sich all meine Pläne in Luft auf. Ich war siebzehn und dachte, mein Leben sei vorbei.

Das war der Augenblick, in dem meine Mutter nach Hause kam und mich schluchzend vorfand.

Von dem Moment an, als ich herausgefunden hatte, dass ich schwanger war, fürchtete ich mich, es ihr zu sagen. Sie bekam ja schon einen Tobsuchtsanfall, wenn ich abends zu spät nach Hause kam; wie würde sie erst reagieren, wenn sie erfuhr, dass ich schwanger war? Ich überlegte, ob ich sie anlügen sollte, aber als sie durch die Wohnzimmertür trat, wollte ich einfach nur damit herausplatzen. Und das tat ich. Ich sagte meiner Mutter, dass ich schwanger war.

Ihr Gesicht erstarrte, sie sah mich an und fragte: »Woher weißt du das?«

Ich deutete auf den Teststreifen mit dem Ergebnis, der auf meinem Bett lag. Sie verschwand in meinem Zimmer und kam eine Dreiviertelstunde lang nicht mehr heraus. Ich weiß nicht, was sie in der Zeit gemacht hat, aber ich war mir sicher, sie würde mich so verprügeln, wie ich es noch nie erlebt hatte. Ich rollte mich auf dem Sofa zusammen, weinte und bereitete mich auf das schlimmste Donnerwetter meines Lebens vor. Es kam mir wie eine Ewigkeit vor, bis meine Mutter das Schlafzimmer wieder verließ, den Teststreifen in der Hand. Ich erwartete ihr Gebrüll, aber es kam nicht.

Stattdessen trat sie zu mir, setzte sich neben mich und zog mich in ihre Arme. Ich schluchzte an ihrer Schulter, vollkommen überrascht von ihrer Reaktion.

»Es wird alles gut«, sagte meine Mutter sanft. »Mir ist es gleich, was die Leute über uns sagen werden; du wirst mit erhobenem Haupt durch diese Zeit gehen. Ich liebe dich und das ist mein Enkelkind. Es ist keine Schande. *Du wirst dich deswegen nicht abstempeln lassen.*«

In diesem Augenblick wusste ich, dass ich das Baby bekommen würde.

~

Meine Mutter begleitete mich bei der Ultraschalluntersuchung, als ich das Geschlecht des Babys erfuhr. Die Arzthelferin fragte, ob ich es wissen wollte, und ich sagte Ja. Aus irgendeinem Grund hoffte ich, dass es ein Junge sein würde. Meine Mutter und ich starrten auf das grobkörnige Ultraschallbild und versuchten, darauf etwas zu erkennen.

»Da«, sagte die Helferin und deutete auf eine Stelle. »Es wird ein Junge.«

Meine Mutter behauptet, dass sie bereits in diesem Augenblick in der Arztpraxis spürte, wie sehr sie den kleinen Enkelsohn lieben würde. Noch heute sagt sie ihm: »Ich hatte dich schon lieb, als du noch eine Kidneybohne mit Beinen warst.«

Auch ich hatte zu diesem Zeitpunkt bereits Gefühle für mein Kind entwickelt. Ich saß in meinem Zimmer, legte die Hand auf meinen großen Bauch, fühlte seine Tritte und staunte über die Liebe, die ich empfand. Zwar hatte ich noch immer panische Angst, mein eigenes Leben könnte nun vorbei sein, aber gleichzeitig fand ich es aufregend, jemanden nur für mich zu haben, den ich lieben konnte. Bisher hatte ich mein Leben damit verbracht, nach Liebe und Geborgenheit zu suchen, und nun bemerkte ich plötzlich, dass es in meinem Herzen eine tiefe Quelle von Gefühlen und Zuneigung gab, die wegen meiner schwierigen Kindheit und meinem Pech mit Männern bisher wenig angezapft worden war. Ich wünschte mir so sehr, rückhaltlos lieben zu können, und jemanden, der meine Gefühle erwiderte.

Nichtsdestotrotz erregte es in unserer Stadt einiges an Aufsehen, wenn jemand mit siebzehn schwanger war. Die meisten gottesfürchtigen Leute hier im christlichen Bibelgürtel Amerikas fanden es höchst unschicklich. Mein Vater und seine Familie zum Beispiel waren gläubige Katholiken und ich wusste, dass sie keineswegs begeistert sein würden, wenn sie erfuhren, dass ich ein Baby erwartete. Ich hielt die Schwangerschaft daher einige Monate vor meinem Vater geheim, bis er mir eine Einladung zu seiner Trauung schickte. Das Mädchen war nur sieben Jahre älter als ich und er hatte mich zur Hochzeitsfeier eingeladen. Er erinnerte mich mehrmals daran, dass ich ihm meine Maße schicken sollte, damit er ein Kleid nähen lassen konnte, aber ich fand immer wieder eine Ausrede. Schließlich, einen Monat vor dem großen Tag, musste ich ihn anrufen und es ihm sagen.

»Ich kann nicht zu deiner Hochzeit kommen.«

»Warum nicht?«

»Weil ich schwanger bin.«

Auf der anderen Seite der Leitung entstand eine lange, qualvolle Pause, bis mein Vater nach ungefähr einer Minute schließlich antwortete.

»Ich rufe dich gleich noch mal zurück«, sagte er. Dann legte er auf.

Ich wartete den Rest des Tages auf seinen Anruf, aber das Telefon blieb stumm. Auch am nächsten Tag meldete er sich nicht. Und tags darauf auch nicht. Zwei Wochen vergingen, ehe mein Vater mich eines Nachmittags anrief. Und als wir miteinander telefonierten, erwähnte er die Schwangerschaft mit keinem Wort – wir unterhielten uns über völlig unbedeutende Dinge. Ich weiß nicht, warum mich das so erstaunte und bedrückte. Im Grunde genommen wusste ich, dass mein Vater mit dieser Art von Schwierigkeiten nicht umgehen konnte. Er redete lieber gar nicht darüber und tat so, als wäre ich gar nicht schwanger.

Meine Mutter tat ihrerseits alles, was sie konnte, damit ich mich wohlfühlte. Sie ging mit mir Babysachen kaufen und ignorierte die missbilligenden Blicke, die mein wachsender Bauch auf sich zog. Als ich im siebten Monat schwanger war, veranstaltete sie im Haus ihrer Freundin eine Babyparty für mich. Es gab einen besonderen Kuchen und ich bekam Windeln, eine Schaukel und eine Babyschale fürs Auto geschenkt. An diesem Tag ging es mir richtig gut.

Nachts lag ich allerdings oft wach und machte mir Sorgen, wie ich diesen kleinen Jungen alleine aufziehen sollte. Ich verlor bereits an allen Ecken und Enden Freunde, weil ich nicht cool sein und auf Partys gehen konnte wie sonst. Und sobald das Baby da war, wollte wahrscheinlich gar niemand mehr etwas mit mir zu tun haben. Ich würde nicht mehr in die einzige Welt hineinpassen, die ich kannte.

Meine Mutter hatte eine tolle Freundin, die ich Tante Connie nannte, und ich bat sie, meine Geburtshelferin zu werden. Ich bin sicher, dass Tante Connie sehen konnte, was für eine Angst ich hatte, denn sie sagte mir eines Tages: »Crystal, du hast immer noch die Möglichkeit, das Kind abzugeben. Wenn du meinst, dass du das nicht schaffst, werde ich es adoptieren.« Ich sagte weder Ja noch Nein, aber ich behielt ihr Angebot die ganze Schwangerschaft hindurch im Hinterkopf.

Als der Geburtstermin näher rückte, hatte ich ehrlich gesagt immer noch keine Idee, was ich tun würde. Mein Leben war wie eine Achterbahn und ich klammerte mich einfach nur verzweifelt fest.

Dann, eines Sonntags, ich saß gerade in der Kirche und hörte meine Mutter im Chor singen, fühlte ich plötzlich einen Schmerz im Rücken. Als sie zu mir hinsah, gab ich ihr zu verstehen, dass ich wegmusste. Ich fuhr so schnell wie möglich nach Hause. Tante Connie kam zu mir, stellte ein paar Fragen und sagte dann: »Crystal, du hast Wehen.« Ich war erst in der sechsunddreißigsten Woche und hatte nicht einmal eine Tasche fürs Krankenhaus gepackt. Tante Connie erledigte das für mich und wir fuhren ins Comanche-County-Memorial-Krankenhaus, ungefähr dreißig Meilen von Lawton entfernt. Es war Ostersonntag.

Tante Connie erklärte mir, dass mein Unwohlsein durch die Muskelkontraktionen verursacht wurde, und ich weiß noch, dass ich dachte: *Wow, so schlimm ist dieser Schmerz gar nicht.* Dann wurde meine Fruchtblase geöffnet, um die Geburt zu beschleunigen, und die wirklichen Wehen setzten ein. Es waren lange, andauernde Schmerzwellen. Sie bauten sich immer höher auf, bis sie unmöglich noch stärker werden konnten, nur dass genau das der Fall war. Die erste war so furchtbar und beängstigend, dass ich aus dem Bett sprang und anfing, meine Kleider über das Krankenhaushemd zu ziehen. Tante Connie sah mir verwirrt zu.

»Wo willst du hin?«, fragte sie.

»Ich mache das nicht mit«, sagte ich. »Ich gehe.«

Tante Connie fing an zu lachen. »Meine Liebe«, sagte sie, »es ist ganz egal, wo du jetzt hingehst; dein Baby wirst du so oder so bekommen.«

Die Ärzte legten mir eine PDA, damit ich ein bisschen Schlaf bekam, und meine Mutter tauchte mit einer Kamera auf, um die Geburt zu filmen. Der Arzt erklärte mir, was geschehen würde und wie ich pressen musste, und plötzlich hatte ich nur einen panischen Gedanken: *Werde ich diesem Kind je geben können, was es braucht?*

Dann geschah alles auf einmal. Hebammen drängelten sich um mich herum und der Arzt hielt sich bereit. Meine Mutter drückte die Aufnahmetaste. Der Arzt forderte mich auf zu pressen und das tat ich. Er wiederholte seine Aufforderung und ich presste noch einmal. Aber dann sagte er nichts mehr und ich wusste nicht, was geschah. Mich überkamen Angst und Schrecken, bis er sich aufrichtete und etwas in seinen Händen hielt: dieses kleine, sich windende, pinkfarbene Ding, das ganz plötzlich lustige Geräusche von sich gab.

In diesem Moment traf ich die Liebe meines Lebens: meinen Sohn. Der Arzt überreichte ihn mir. Ich legte ihn auf meine Brust und sah mir das winzige Wunder in meinen Armen an. Blitzartig verschwanden all meine Ängste, Sorgen und Schrecken. Ich liebte meinen Sohn tief und innig und in nur einem Augenblick wusste ich, dass dieses Gefühl für immer anhalten würde. Tante Connie brauchte gar nicht erst zu fragen, ob ich mein Kind behalten wollte. Sobald sie mich in den ersten Sekunden seines Lebens mit ihm sah, war ihr klar, dass ich ihn wollte.

Ich nannte ihn Jameson Payne, wobei der erste Name an Oma Ernie erinnern sollte (es war ihr Mädchenname), und den zweiten bekam er, weil mir der Name Payne gefiel. Wir nannten ihn letztlich einfach »Jamie«.

Das euphorische Gefühl, frischgebackene Mutter zu sein, werde ich nie vergessen. Leider hielt es nicht lange an. Als ich wieder zu Hause war, holte mich die Realität meines neuen Alltags schnell und erbarmungslos ein; und zwar in Form von Jamies nächtlichem Geschrei. Ich hatte mir ausgemalt, wie Jamie und ich selig nebeneinander schlafen würden, Mutter und Sohn eng aneinandergekuschelt, jeder in seiner eigenen Traumwelt. Stattdessen schlief Jamie fast überhaupt nicht. Er war ohne Saugreflex geboren worden und so war es fast unmöglich, ihn satt zu bekommen. Ich musste einen dünnen Schlauch an meinem Finger befestigen, ihn an eine Milchspritze anschließen und das andere Ende an Jamies Mund halten, um kleine Tröpfchen davon in ihn hineinzubekommen. Und das mehrmals in der Nacht. Es war unheimlich viel Arbeit und ich fühlte mich vollkommen übermüdet und am Rande der Erschöpfung.

Eines Nachts saß ich neben Jamies Wiege und sah zu, wie er immer lauter weinte. Ich fing an, einfach mit ihm zu weinen, weil ich einfach nur noch frustriert war. Ich nahm ihn hoch, hielt ihn in meinen Armen und wiegte ihn, aber er ließ sich nicht beruhigen. Schließlich gab ich auf und wir beide weinten gemeinsam in einer langen und trostlosen Nacht – bis meine Mutter ins Zimmer kam.

In der ersten Zeit hatte sie mir viel geholfen mit Jamie, aber da ich mich nicht von ihr abhängig fühlen wollte, versuchte ich immer noch, alles selbst zu machen. Um Windeln zu kaufen, kratzte ich einmal mein letztes Geld zusammen, weil ich sie einfach nicht um Geld bitten wollte. Aber als sie in mein Zimmer kam und fragte: »Darf ich ihn einen Moment halten?«, war ich so erleichtert, dass ich ihr Jamie schluchzend in die Arme legte. Ich wusste, dass meine Mutter morgens früh aufstehen und zur Arbeit gehen musste, aber ich war so müde und sehnte mich so verzweifelt nach Schlaf, dass ich ihr erlaubte, Jamie im Wohnzimmer auf und ab zu tragen, während ich mich hinlegte und die Augen schloss. Stunden später wachte ich auf und Jamie schlief friedlich neben mir in seiner Wiege.

Meine Mutter war wirklich großartig in dieser Zeit. Ich werde nie vergessen, was sie alles für mich getan hat.

Dass mein Vater es eigentlich auch ziemlich aufregend fand, einen Enkelsohn zu haben, stellte ich bei seinem Besuch kurz nach der Geburt fest. Und als Jamie ungefähr sechs Monate alt war, fuhr ich mit ihm nach Illinois zu meiner Oma Mardel (mein Großvater war gestorben, als ich noch ein Baby war). Mardel lebte *extrem* zurückgezogen. Selbst ihre eigenen Kinder wussten nicht viel von ihr. Wenige Jahre vor ihrem Tod schrieb Mardel ihre eigene Todesanzeige und als ihre Söhne sie lasen, kannten sie keinen einzigen Namen der darauf aufgelisteten Familienangehörigen. Aber sie waren auch erleichtert, dass sie diese Anzeige nicht selbst zu schreiben brauchten, denn keiner von ihnen hätte gewusst, was darin stehen sollte.

Dass ich etwas nervös war, mit meinem Baby bei ihr aufzutauchen, überraschte mich also nicht. Meinem Vater zufolge mochte sie es nicht, wenn ihr Familienname ins Gerede kam, weder im Guten noch im Bösen, und so war sie bestimmt nicht begeistert, dass ihre Enkeltochter ein uneheliches Kind zur Welt gebracht hatte. Trotzdem freute ich mich auf den Besuch.

Als wir vor der hinteren Veranda standen, sagte mein Dad, er müsse mir noch etwas mitteilen: »Deine Großmutter weiß übrigens noch nicht, dass du ein Kind hast«, murmelte er, zwei Sekunden, ehe er den Klingelknopf drückte.

Was? Er hatte ihr nichts von Jamie erzählt? Ich hatte keine Zeit, den Schock zu verarbeiten, denn in dem Augenblick öffnete sich die Tür und Mardel stand vor mir.

»Hallo Oma«, sagte ich. »Das hier ist mein Sohn.«

Mardel sagte nichts. Sie hatte einen todernsten Gesichtsausdruck (wobei ich mich nicht erinnern kann, dass sie den irgendwann nicht hatte), ging zurück in ihr Haus, öffnete einen Schrank und kam mit einem kleinen Stoffclown wieder. Wir saßen im Wohnzimmer und ich sah lächelnd zu, wie Mardel mit Jamie und dem Clown spielte. Sie war nicht übermäßig herzlich – das war sie nie –, aber sie sagte auch nicht »Wie konnte denn das passieren?« oder »Warum hat mir das keiner gesagt?«. Ich erinnere mich, dass ich mich unglaublich erleichtert fühlte. Mit den Jahren wurde Mardel eine richtig gute Urgroßmutter für meine Kinder, die immer neue Fünfdollarnoten in ihre Weihnachts- und Geburtstagskarten steckte.

Ich war nicht die Einzige, die an diesem Tag erleichtert war. Mein Vater gestand mir später, dass er in dem Moment, als wir vor der Veranda auf seine Mutter warteten, so nervös war, dass seine Knie zitterten. Rückblickend gesehen sagte dieser Nachmittag einiges aus über die Beziehung zwischen meinem Vater und mir. Damals war mir das nicht so bewusst, aber als wir da auf der Veranda standen, wünschten mein Vater und ich uns beide dasselbe – Anerkennung. Ich wollte nicht, dass er sich für mich und mein Kind schämen musste, und er wollte nicht, dass seine Mutter sich für ihn und *sein* Kind schämte. Und weil seine Mutter so zurückhaltend und distanziert sein konnte, hatte mein Vater immer das Gefühl, dass er um diese Anerkennung bitten musste – sogar noch als erwachsener Mann. So war das auch zwischen ihm und mir. Weil er so reserviert und kühl war, konnte auch ich mir seiner Anerkennung nie ganz sicher sein.

Das hatte nichts mit Liebe zu tun – Mardel liebte ihren Sohn sehr, genau wie mein Vater mich liebte. Es hat etwas damit zu tun, dass Menschen eine Verwundbarkeit in sich tragen, die es ihnen sehr schwer macht, ihre wahren Gefühle zu zeigen.

~

Blicke ich heute auf meine Teenagerzeit zurück, empfinde ich großes Mitgefühl für dieses verlorene junge Mädchen, das ich war. Es macht mich traurig, was sie alles durchmachen musste, und ich wünsche so sehr, dass sie in der Lage gewesen wäre, bessere Entscheidungen zu treffen. Aber ich weiß, wie viel Wut und Bitterkeit sie in ihrem Herzen trug, und ich weiß, wie sehr sie sich selbst hasste und wie wertlos sie sich fühlte. Sie hätte gern an Gott geglaubt und es fiel ihr schwer einzugestehen, dass er bereit war, ihr zuzuhören. Ich wünschte, ich könnte sie in die Arme schließen und ihr sagen, dass sie etwas ganz Besonderes war.

Aber das geht natürlich nicht. Ich kann nur die Wahrheit über mein Leben erzählen, ganz gleich, wie schmerzvoll sie ist.

~

Zwei Jahre nach Jamies Geburt hatte ich einen Sommer lang eine Affäre mit jemandem aus der Stadt. Für mich hatte die Beziehung nicht so viel Bedeutung und sie hielt auch nicht lange. Aber dann wachte ich eines Morgens mit Übelkeit auf. Ich fuhr zu unserer Hausärztin, beschrieb ihr meine Symptome und ihre erste Frage war: »Könnte es sein, dass du schwanger bist?« Ich verneinte; ich benutzte Verhütungsmittel. Sie machte ein paar Tests.

»Die Tests sind alle negativ«, sagte sie, »alle, bis auf einen – den Schwangerschaftstest. Du bist definitiv schwanger.«

Ich schlug die Hände vor das Gesicht und weinte. Ich erinnere mich noch an das abgrundtiefe Schamgefühl, das ich vor der Ärztin empfand. Sie versuchte, mich zu trösten, aber ich sagte immer wieder: »Ich kann das nicht noch einmal. Ich kann es nicht.« Ich fühlte eine Übelkeit erregende Panik, ein Gefühl ewiger Verdammnis. Warum lief alles verkehrt bei mir? Dieses Mal, das wusste ich ganz sicher, hatte ich nicht eine einzige Pille vergessen – keine einzige! Die Ärztin erklärte, dass Schwangerschaften manchmal auch trotz Pille vorkommen, und ich dachte, klar, dass das ausgerechnet mich trifft. Die Ärztin war so lieb zu mir, tat ihr Bestes, um mich zu trösten und mir das Gefühl zu geben, dass es Möglichkeiten gab, mir zu helfen.

»Ich verspreche dir, dass das nicht das Ende der Welt ist, Crystal«, sagte sie.

Aber für mich fühlte es sich genau so an.

Es gibt viele Dinge, die ich in dieser Situation hätte tun können. Ich hätte mich meiner Mutter anvertrauen können, die so verständnisvoll und hilfsbereit auf meine erste Schwangerschaft reagiert hatte. Ich hätte Tante Connie anrufen können, die angeboten hatte, mein erstes Kind zu adoptieren. Ich hätte mit einem Seelsorger oder einer Freundin reden können. Ich hätte Hilfs- und Beratungsangebote wahrnehmen können. Viele Dinge wären möglich gewesen.

Aber ich rief meine Mutter nicht an und Tante Connie auch nicht. Ich suchte weder das Gespräch mit unserem Pastor noch mit einer Freundin.

Stattdessen bat ich Gott um Vergebung.

Nur drei Tage, nachdem ich von meiner Schwangerschaft erfahren hatte, betrat ich ein unscheinbares Bürogebäude aus Backstein, ging an die Rezeption und bezahlte 300 Dollar. Mir wurde gesagt, dass ich im Wartezimmer Platz nehmen sollte, und das tat ich.

Dann saß ich einfach auf meinem Stuhl und wartete, ohne irgendetwas empfinden zu können.

8. Kapitel

Ich hatte die Klinikadresse im örtlichen Telefonbuch gefunden und hatte mir den frühestmöglichen Termin geben lassen. Bis zu diesem Zeitpunkt hatte ich mich mit dem Thema Abtreibung nie ernsthaft beschäftigt. Ich wusste, dass ich als Christin eigentlich dagegen sein sollte. Ich kannte die Aufkleber auf Autoheckklappen, auf denen stand: »Es ist ein Kind, nicht nur eine Wahl«, und ich wusste tief in meinem Inneren, dass Abtreibungen nicht richtig waren. Andererseits gab es auch eine Stimme in mir, die das Recht forderte, über meinen eigenen Körper zu bestimmen. Aber was jetzt passierte, hatte mit dieser Debatte über unterschiedliche Weltanschauungen wenig zu tun.

Ich stand plötzlich vor einer wichtigen und unwiderruflichen Entscheidung.

Die Klinik lag im Zentrum von Oklahoma City und ich überredete eine Freundin, mich zu begleiten. Wir fuhren zwei Stunden in meinem verbeulten alten Mustang GT über die Interstate 44, eine der größten Autobahnen der Vereinigten Staaten, und unterhielten uns dabei über Gott und die Welt, nur nicht über die eine, wichtige Frage. Ich merkte, wie ich mit jedem Kilometer mehr dichtmachte.

In der Klinik angekommen bezahlte ich und füllte einige Formulare aus. Dann saß ich im Wartezimmer und wartete darauf, dass mein Name aufgerufen wurde. Ich kann mich nicht mehr an viel erinnern, außer daran, dass das Gebäude nichtssagend und gewöhnlich aussah wie eine Zahnarztpraxis. Und es war sehr ruhig, beängstigend ruhig, nirgends hörte man Stimmen, geschweige denn ein Lachen – es herrschte Totenstille. Ich saß so unbeteiligt auf meinem Stuhl, als würde ich mir von außen zusehen. Es waren noch ein paar andere Mädchen da, aber ich hielt meine Augen auf den Boden gerichtet und vermied jeglichen Blickkontakt. Ich fragte mich, was die Mädchen an demselben Tag wie mich an diesen Ort geführt hatte. Hatten sie sich auch am Abend zuvor in den Schlaf geweint oder hatten Gott angefleht, ihnen zu verzeihen und für ihre Babys zu sorgen, so wie ich es getan hatte? Vielleicht warteten sie alle mit der gleichen Verzweiflung darauf, ihren Namen zu hören.

Schließlich führte eine Schwester mich in einen anderen Raum. Ich musste weitere Papiere ausfüllen und eine Verzichtserklärung unterschreiben. Die Abläufe waren ganz ähnlich wie bei einem normalen Arztbesuch, nur dass das hier nichts mit der Normalität zu tun hatte. Die Erklärung enthielt den Hinweis, dass es sich um einen ernsthaften Eingriff handelte, der, wie andere Behandlungen auch, mit meinem Tod enden könnte. Ich war schockiert von dem Wort »Tod«, denn daran hatte ich noch keinen Moment lang gedacht. *War das nicht unglaublich ironisch? Man will eine Abtreibung machen lassen und dann stirbt man selbst daran.* Ein weiterer Gedanke kam mir in den Kopf: *Wenn ich dabei sterbe, dann habe ich es verdient.*

Nachdem ich unterschrieben hatte, ging alles ganz schnell. Ich wurde in ein Behandlungszimmer gebracht, wo die Schwester mir half, ein Krankenhaushemd anzuziehen. Meine Beine zitterten und mir wurde übel.

»Mit oder ohne Narkose?«, fragte mich die Schwester.

Ich antwortete nicht, weil ich nicht wusste, was mir lieber war. Die Benommenheit, die mich nach der langen Autofahrt eingelullt hatte, verschwand langsam. Plötzlich wurde ich panisch.

»Wollen Sie den Fötus im Ultraschall noch einmal sehen?«, fragte eine andere Schwester, als sie mich auf einen OP-Stuhl legte und meine Füße in den Halterungen befestigte.

»Nein, ich will mein Baby nicht sehen«, antwortete ich schnell. Ich war selbst überrascht, dass ich »Baby« gesagt hatte. Es war das erste Mal, dass das Wort fiel, seit ich die Klinik betreten hatte. Gleichzeitig wurde mir klar, dass ich dabei war, etwas Unverzeihliches zu tun. Die Schwestern und Assistentinnen um mich herum machten beiläufig ihren Job und versuchten, sich nichts anmerken zu lassen. Ich konnte nicht verstehen, wie sie sich so benehmen konnten, als ob mir ein Backenzahn gezogen würde, während ich den ganzen Horror des Vorgangs wahrnahm. Ein Arzt erschien und die Vorbereitungen um mich herum gingen plötzlich noch schneller vonstatten.

Steh auf, Crystal, dachte ich. *Steh auf und sag ihnen, dass du es dir anders überlegt hast*.

Aber mein Körper war wie erstarrt. Und dann begann die lähmende Wirkung des Betäubungsmittels, jegliche Panik verschwinden zu lassen.

Das Nächste, woran ich mich erinnere, ist, dass zwei Schwestern mir beim Anziehen behilflich waren und mich in einen anderen Raum mit großen Ruhesesseln und Ventilatoren schoben. Eine der Schwestern reichte mir ein Glas kaltes Wasser.

»Sie fühlen sich sicher noch etwas benommen«, sagte sie.

Ich konnte nicht einmal weinen. In den vergangenen Tagen war ich zwar nah am Wasser gebaut gewesen, aber dort in der Klinik vergoss ich keine Träne. Vermutlich war der Schock zu groß. *Ich kann nicht glauben, dass du das wirklich getan hast, Crystal*, sagte ich mir immer wieder. Ich saß schweigend und fassungslos, hörte das laute Brummen der Ventilatoren und die hartnäckige Stimme in meinem Kopf: *Was hast du getan, Crystal? Was hast du bloß getan*?

Die Tür schwang auf und eine Schwester kam mit einem anderen Mädchen herein. Sie war groß, dünn und sah ziemlich gut aus, mit langen, sandfarbenen Locken und großen, traurigen Augen. Ich schätzte sie auf siebzehn Jahre. Sie hätte sich irgendwo in dem Raum einen Platz suchen können, aber sie setzte sich neben mich. Sie weinte hemmungslos und bekam kaum Luft vor lauter Schluchzen.

Dann sah das Mädchen zu mir hinüber und unsere Augen trafen sich. Wir sagten kein Wort zueinander, wussten aber genau, wie es der anderen ging. Es war eine furchtbare Mischung aus Scham, Horror und Ungläubigkeit, als wären unsere Seelen aus den Körpern gerissen und dann wieder eingesetzt worden, aber ganz verstümmelt und kaputt. Wir fühlten Mitleid füreinander. In diesem Moment, als wir in diesen billigen Ruhesesseln zwischen den großen, brummenden Ventilatoren saßen, spendeten wir uns ein wenig Trost, den wir so verzweifelt brauchten. Wir waren gegenseitig Zeuginnen unseres Leids. Wir verurteilten einander nicht, sondern teilten den gleichen Schmerz, über den wir nicht sprechen konnten. Es war alles andere als ein Routineeingriff. Wir hatten unwiederbringlich etwas verloren. Wir hatten eine Entscheidung getroffen, die sich nie wieder rückgängig machen ließ, so gerne ich das später getan hätte. Als wir die Klinik später verließen, waren wir nicht mehr dieselben verstörten und ängstlichen Mädchen, die wir bei unserer Ankunft gewesen waren. Wir hatten uns beide grundlegend und dauerhaft verändert und wir wussten es.

Ich weiß nicht, ob dieses hübsche Mädchen seitdem jemals an mich gedacht hat, aber ich erinnere mich immer noch an sie und hoffe, dass sie sich mit ihrem Schicksal versöhnen konnte und ihr Glück gefunden hat, wo immer es sie hin verschlagen hat.

In dieser Nacht flehte ich Gott an, mir zu vergeben. Ich bat ihn wieder und wieder – *Bitte, Gott, vergib mir das, was ich getan habe, bitte*. Ich sprach diese Worte Abend für Abend, Woche für Woche. *Bitte, bitte, bitte, Gott, vergib mir*.

Aber so oft ich auch meine Bitte wiederholte, ich wusste, dass es meinen Fehler nicht wiedergutmachen würde. Ich konnte mir beim besten Willen nicht vorstellen, dass Gott mir vergeben würde. Selbst wenn es ihn gab, selbst wenn er mich hörte, sah ich keine Chance auf Vergebung. Ich fühlte mich verdammt und so wertlos wie nie zuvor. Ich war eine Sünderin, eine Versagerin, ich hatte etwas Unverzeihliches getan und befand mich jenseits aller Hoffnung auf Erlösung. All diese Taufen, die ich erlebt hatte, erschienen mir nun sinnlos. Ich war überhaupt nicht gerettet oder gereinigt worden. Der Schmutz, der an meiner Seele haftete, konnte durch nichts getilgt werden. Als Kind war ich jeden Sonntag in die Kirche gegangen, aber als ich zwanzig war, hörte ich damit auf. Meine Seele war nicht mehr zu retten.

Ich hasste mich so sehr, dass ich mein eigenes Spiegelbild nicht mehr ertragen konnte.

Über vieles in meinem verrückten Leben war ich mir nicht richtig bewusst, aber eines war mir vollkommen klar: Gott würde mich niemals lieben.

~

Seitdem ich begonnen habe, über diesen Teil meiner Lebensgeschichte zu sprechen, bin ich oft nach meiner Meinung zum Thema Abtreibung gefragt worden. Dazu habe ich Folgendes zu sagen:

Ich hege tiefes Mitgefühl für das Mädchen, das gerade von seiner Schwangerschaft erfahren hat und nun weinend in seinem Bett liegt und über eine Abtreibung nachdenkt. Am liebsten würde ich mich zu ihr setzen und ihr klarmachen, was sie da eigentlich vorhat. Ich würde ihr sagen, dass das nicht die einfache Lösung ist, die es zu sein scheint; sondern dass sie sich einen ewigen Albtraum einhandelt. Sie wird nie die Konsequenzen dieser Entscheidung hinter sich lassen können, egal, wohin oder wie weit sie auch davor flüchten möge. Ganz gleich wie viel Zeit vergeht, sie wird sich immer an das Kind erinnern, das sie nie treffen konnte.

Und ich empfinde ebenso tiefes Mitgefühl für das Mädchen, das aus der Abtreibungsklinik herauskommt. Ich möchte sie in die Arme nehmen und ihre Tränen abwischen. Ich will ihr gerne versichern, dass sie nie so tief fallen kann, dass Gott sie nicht auffängt und liebt und ihr vor allen Dingen vergibt. Sie soll wissen, dass Gott nie aufgehört hat, sie zu lieben, und dass seine Arme offen sind, wenn sie sich ihm nur zuwendet. Bei Gott gibt es immer Hoffnung, Liebe und Vergebung. Viel schwieriger wird es allerdings für sie sein, sich selbst zu vergeben.

Ich habe tiefes Mitgefühl für Frauen, die unter ihrer Scham zusammengebrochen sind, die ihre Abtreibungen geheim halten und nicht um ein Kind trauern können, das sie verloren haben, weil die lähmende Schuld sie daran hindert. Ich würde ihnen gerne von dem Gott erzählen, dem ich begegnet bin, denn er könnte sie von ihren Schuldgefühlen befreien, wenn sie es nur zulassen.

Und schließlich fühle ich mit den Millionen Babys, die keine Chance auf ihr Leben bekommen haben. Ich weine um diese kleinen Leben, die nie ihre Stimme erheben können. Ich sehe in der Statistik, dass mehr als 50 Millionen Babys abgetrieben worden sind, seitdem das in den USA legal möglich ist, und ich trauere und weine um das Baby, das mir gehört hätte. Die Lügen des Widersachers sind auf diesem Gebiet so mächtig und ich kenne nur allzu gut die Schäden, die sie anrichten.

~

Nach der Abtreibung verhielt ich mich so normal wie möglich. Niemand sollte Verdacht schöpfen, dass etwas nicht stimmte. Nachts haderte ich dann mit mir, betete und weinte. Aber tagsüber sah nach außen hin alles gut aus. Und nach einigen Monaten fand ich zur Normalität zurück und lebte mein Leben weiter. Meine Wunden fingen langsam an zu vernarben.

Es dauerte nicht lange, bis ich mich wieder verliebte. Will kannte ich von früher, aus der sechsten Klasse, als ich ein Wildfang war und mich mit den Rabauken meiner Klasse messen wollte. Heulsusen durften in den Pausen nicht mitspielen, deshalb beschwerte ich mich nie, wenn sie mich an den Haaren zogen oder zu Boden schubsten, sondern stand immer gleich auf und lief wieder zu ihnen. Nach einer Weile hatten sie mich in ihrer kleinen Spielplatzbande akzeptiert.

Will war einer dieser wilden kleinen Jungs. Als ich ihn Jahre später als erwachsenen Mann wiedertraf, dachte ich, *du meine Güte, sieht der gut aus*. Er hatte lange, schwarze Haare wie ein Rockstar und trug immer eine supercoole Lederjacke. Es hieß allerdings auch, dass man sich mit ihm besser nicht anlegte. Er war zwar nicht sehr groß und athletisch, aber flink und gewieft. Außerdem war er ein talentierter Künstler, der unglaubliche

Tuschezeichnungen anfertigte. Er war unglaublich süß zu mir und hatte ein Händchen mit Jamie. Ich konnte mir vorstellen, mein Leben mit ihm zu verbringen.

Aber wie alle meine früheren Liebhaber war auch Will sprunghaft und unzuverlässig. Er trank gerne und trieb sich viel mit seinen Kumpels herum. Immer wieder stritten und versöhnten wir uns. Das hätte mich eigentlich nachdenklich stimmen sollen, aber ich war zu jung und zu verliebt, um die riesigen roten Warnschilder zu sehen.

Als Will und ich beschlossen zu heiraten, war ich auch schon wieder schwanger. Dieses Mal war es kein Unfall und keine Überraschung. Ich hatte Gott gebeten, mir das Baby, das ich bei der Abtreibung verloren hatte, wiederzugeben. Ich sehnte mich nach diesem Kind – ich trauerte darum – und ich bat Gott, mir eine zweite Chance zu geben. Die Leere in mir sollte wieder gefüllt werden. Und ich war so zerrissen, dass ich irgendwie glaubte, es könnte alles wieder gut werden, wenn ich das abgetriebene Kind ersetzte. Als ich erfuhr, dass ich wieder schwanger war, freute ich mich riesig. Ich glaubte, eine neue Chance zu erhalten.

Meine Mutter plante eine große, rauschende Hochzeit, aber als ich ihr sagte, dass ich schwanger sei, einigten wir uns auf eine bescheidenere Feier. Sie war nicht begeistert davon, dass ich ein weiteres Baby erwartete, aber mir war es egal, was die Leute über mich dachten. Ich fragte meinen Vater, ob er mich zum Altar führen würde, und freute mich, als er sich dazu bereit erklärte. Die Trauung fand in einer kleinen Methodistenkirche statt und wir luden ungefähr dreißig Freunde und Verwandte dazu ein. Kurz bevor es losging, stand ich mit meinem Vater hinten in der Kirche und er bemerkte, dass ich weinte.

»Du musst das nicht machen«, sagte er mir. »Wir können jetzt zu meinem Auto gehen und einfach wegfahren.«

»Ich weine nicht deswegen«, sagte ich. »Ich weine, weil meine Strumpfhose zu eng ist. Es hat eine halbe Stunde gedauert, mich hineinzuzwängen, und jetzt muss ich auf die Toilette!«

Die Trauung war kurz und ergreifend. Ich trug ein schlichtes, weißes Kleid und rote Rosen im Haar. Will sah so gut aus in seinem dunklen Anzug mit Schlips und mein zweijähriger süßer Sohn war hinreißend mit seinem weißen durchgeknöpften Hemdchen. Nach der Hochzeit gab es einen kleinen Empfang in der Kirche mit Kuchen, Getränken und Tanz. An diesem Tag wurde mir klar, dass ich kein Kind mehr war. Ich war eine Ehefrau und hatte einen Sohn und einen Mann, eine richtige eigene Familie. Es war einer der schönsten Tage meines Lebens.

Ich wünschte, ich könnte behaupten, dass meine Ehe so warm und wunderbar weiterging, wie sie bei der Hochzeit begonnen hatte, aber so war es leider nicht. Schon bevor Will und ich heirateten, gab es erste alarmierende Signale. Aber ich habe sie einfach ignoriert. Vielleicht war ich so sehr an konfliktreiche Beziehungen gewöhnt, dass ich dachte, es könnte gar nicht anders sein. Oder aber ich war so verzweifelt auf der Suche nach einer glücklichen Zukunft, dass ich die Warnzeichen einfach nicht wahrhaben wollte.

Das Problem war, dass Will Alkohol trank … zu viel Alkohol. Von Anfang an verbrachte er mehr Zeit beim Saufen mit seinen Kumpels als mit mir, aber ich hatte mir eingeredet, dass wir noch viel Zeit hätten, als Paar zueinanderzufinden und zu reifen, da wir uns schließlich liebten. Ich glaubte ernsthaft, dass wir unser ganzes Leben miteinander verbringen würden. Dabei war mir nicht bewusst, dass wir bereits auseinanderdrifteten.

Wir wohnten zusammen in einem kleinen gemieteten Haus, etwa sieben Meilen von meinem alten Elternhaus entfernt. In manchen Nächten trank Will, bis er umfiel. In anderen wachte ich auf und stellte fest, dass er nicht mehr da war. Ich wollte ihn suchen gehen, aber mein Auto war auch verschwunden. Oder er erzählte mir, dass er schnell etwas einkaufen wollte und in fünf Minuten wieder da wäre und blieb dann stundenlang weg. Wenn er da war, stritten wir uns – wir hatten laute, scheußliche Auseinandersetzungen, wie ich sie schon mein ganzes Leben lang gekannt hatte.

Einige Wochen vor Erntedank hatte unser Haus keinen Strom mehr. Ich dachte, *wie seltsam, ich habe Will doch Geld gegeben, damit er die Rechnung bezahlt.* Zwei Tage später wurde auch die Heizung abgeschaltet. Dann stellte ich fest, dass wir mit der Miete zwei Monate in Verzug waren. Ich musste wieder zu meiner Mutter ziehen. Zu diesem Zeitpunkt war ich im achten Monat schwanger.

Meine Mutter bemerkte als Erste, was ich geflissentlich übersah. Sie beobachtete, dass Wills Verhalten immer auffälliger wurde; dass er ständig verschwand, aggressiv war und jede Erklärung schuldig blieb. Schließlich sagte sie mir eines Tages den Grund dafür.

»Dein Ehemann ist auf Drogen.«

Ich glaubte ihr nicht. Ich sagte, dass das keinesfalls sein könne, aber meine Mutter wusste nur zu gut, wovon sie redete. Es dauerte nicht lange, bis ich zugeben musste, dass sie recht hatte: Will war drogenabhängig. Und nicht von dem harmlosen Zeug, das ich ausprobiert hatte – es handelte sich um harte Drogen.

Diese Entdeckung brach mir das Herz. Ich war am Boden zerstört, aber nicht nur um meinetwillen – obwohl es qualvoll war, meinen Traum von Eheglück so schnell und vollständig den Bach heruntergehen zu sehen. Ich fühlte auch mit Will, weil er ebenso wie ich nie eine faire Chance gehabt hatte, ein normales Leben zu führen.

Wills Kindheit war noch düsterer gewesen als meine. Er war eines von acht Geschwistern, die in extrem ärmlichen Verhältnissen groß wurden, in einem von Ratten und Kakerlaken verseuchten Haus, das eigentlich nicht bewohnbar war. Seine Familie hatte kaum Geld für das Nötigste. Später erfuhr ich auch, warum William seine Lederjacke praktisch nie auszog – er wollte nicht, dass jemand merkte, dass er nur zwei Hemden besaß.

Wills Brüder und Schwestern hatten viele verschiedene Väter und der Mann, der in Wills Geburtsurkunde eingetragen war, war gar nicht sein richtiger Vater. Das war auch vielleicht der Grund, warum Will nie das Gefühl hatte, sich zu irgendjemandem bekennen zu müssen. Er sagte mir, dass er seinen richtigen Vater einige Male getroffen hatte, und als Achtjähriger sah er mit an, wie dieser jemanden fast erstach. Und Jahre später erfuhr er, dass sein Vater getötet worden war.

Ein Jahr vor unserer Hochzeit wurde seine ältere Schwester ermordet. Ihren Körper hatte man am Flussufer gefunden. Will musste in die Leichenhalle gehen und sie identifizieren. Er hielt sich dort nur wenige Sekunden auf, aber ich bin sicher, dass ihm das bis auf den Grund seiner Seele Schaden zugefügt hat. Und ich weiß, dass er immer noch seine Schwester vor sich sieht, wenn er die Augen schließt.

Will und ich liefen beide vor unseren kaputten Leben weg, aber statt aufeinander zuzugehen, strebten wir in verschiedene Richtungen. Er flüchtete sich in Drogen, ich in meine Mutterrolle. All der Schmerz, die Scham und die Wut, die wir empfanden, holten uns ein. Will und ich hatten von Anfang an keine Chance gehabt.

~

Drei Wochen vor meinem Entbindungstermin tauchte Will bei meiner Mutter auf und gab endlich zu, dass er Probleme hatte. Wir überredeten ihn, nach der Geburt unseres Kindes einen Entzug zu beginnen. Es sieht jetzt vielleicht so aus, als hätte die Geburt zu keinem unpassenderen Zeitpunkt kommen können, aber für mich fühlte es sich gar nicht so an. Mir schien es, als würde mein Kind in einem Augenblick reiner Güte und Liebe geboren.

Ich konnte es kaum erwarten, meine Tochter endlich im Arm zu halten. Tränen liefen mir über die Wangen, als ich ihr kleines Gesicht sah. Sie hatte einen süßen, kleinen Mund und die hübschesten braunen Augen, die ich je gesehen hatte. Ich nannte sie Sabyre, und sie war wie ein Engel, der mir vom Himmel geschickt worden war, um meine wunde Seele zu heilen.

Nun hatte ich zwei schöne, gesunde Kinder … und eine bröckelnde Ehe. Will machte die Entziehungskur, wie er es versprochen hatte, aber während er fort war, beschloss ich, mit den beiden Kindern ein neues Leben anzufangen. Und zwar alleine. Ich wollte nicht, dass sie mit Eltern aufwuchsen, die sich ständig stritten. Ich fand schlicht und ergreifend, dass sie etwas Besseres verdient hatten.

Die Entscheidung war schnell getroffen, aber nicht leicht durchzuziehen. Während das Scheidungsverfahren lief, nahm Will sich mein Auto und ich musste Freunde bitten, mich zu dem Abendlokal zu kutschieren, in dem ich in Nachtschichten arbeitete. Ich hatte meinen Berufsabschluss gemacht, kurz bevor Sabyre geboren wurde, und versuchte nun verzweifelt, genug Geld zu verdienen, um meinen Bachelor abzuschließen. Ich wollte meinen Kindern unbedingt beweisen, dass man sich auch aus einem tiefen Loch wieder herausarbeiten kann. Aber das Loch war ganz schön tief.

Eines Nachts fuhr eine Freundin mich und die Kinder nach der Spätschicht heim. Es war vier Uhr morgens, als ich die Haustür öffnete und vergeblich den Lichtschalter drückte. Ich wusste sofort, dass das etwas mit Will zu tun hatte. Da wir immer noch miteinander verheiratet waren, konnte er mir die Versorgung kappen lassen und das Bankkonto leer räumen. Ich begriff, dass die Sucht stärker ist als jegliche Liebe, die man einmal empfunden hat. Liebe für mich, für sein Kind, sogar für sich selber.

Als ich dort in der Dunkelheit stand, fühlte ich den kalten Winterwind in die Wohnung hineinblasen. Es war einer jener Momente, in denen man Bilanz in seinem Leben zieht, und genau das tat ich. Ich hatte keine Heizung, keinen Strom, kein Geld und kein Telefon – und meine Kinder froren.

»Ist das dein Ernst, Gott?!«, schrie ich in die Dunkelheit hinaus. »Wie schlimm soll es denn noch kommen?«

Ich packte Jamie und Sabyre ein, legte sie in ihren Geschwisterkinderwagen und machte mich auf den Weg zum Haus meiner Mutter, das sieben Meilen entfernt war. Es war der längste und kälteste Marsch meines Lebens. Die Straßen waren dunkel und leer; alle anderen Familien lagen warm und geborgen in ihren Häusern. Nur wir schleppten uns auf der Straße durch den frostigen Wind. Ich lief weiter, ein Häuserblock nach dem anderen zog vorbei, und stopfte immer wieder die Decke fest, um meine Kinder vor den eisigen Windstößen zu schützen. Aber ich fühlte die Kälte bis auf meine Knochen und so musste es sein. Wir hatten noch Meilen vor uns und ich begann allmählich das Schlimmste zu befürchten.

Da sah ich die Scheinwerfer eines Autos, das auf uns zufuhr. Es kam langsam näher und hielt neben uns. Ein Taxi! »Kann ich Sie irgendwohin hinbringen?«, fragte der Taxifahrer, ein älterer Mann.

»Ich habe kein Geld«, antwortete ich.

Er stieg aus dem Wagen und kam zu mir. »Machen Sie sich darum keine Gedanken«, sagte er. »Setzen Sie einfach Ihre beiden Kleinen ins Auto.«

Der Taxifahrer brachte mich nach Hause zu meiner Mutter und begleitete mich bis zur Haustür. Ich dankte ihm immer wieder und versicherte, dass ich meine Schulden irgendwann begleichen würde, aber er schüttelte nur den Kopf.

»Sie werden irgendwann auch etwas Gutes tun«, sagte er.

Ich wusste seinen Namen nicht und habe ihn nie wiedergesehen, aber ich werde nie vergessen, was er getan und gesagt hat. Ich habe mich oft gefragt, ob Gott diesen Mann uns zur Hilfe geschickt hat. Wie dem auch sei, er hat uns in dieser Nacht gerettet.

~

Nur sechs Monate nach unserer Hochzeit wurden Will und ich wieder geschieden. Jetzt hatte ich nur noch für meine Kinder zu sorgen und war entschlossen, sie nie wieder einem schlechten Einfluss auszusetzen. Ich ging zurück ans College, machte dort meinen Abschluss und nahm einen gut bezahlten Job als Kellnerin in einer Countrybar an. Langsam verbesserten sich die Lebensumstände für meine kleine Familie. Aber ich war jung und sehr einsam. Und irgendwie glaubte ich auch, dass es nach der Sache mit Will gar nicht mehr schlimmer kommen könnte.

Leider wurde ich 2002 eines Besseren belehrt.

Ich traf mich mit einem Kerl namens Steven. Wir waren nicht lange zusammen, aber wir blieben nach der Trennung noch eine Zeit lang Freunde. Ab und zu kam er vorbei und nahm nach und nach seine Habseligkeiten wieder mit, die er bei mir gelassen hatte. An einem Winternachmittag erschien er mit einem glänzenden, schwarzen Motorrad. Jamie, der nun sechs Jahre alt war, sah ihn kommen und rief: »Cool, darf ich mal mit dir fahren?«

»Auf keinen Fall«, sagte ich. Steven startete die Maschine und Jamie stand wie verzaubert auf der Veranda und bat mich, ihn mitfahren zu lassen. Aber ich blieb fest; ich wollte nicht, dass mein Sohn irgendwelche Motorradtouren machte.

In diesem Augenblick musste Sabyre, die dreieinhalb war, auf die Toilette. Ich ging mit ihr ins Haus und als ich zurückkam, waren Steven und Jamie verschwunden. Ich wusste, dass Steven kein Draufgänger war und Jamie nicht absichtlich einer Gefahr aussetzen würde, aber ich ärgerte mich trotzdem über ihn. Außer mir vor Wut stand ich auf der Veranda und dachte, *wie kann er es wagen, meinen Sohn einfach mitzunehmen?* Ich hatte ein hartes, Übelkeit erregendes Gefühl im Bauch, als hätte mich jemand mit einem Baseballschläger getroffen.

Dann hörte ich Sirenen.

Ich warf Sabyre in ihren Autositz, sprang hinterher und folgte den heulenden Sirenen. Vier Häuserblöcke weiter sperrte ein Polizeiauto eine Straße ab und davor sammelten sich die Schaulustigen. Ich rannte zu einem Passanten und fragte ihn panisch, was passiert sei.

»Es hat gekracht«, sagte er. »Ein Autounfall.«

»War ein Motorrad beteiligt?«, schrie ich.

Der Mann sah mich an und in seinen Augen blitzte etwas auf. Vorsichtig antwortete er: »Ja.«

Die beiden Bilder, die ich dann sah, verfolgen mich immer noch: Ich sah einen Feuerwehrmann, der am Straßenrand saß, seinen Kopf auf die Hände stützte und weinte. Und ich sah Jamies kleine schwarze Turnschuhe mit Klettverschluss, weil er ja noch keine Schnürsenkel binden konnte, verstreut mitten auf der Straße liegen.

Wo ist Gott in einem solchen Augenblick?, fragt man sich. Wo war Gott auf dieser abgesperrten Straße mit dem weinenden Feuerwehrmann und den von den Füßen meines Sohnes gerissenen Schuhen? Warum heißt es in Hebräer 13,5–6 über Gott: »Ich lasse dich nie im Stich, nie wende ich mich von dir ab«? Was für ein Trost sollte das an diesem grauenhaften Tag sein?

Damals wusste ich nicht, dass Gott immer da ist. Ich hatte noch nicht begriffen, dass wir Menschen gerade in unserer größten Verzweiflung am meisten auf ihn vertrauen können. Ich hatte keine Ahnung, dass Gott in unserem Leid bei uns ist und dass wir ihm dadurch näherkommen. Denn es sind meist genau die furchtbarsten Augenblicke, in denen Gottes Gnade am hellsten leuchtet – so wenig wir das auch wahrhaben wollen. »Wir danken Gott auch für die Leiden«, heißt es in Römer 5,3–4, »die wir wegen unseres Glaubens auf uns nehmen müssen. Denn Leid macht geduldig, Geduld aber vertieft und festigt unseren Glauben, und das wiederum gibt uns Hoffnung.« Gott ist immer in unserer Nähe. Er verlässt uns nie. Er wird sich nie von uns abwenden. Jetzt habe ich diese Gewissheit, aber ich habe sie nur dadurch erhalten, dass ich gestorben bin und dort im Himmel neben meinen Engeln gesehen habe, was ich gesehen habe.

In Gottes Gegenwart

Nachdem ich die Anwesenheit meiner Schutzengel wahrgenommen und die beiden erkannt sowie verstanden hatte, dass sie immer bei mir gewesen waren, spürte ich auf der anderen Seite noch eine weitere Präsenz. Augenblicklich wusste ich, wer es war. Und ich wurde überwältigt von einem tiefen, nicht enden wollenden Wunsch, zu loben und anzubeten, denn ich befand mich in Gottes Gegenwart.

Ich spreche von Gott immer in männlicher Form. Aber das Wesen auf meiner rechten Seite war weder Er noch Sie, es war einfach Gott. Ebenso wenig konnte ich unterscheiden zwischen Gott, Jesus und dem Heiligen Geist, wie es hier auf Erden üblich ist. Sie waren alle ein und dasselbe – nämlich das, was ich jetzt vor mir hatte. Sie hatten keine erkennbare Form, kein Gesicht und keinen Körper, sondern sie bestanden aus einer Überfülle an Licht. Es war keine Begegnung, vielmehr ein Erkennen. Und dabei kannte ich Gott schon vorher und genauso er mich. Mein Leben lang hatte ich seine Existenz bezweifelt und seine Liebe zu mir infrage gestellt, aber in diesem Augenblick wusste ich, dass er immer da gewesen war, die ganze Zeit – ganz nah bei mir.

Und obwohl ich sage, dass Gott sich auf meiner rechten Seite befand und dass ich mich nach rechts wendete, zu ihm hin, fühlte es sich in Wirklichkeit so an, als ob alles um mich herum aus Gott bestünde. Das Licht, die Helligkeit, die Engel, unser Austausch – alles war Gottes Schöpfung. Ich verstand, dass ich selbst ein Teil von ihm war, und das war der Moment, in dem mir wirklich klar wurde, was es bedeutet, ein Teil seiner Schöpfung zu sein.

Und ich empfand noch etwas – es war nicht nur so, mir Gottes Gegenwart bewusst zu sein, sondern ich konnte ihn tatsächlich fühlen. Ich erlebte seine Ausstrahlung nicht nur als Beobachterin, ich nahm ihn mit allen Sinnen wahr. Im Himmel hat man nicht nur fünf Sinne, sondern eine Vielzahl anderer Wahrnehmungsmöglichkeiten. Man muss sich das so vorstellen, wie wenn man Licht nicht nur sehen, sondern auch schmecken kann. Es ist, als hätte man ein Organ, mit dem man Licht berühren und anfassen kann. Und einen Sinn, mit dem man nicht nur berühren und fühlen kann, sondern auf eine ganz ungewohnte Art wahrnehmen kann, wodurch ein überraschendes und erfüllendes Kennenlernen möglich wird, anders als unser irdisches Weltverständnis es je zulässt.

So fühlte ich in Gottes Gegenwart. Es war eine schöne, neue Art, Liebe zu geben und zu empfangen.

Gottes Helligkeit und seine Liebe füllten mich vollständig aus. Ich wollte in sie hineintreten und vollständig mit ihr verschmelzen. Ich fühlte diese wunderbare Nähe Gottes, wollte ihm aber noch näherkommen.

Ich war bei dem Schöpfer des Universums! Die reine Ekstase! So eine Schönheit, Freude und Gnade, dass mein Geist aufflog und das Herz mir barst – wenn ich nur Worte hätte, dieses Wunder zu beschreiben. Es war der größte Segen aller Segen und ich wusste, dass mich dieses Erlebnis für immer verändern würde.

In demselben Augenblick, in dem ich Gott sah, begriff und erkannte, konnte ich mit aller Macht an ihn glauben und ihn anbeten. In der Bibel steht: »Vor mir werden alle niederknien, und alle werden bekennen, dass ich der Herr bin!« (Römer 14,11), und genauso war es. Ich konnte mich seiner Herrlichkeit vollkommen hingeben und verspürte den übermächtigen Wunsch, ihn zu loben und anzubeten.

Auf der Erde gab es Zeiten, wo mir während der Anbetung in der Kirche die Füße wehtaten oder meine Kinder störten und ich dachte, sind wir jetzt bald fertig? Aber hier war alles vollkommen anders. Ich wünschte mir dieses Loben und Anbeten so absolut, bis in alle Ewigkeit. Nie mehr wollte ich damit aufhören. Also machte ich genau das – ich lobte Gott.

Getragen wurde mein Lob von einer intensiven, unvorstellbaren Liebe. Nichts lässt sich auch nur annähernd damit vergleichen. In seiner Gegenwart fühlte ich eine so dermaßen starke Liebe, wie ich sie nie für möglich gehalten hätte. »Du sollst den Herrn, deinen Gott, lieben von ganzem Herzen, mit ganzer Hingabe, mit all deiner Kraft und mit deinem ganzen Verstand«, sagt Jesus in Lukas 10,27, als er nach dem wichtigsten Gebot gefragt wird, und genauso ging es mir – Gottes Liebe füllte mich aus bis in den letzten Winkel meiner Seele.

Auf der Erde hatte ich immer so viele Fragen. *Wenn ich ihn jemals treffe*, dachte ich, *werde ich ihn fragen, wie er es zulassen konnte, dass ich als Kind missbraucht wurde. Wie kann er Gewalt gegen Kinder tolerieren, das Leid der Sterbenden oder die Misshandlung schwacher Menschen? Wie ist es möglich, dass er so viel Schreckliches in der Welt zulässt?*

Warum, würde ich ihn fragen, war er so ein strafender Gott?

Aber im Himmel lösten sich all diese Fragen in Luft auf. In seiner Gegenwart verstand ich, dass Gottes Plan in jeder Hinsicht perfekt ist. Die reine, äußerste Perfektion. Kann ich denn jetzt erklären, warum ein ermordetes Kind kein Widerspruch zu Gottes Plan ist? Nein, ich habe es zwar im Himmel verstanden, aber hier auf der Erde leuchtet es mir nicht mehr ein. Alles, was ich weiß, ist, dass Gottes Plan perfekt ist. In seiner Gegenwart macht alles Sinn, so viel ist sicher.

Auf diese Art wurden all meine Fragen beantwortet, ohne dass ich sie stellen musste. Und dennoch, obwohl ich mich in seiner strahlenden Nähe befand, seine unermessliche Weisheit unmittelbar vor Augen, hatte ich eine brennende Frage. Sie überkam mich wie ein Donnerschlag – nämlich die Frage nach meinem Scheitern auf Erden und ich kam nicht umhin, sie Gott zu stellen.

Aber in Wirklichkeit richtete ich diese Frage gar nicht an Gott, sondern an mich selbst.

9. Kapitel

Als meine Mutter jung war, wechselten ihre Eltern ihren Wohnsitz wie andere Leute ihr Hemd. Mit fünfzehn war sie bereits ein Dutzend Mal umgezogen. Als sie erwachsen war und eigene Kinder hatte, setzte sich dieses Muster fort. Immer wieder packte sie unsere Sachen und suchte eine neue Bleibe, sobald es irgendwo Probleme gab. Dann war ich an der Reihe. In den ersten acht Jahren wohnte ich mit meinen Kindern in drei unterschiedlichen Städten und zwölf verschiedenen Wohnungen. Manche Leute bleiben an einem Ort und schlagen dort Wurzeln. Andere sind immer unterwegs, immer auf der Flucht. So auch ich. Immer wenn ich in Schwierigkeiten geriet, zog ich weg. Aber man kann so weit und so schnell laufen, wie man will, sich selbst entkommt man auf diese Art nicht.

Oft flüchtete ich vor Männern. Ich versuchte, den Albträumen zu entkommen, die mir anfangs wie Märchen erschienen waren. Aber wenn ich ehrlich bin, warum ich so viele gescheiterte Beziehungen hinter mir habe, kann ich dafür nicht nur die Männer verantwortlich machen. Meine Beziehungen endeten aus unterschiedlichen Gründen, freiwillig wie unfreiwillig, nur es gab dabei stets einen konstanten Faktor: Immer war *ich* beteiligt. Ich kam mit mir selber nicht klar, ich fürchtete mich vor Dunkelheit und Einsamkeit – immer versuchte ich, mithilfe der Männer meinen eigenen Ängsten zu entkommen.

Und natürlich vernachlässigte ich darüber die eine Beziehung, deren Gelingen alles andere verändert hätte. Ich hatte noch nicht verstanden, wie es ist, wenn Gott der wichtigste Partner im Leben ist.

~

Ich will nicht falsch verstanden werden – natürlich gab es in meinem Leben keine unüberschaubare Anzahl von Männern. Keineswegs. Ich war einfach gerne mit Männern zusammen und hielt es deswegen möglichst lange mit ihnen aus – meistens zu lange. Die traurige Wahrheit ist, dass ich bereits mit Männern zu tun hatte, als ich erst drei Jahre alt war, und das beeinträchtigte alle nachfolgenden Beziehungen. Ich werde nicht jede dieser Geschichten im Detail erzählen, denn das interessiert bestimmt niemanden. Ich möchte nur klarstellen, wie ich von der Person, die ich war, zu derjenigen wurde, die ich heute bin – und zwar am Beispiel der Unfallszene an jenem Wintertag, als ich meinen Sohn suchte.

Nach der Scheidung von Will erhielt ich einen Job in einer Country-Western-Bar. Es war eine ganz gewöhnliche kleine Kneipe, wo Paare und Singles tanzten und eine Menge billiges Bier in sich hineinschütteten. Dort traf ich einen Mann namens Nick. Er war etwas älter als ich und hatte einen rauen Charme – und er war kurz davor, für drei Monate in ein Trainingslager zu gehen. Als er mich nach meiner Telefonnummer fragte, gab ich sie ihm und dachte dabei, dass er sowieso bald weg sein würde.

Während seiner Abwesenheit telefonierten wir stundenlang und schickten uns lange E-Mails. Und als er zurückkam, war er so nett und aufmerksam und machte mir dauernd Komplimente wegen meines Aussehens. Eines Abends gestand er mir seine Liebe und dass er so noch nie für eine Frau empfunden habe. Auch ich hatte mich verliebt, auf die einzige Art, die ich bis dahin kannte – Hals über Kopf.

Als ich die Wahrheit über Nick erfuhr – dass er verheiratet war und zwei kleine Kinder hatte –, war es bereits zu spät. Er schwor mir, dass seine Ehe nicht mehr zu retten sei und dass er sich demnächst scheiden lassen würde und sein restliches Leben mit mir verbringen wolle, und ich versuchte, ihm zu glauben. Leider erfuhr ich kurze Zeit später, dass Nick *vielen* Frauen erzählte, dass er sie liebte wie sonst niemanden. Mein armes Herz fühlte sich an wie eine Piñata, auf die wie bei Festen üblich einfach eingeschlagen wurde.

Und am schlimmsten war, dass ich jetzt auch noch eine Ehe gebrochen hatte.

Danach hatte ich jedoch etwas verstanden. Ich tat einen Schwur, dass ich mich nie, nie wieder so von einem Mann täuschen lassen würde. Nach der Sache mit Nick nahm ich Abstand von dieser verwegenen, blind machenden Leidenschaft, Romantik und überschwänglichen Liebe. Ich errichtete eine Mauer um mich und ließ jahrelang niemanden mehr herein.

Leider konnte ich nicht völlig damit aufhören, mich mit Männern zu verabreden. Eine Zeit lang wohnte ich in Charleston, um dort mit einem Mann zusammen zu sein, dann in Delaware, als diese Beziehung sich nicht gut entwickelte. Da gab es einige Kerle von der Luftwaffe, die mir sehr gefielen, weil sie nur für kurze Zeit dort stationiert waren und mein Leben wieder verließen, ehe sie ernsthaften Schaden anrichten konnten.

Einer von ihnen, das muss ich gestehen, war ebenfalls verheiratet und ich hätte mich von ihm fernhalten sollen, tat es aber nicht. Es war mir zwar nicht egal, meine Gefühle waren nicht völlig abgestumpft. Aber ich konnte nicht innehalten und darüber nachdenken, dass mein Handeln jemand anderem Schmerzen bereitete. Und außerdem, so sagte ich mir, war nicht ich diejenige, die betrog. Es war sein Problem, nicht meins. Die Wahrheit ist, dass meine Beziehung mit ihm für mich einfach war: keine Gefühle, keine Verbindlichkeit und kein gebrochenes Herz. Heute versinke ich im Erdboden, wenn ich an die Ehefrauen und Kinder dieser untreuen Männer denke. Bestimmt habe ich in mindestens einem Fall dazu beigetragen, dass eine Familie zerstört wurde, und das erfüllt mich mit einer maßlosen Traurigkeit. Ich hätte mehr Respekt für andere Menschen aufbringen sollen – und mehr Respekt gegenüber mir selber.

Aber damals sah ich zu, wie ich selbst am besten durchs Leben kam. Ich ging tagsüber in die Schule, verbrachte einige Stunden mit meinen Kleinen, ging dann in die Kneipe und schmiss dort eine Runde Bier nach der anderen. Ich war erschöpft, aber meistens glücklich. Ich hatte Freunde, konnte Geld auf die Seite legen und kam meinem Ziel immer näher. Mein Traum, die Schule abzuschließen und meinen eigenen Kindern eine bessere Zukunft zu ermöglichen, rückte greifbar nah. Wir würden endlich das normale und wunderbare Leben führen, das ich mir immer gewünscht hatte, und kein Mann würde mir dabei in die Quere kommen.

Dann kam Steven und der Tag, an dem er mit seinem Motorrad aufkreuzte.

~

Was wäre passiert, wenn Sabyre nicht in diesem Moment auf die Toilette gemusst hätte? Was, wenn ich Jamie mit uns ins Haus gezogen hätte? Wenn ich mich gar nicht mit Steven getroffen hätte? Was, wenn sich die Erde an diesem Tag ein bisschen anders gedreht hätte?

Als ich herauskam und sah, dass Jamie weg war, bemerkte ich auch, dass Stevens Motorradhelm in der Einfahrt lag. Er hatte nicht einmal seinen eigenen Helm aufgesetzt und ich wusste, dass auch Jamie ohne fuhr. Ich stürmte wieder hinein, kochend vor Wut, wartete einige Minuten und fuhr dann zum nahe gelegenen Haus meiner Mutter, weil ich vermutete, dass Steven mit Jamie dorthin gefahren war. Aber so war es nicht. Ich fuhr wieder zurück und versuchte, mich abzulenken, aber als ich auf die Uhr sah, stellte ich fest, dass Jamie schon eine halbe Stunde weg war. Plötzlich fühlte ich eine Übelkeit erregende Schwere in meinem Bauch und in meinem Kopf drängte mich eine Stimme, etwas zu unternehmen: Zieh deine Schuhe an.

Sekunden später hörte ich die Sirenen.

Die Polizei hatte die »Libra Street« abgesperrt und es kam mir vor, als sei das ein Zeichen extra für mich. »Libra« ist doch die mit den Waagschalen der Gerechtigkeit, die Meisterin der Balance. Irgendwie hatte das etwas Ironisches, hatte mein Leben bis dato doch aus Extremen bestanden. Ich drängte mich durch die Schaulustigen und sah den Feuerwehrmann, der zusammengesunken am Bordstein saß und den Kopf auf die Hände stützte. Dann fiel mein Blick auf diese winzigen schwarzen Turnschuhe mit den Klettverschlüssen. Jamie ging in den Kindergarten und konnte seine Schnürsenkel noch nicht selber zubinden, deshalb kaufte ich ihm immer Schuhe mit Klettverschlüssen. Ich weiß nicht, warum er sich mit dem Schleifebinden so schwer tat. Und nun lagen diese Schuhe auf der Straße, mit verschlossenen Klettverschlüssen.

Als ich dorthin rennen wollte, hielten zwei Polizisten mich auf. »Die gehören meinem Sohn!«, schrie ich sie an. »Wo ist er? Ist alles in Ordnung mit ihm?« Einer der Beamten legte mir die Hand auf die Schulter und versuchte, mich zu beruhigen, der andere kniete nieder und machte den Reißverschluss an Sabyres Wintermantel zu.

»Ihr Sohn wurde eben mit dem Krankenwagen weggefahren«, sagte der Beamte.

Er sagte nicht, ob Jamie tot oder lebendig war, ernsthaft verletzt oder sonst irgendetwas – nur, dass er nicht mehr hier war. Weiter hinten sah ich einen Lieferwagen und daneben ein Motorrad. Dann hatte ich einen weiteren ganz klaren Gedanken:

Das ist sie! Das ist deine Strafe!

Es dauerte Monate, bis ich herausfand, was genau passiert war, und das auch nur, weil ich jemanden traf, der in der Libra Street wohnte und den Zusammenstoß gesehen hatte.

Steven und Jamie kurvten auf dem Motorrad herum; wie schnell sie waren, weiß niemand. Mein kleiner Junge saß vor Steven, nicht hinter ihm. An einer Straßenkreuzung kam von rechts ein Pizzalieferwagen. Dort stand ein »Vorfahrt gewähren«-Schild und der Fahrer des Wagens hätte anhalten müssen, tat es aber nicht. Er war selber nur ein Teenager. Der Lieferwagen fuhr an dem Straßenschild vorbei und Steven sah ihn kommen. Nach Angaben der Polizei versuchte Steven nach rechts auszuweichen, aber es war bereits zu spät. Er prallte frontal mit dem Lieferwagen zusammen.

Die Leute, die zuerst am Unfallort eintrafen, sahen Steven auf der Fahrbahn liegen, blutend und bewusstlos. Von Jamie keine Spur. Lange Zeit glaubten sie, Steven sei das einzige Opfer.

Dann hockte sich einer der Ersthelfer neben Steven und warf dabei zufällig einen Blick unter den Lieferwagen. Was er sah, ließ ihn nach Luft schnappen und sofort aufspringen.

»O mein Gott, da ist noch ein Kind drunter!«, schrie er.

Jamie war unter den Lieferwagen geschleudert worden. Er war dort mit einer solchen Wucht aufgeprallt, dass sich sein kleiner Kopf unter den vorderen Kotflügel verkeilt hatte, und von dort baumelte er herunter, seine Gliedmaßen hingen schlaff herab wie die einer Puppe. Die Feuerwehr traf ein. Einer der Männer krabbelte unter den Lieferwagen und sägte den Kotflügel durch, um ihn zu befreien. Das war der Feuerwehrmann, den ich auf dem Bordstein sitzen gesehen hatte. Der Anblick des kleinen, dünnen Körpers meines Sohnes, der verdreht zwischen dem Metall steckte, war zu viel für ihn gewesen. Er setzte sich hin und weinte um einen Jungen, von dem er wusste, dass er jemandem das Allerliebste auf der Welt war.

Sobald ich erfuhr, dass Jamie nicht mehr da war, packte ich Sabyre und fuhr wie wahnsinnig zu meiner Mutter, um sie mitzunehmen. Dann raste ich die halbe Meile zum Krankenhaus. Ich stürzte durch die Türen der Notaufnahme und suchte verzweifelt nach Jamie. Eine Schwester hielt mich zurück und wollte, dass ich irgendeinen Papierkram ausfüllte, aber ich schrie sie nur an und hämmerte gegen eine Tür, um Zugang zu meinem Sohn zu bekommen.

»Er ist doch noch ein Baby!«, hörte ich mich selbst schreien. »Er ist doch noch ein Baby.«

Schließlich ließ mich eine Schwester zu ihm. Mein Sohn lag auf einem Bett. Er weinte und ich begriff, dass er noch am Leben war. Sein Gesicht war furchtbar zerkratzt und geschwollen, so schlimm, dass ich ihn kaum erkennen konnte. Seine winzigen, zarten Lippen waren blutig zerfetzt. Sein rechter Arm war gebrochen und lag in einer Schlinge. Sein linkes Knie war aufgeschlitzt und zertrümmert. Spuren von Asphalt und Schotter steckten in seinem Gesicht und in seinen Haaren.

Ich trat näher an ihn heran, berührte ihn sanft mit meiner Hand und sagte: »Ich liebe dich. Es tut mir so leid.« Das sagte ich mindestens zwanzigmal, während ich die Schottersteinchen aus seinen Haaren sammelte. Er hatte solche Schmerzen, dass er nur wimmern konnte; er lag einfach da, kaputt und gebrochen, am Rande der Bewusstlosigkeit. Es war das hilfloseste Gefühl, das ich je hatte.

Irgendwann kam ein Arzt und sagte mir, dass mit Jamie, so waren seine Worte, »alles in Ordnung« sei. Das hieß vermutlich, dass er überleben würde, denn »alles« war mit Sicherheit nicht in Ordnung mit ihm. Dann erklärte der Arzt, dass Steven schlimmere Verletzungen davongetragen hatte und es vielleicht nicht schaffen würde. Um Steven, der in seinem eigenen Bett einige Meter entfernt lag, hatte ich mich noch gar nicht gekümmert. Er musste am Gehirn operiert werden; die Not-OP würde in einem anderen Krankenhaus stattfinden. Ich wäre gerne meine Wut auf Steven losgeworden und hätte ihn angebrüllt: »Wie konntest du nur?!« – aber solange ich nicht wusste, ob er überleben würde, machte das keinen Sinn.

Wäre er lebendig und bei Bewusstsein gewesen, hätte ich ihm wohl gesagt: »Ich werde dich umbringen.« Am Ende behielt Steven eine kleine Gehirnschädigung zurück, er erholte sich aber fast vollständig. Jamie wiederum hatte eine innere Kopfverletzung erlitten, was bedeutete, dass er ganz schön lädiert war, aber keine offene Kopfverletzung davongetragen hatte. Es schien so, als hätte er Glück gehabt. Zwar sah er schrecklich aus und hatte große Schmerzen, aber er lebte. Alles würde heilen und wieder gut werden.

An diesem und dem darauffolgenden Tag redete ich viel mit Gott. Es hätte nahegelegen, ihn zu verfluchen, aber das tat ich nicht. Ich wusste, dass der Unfall irgendwie auf mein Konto ging. In meinem Leben lief so vieles schief und das war es, was meinem Sohn fast sein Leben gekostet hatte. Das hatte nichts mit Gott zu tun. Tief in mir drin glaubte ich, dass die Ursache in meiner Lebensführung lag. Ich hatte so viele Fehler gemacht und nun musste ich dafür bezahlen.

Und deshalb verfluchte ich Gott nicht, so wie damals, als meine Großmutter starb. Ich hoffte, wenn er mich schon nicht lieben konnte, dass er wenigstens meine unschuldigen Kinder lieben würde. Also betete ich wieder, dieses Mal, um Gott zu bitten, dass er meinen Sohn heilte.

Einige Tage nach dem Unfall rief ich Jamies Vater an, um ihm zu erzählen, was passiert war. Ich hatte sehr wenig Kontakt zu ihm, abgesehen davon, dass ich darum kämpfen musste, dass er Jamie auf seinen Namen versicherte, was seine gesetzliche Pflicht war, was er aber immer wieder hinausschob. Trotzdem hatte ich das Gefühl, dass Jamie mit seinem Vater sprechen sollte, und ich holte sie beide ans Telefon. Ich stand neben Jamies Bett und konnte die Stimme seines Vaters durch den Hörer vernehmen, aber Jamie sagte nur: »Hallo? Hallo?« Dann ließ er den Hörer fallen, sah mich an und meinte: »Es ist niemand dran.«

Das Herz rutschte mir in die Hose. Er war auf dem rechten Ohr taub. Es war doch nicht »alles in Ordnung« mit meinem Jungen. Und das sollte erst der Anfang meiner Strafe sein.

10. Kapitel

Die Ärzte bestätigten, dass Jamie auf dem rechten Ohr taub war. Es stellte sich sogar heraus, dass seine ganze rechte Gesichtshälfte gelähmt war. Dass es niemandem aufgefallen war, lag an der Schwellung. Weil er nun sein rechtes Augenlid nicht mehr schließen konnte, bekam er eine schwarze Augenklappe, die er ziemlich cool fand. Seine rechte Mundpartie hing einfach herunter, wie eine einseitige Grimasse. Aber am schlimmsten waren seine Schmerzen in dem gebrochenen Arm und dem übel zugerichteten Bein. Bei jeder Bewegung zuckte er zusammen und stöhnte. Täglich kam ein Physiotherapeut zu ihm, aber Jamie *hasste* seine Übungen. Wenn er mit mir allein im Zimmer war, war er hellwach, aber sobald er den Therapeuten auf dem Flur sah, stellte er sich schlafend.

Mein süßer kleiner Junge, dieser quirlige kleine Bengel von einem Sohn, konnte sich kaum mehr bewegen, ohne furchtbare Schmerzen dabei zu haben. Ich musste ihn sogar auf die Toilette tragen. »Mama, trag mich«, murmelte er leise. Jedes Mal ergriffen mich Scham und Trauer, ihn so zu sehen.

Sobald mir klar wurde, dass Jamie lange brauchen würde, um

sich zu erholen, setzte ich mit meinen Kursen am College aus, um für ihn da zu sein. Er blieb zehn Tage im Krankenhaus. Während dieser Zeit bekamen wir von den Ärzten keine vernünftige Diagnose, was mit ihm los war. Sie wollten sechs Monate abwarten und mehr Tests mit ihm machen, ehe sie abschließend beurteilen wollten. Ich nahm Jamie also mit nach Hause. Mit der Zeit gingen seine Schwellungen zurück und auch seine Lähmung verschwand wieder. Aber auf dem rechten Ohr war er immer noch taub und er konnte nur mit großer Anstrengung laufen.

Aufgrund seines Zustandes brachte ich Jamie mehrere Wochen lang nicht in der Kinderbetreuung unter. Aber einmal, kurz nach seiner Entlassung aus dem Krankenhaus, fuhr ich mit ihm in den Kindergarten, damit er sich aus seinem Gruppenraum Bücher mit nach Hause nehmen und seine Freunde sehen konnte. Ich machte mich bereit, ihn den langen Flur zu seinem Klassenraum zu tragen, aber Jamie wollte das nicht – niemand sollte ihn so sehen. Stattdessen humpelte er ganz alleine den Flur hinunter. Hätte ich ihn getragen, wären wir in zweiunddreißig Sekunden da gewesen; so brauchte er quälende fünfunddreißig Minuten. Alles, was ich für ihn in diesem Moment tun konnte, war, ihn nicht hochzunehmen.

Schließlich kamen wir in seinen Gruppenraum und Jamie gab vor seinen kleinen Kumpels stolz mit seinem Gips an. Sobald wir wieder auf dem Flur standen und die Tür hinter uns geschlossen hatten, sah Jamie mich mit seinen traurigen Augen an und fragte: »Mama, kannst du mich tragen?« Ich nahm ihn hoch, küsste ihn sanft und trug ihn zum Auto.

Die meiste Zeit konnte Jamie nichts anderes tun, als im Haus herumsitzen und sein Bein hochlegen. Sogar Baden wurde zum Albtraum, weil er seinen rechten Arm und sein linkes Bein nicht nass machen durfte. Es war wie Twister zu spielen, und zwar auf die grausame Art und in einer Wasserpfütze. Aber wir mussten dabei auch viel lachen. Es war so schwierig, verschiedene Teile seines Körpers außerhalb der Badewanne zu halten, dass wir nicht anders *konnten* als zu lachen. Und am Ende machte es Jamie einen Riesenspaß, wenn ich noch mehr durchnässt war als er. Dass er über sein eigenes Schicksal lachen konnte, empfand ich als ein wunderbares Zeichen. Damals erkannte ich, dass er meine Fähigkeit geerbt hatte, selbst in den schlimmsten Zeiten nicht den Humor zu verlieren. Ich hatte meinem Sohn etwas mitgegeben, was gut und nützlich war. Das gab mir Hoffnung, dass mit Jamie alles wieder gut werden würde.

Allerdings passierte auch etwas, das mir Angst machte. In den Monaten nach dem Unfall änderte sich das Verhalten von Jamie. In einer Minute konnte er extrem glücklich sein und in der nächsten ärgerlich und irritiert. Er wachte hervorragend gelaunt auf und tat im nächsten Augenblick so, als wäre sein Hund gestorben. Er war immer ein wenig extrem gewesen – im Alter von fünf Jahren hatte man eine Aufmerksamkeitsstörung bei ihm diagnostiziert –, aber diese neuen Ausbrüche ließen sich damit nicht erklären. Manchmal flippte er einfach vollkommen aus, warf sich auf den Boden, trat um sich und schrie. Dann schlug er um sich und trat auch nach mir.

Außerdem entwickelte er seltsame Fixierungen. Vierzig- oder fünfzigmal wiederholte er eine Sache immer wieder. Ich antwortete: »Ja, Liebling, ich weiß« und er widersprach: »Nein, du hörst gar nicht zu!«, und fing wieder von vorne an. Oder er bemerkte im Supermarkt ein besonderes Schild und hörte nicht mehr auf, davon zu reden, und wollte es noch einmal sehen. Bis in den Abend konnte das anhalten. Er regte sich dann so auf, dass ich letztlich mitten in der Nacht aufstand und mit ihm zum Supermarkt fuhr, damit er endlich das verflixte Schild sehen konnte. Anschließend konnte er erschöpft einschlafen – genau wie ich.

Zwei Jahre nach dem Unfall pilgerten wir von einem Arzt zum nächsten und versuchten, Hilfe für Jamie zu finden. Es war wirklich frustrierend. Ein Arzt vertrat die Ansicht, dass die Anfälle durch die Aufmerksamkeitsstörung verursacht wurden. Ich sagte: »Nein, sie haben damit nichts zu tun. Es muss etwas anderes sein.«

Der Arzt antwortete: »Tja, wie würden *Sie* das denn wegstecken, wenn Sie unter einen Lastwagen geraten wären?«

Die ganze Welt schien gegen mich zu sein. Jamie hätte eigentlich über seinen Vater versichert sein müssen, aber natürlich war er das noch nicht. Obwohl sein Vater wusste, wie dringend Jamie eine gute Versicherung brauchte, ließ er Monat um Monat verstreichen. Deshalb hatte ich nur eine staatliche Versicherung, mit der Jamie nicht von den Spezialisten behandelt werden konnte, die ihm hätten helfen können. Es dauerte zwei lange Jahre, bis wir endlich einen Arzt fanden, der mir eine einleuchtende Erklärung dafür geben konnte, was mit meinem Sohn passiert war.

Dieser Hals-Nasen-Ohren-Spezialist erklärte mir, dass durch den Aufprall Jamies Stammhirn verletzt worden war. Unten an diesem Organ sind Nervenbündel, die für verschiedene Funktionen zuständig sind. Eines für die Gesichtsmuskulatur, ein anderes für das Gehör. Bei dem Unfall waren diese beiden Nerven beschädigt worden, weshalb Jamie eine Lähmung hatte und einseitig taub geworden war. Die eine Verletzung war geheilt und Jamie konnte sein Gesicht wieder bewegen. Aber die andere war es eben nicht und deshalb konnte Jamie nur noch auf einem Ohr hören.

Nicht in seinem Ohr lag ein Defekt vor, sondern an seinem Gehirn. Und jetzt hatte ich die Aufgabe, jemanden zu finden, der das reparieren konnte.

Letztlich war die Diagnose wesentlich ernster. Er hatte ein

sogenanntes Schädel-Hirn-Trauma, womit alle möglichen Hirnverletzungen gemeint sein können. Ich las alles, was ich bekommen konnte, über Hirntraumata, unter anderem das Buch einer Frau, die in diesem Bereich Expertin war und 20 000 Dollar für eine Untersuchung nahm. Ich hatte natürlich kaum 20 Dollar, aber ich rief sie trotzdem an und erzählte ihr von Jamie. Sie war so freundlich, sich über das Telefon seinen medizinischen Befund anzuhören und mir Tipps zu geben, welche Fragen ich den Ärzten stellen sollte. Sie half mir zu verstehen, was passiert war und welche Tests Jamie brauchte. Sie war ein Engel, der aus dem Nichts kam und mir das Gefühl gab, diesen Kampf nicht ganz alleine ausfechten zu müssen.

Meine Recherche ergab, dass Jamie unbedingt von einem Neuropsychologen behandelt werden musste, aber meine Versicherung wollte nicht dafür aufkommen. Insofern wurde der Neuropsychologe für mich zu jemandem, den ich um jeden Preis finden musste, egal, wie schwierig es war. Er konnte meinen Sohn retten. Aber sosehr ich mich bemühte, es gelang mir einfach nicht, einen Termin für Jamie zu bekommen. Stattdessen musste ich weiter seine Anfälle und Fixierungen aushalten, so gut es ging.

Letztlich spitzte sich die Situation dramatisch zu.

Als ich Jamie eines Tages aus der Betreuung abholte, in die er nach der Schule ging, kam eine seiner Erzieherinnen zu mir. An ihrem gequälten Gesichtsausdruck konnte ich bereits sehen, dass es kein angenehmes Gespräch werden würde. Sie sagte, dass sie ihr Bestes tue, um geduldig zu bleiben, aber sie könne Jamie einfach nicht mehr beaufsichtigen. Seine Anfälle waren schlimmer geworden, er warf sich nun auf den Boden und schlug sich selber. Und auch seine Stimmungsschwankungen wurden immer extremer. Sie bemühte sich, ihm zu helfen, aber sie hatte Angst, dass er sich ernsthaft verletzten könnte.

Ich bat sie, mir noch einige Wochen Zeit zu geben, damit ich nach einer Alternative suchen konnte. Zögernd stimmte sie dem zu.

Ehrlich gesagt war ich aber mit meinem Latein am Ende. Ich konnte es kaum mitansehen, wie Jamie mit sich selbst kämpfte und wie er selber nicht verstand, was mit ihm vorging. Wir fühlten uns beide so machtlos, frustriert und wütend. Genau wie seine Lehrerin hatte auch ich Angst, dass er sich verletzen könnte. Denn je größer und kräftiger er wurde, desto gewalttätiger wurden seine Anfälle. Im Grunde konnte jeden Tag etwas Tragisches passieren.

Schließlich erzählte mir jemand von einer psychiatrischen Klinik, die etwa vierzig Meilen entfernt lag. Es war ein Krankenhaus, das sich auf Kinder mit Verhaltensstörungen spezialisiert hatte, und es klang so, als könnte Jamie dort Hilfe bekommen. Der Nachteil war natürlich, dass ich Jamie für vier oder fünf Monate weggeben musste. In meinen Augen war er immer noch klein und der Gedanke, ihn in ein tristes Krankenhaus einweisen zu lassen, war schrecklich – besonders, da ich mich selbst so verantwortlich für seinen Zustand fühlte. Doch Jamie brauchte Hilfe – das war offensichtlich.

Ich wusste, dass etwas geschehen musste, und ich sah keine andere Möglichkeit. Die Ärzte in der Klinik versicherten mir, dass sie anderen Kindern mit ähnlichen Problemen schon geholfen hatten und dass er endlich neuropsychologisch untersucht werden würde. Hatte ich eine Alternative? Nein – und so meldete ich Jamie ein paar Monate vor seinem neunten Geburtstag zur Behandlung an.

Den Tag, an dem ich ihn in die Klinik brachte, werde ich nie vergessen. Als wir in die Kinderstation gingen, blieb ich bei ihm an der Seite und hielt seine Hand, während eine Schwester ihm Blut abnahm. Kurz darauf wurde ich gebeten, mich zu verabschieden. Ich beugte mich herunter und drückte Jamie so fest ich konnte, küsste ihn und sagte ihm immer wieder: »Ich liebe dich.« Ich glaube nicht, dass er verstand, was passierte, denn er antwortete nicht viel – und ich drückte ihn nur umso fester. Schließlich sah eine Schwester mich an und sagte: »Gehen Sie einfach.« Ich stand auf und entfernte mich von meinem kleinen Jungen.

Ich sagte mir: *Dreh dich nicht um, lauf einfach weiter*. Dann hörte ich, wie Jamie anfing, mir nachzuweinen. »Komm zurück, Mama!«, schrie er schluchzend. Ich wusste, dass es nur noch schlimmer werden würde, wenn ich mich umdrehte. Stattdessen lief ich weiter, doch sobald ich um die Ecke war, fing auch ich an zu weinen.

In dieser Nacht, in einem still gewordenen Haus, fragte ich einen Gott, von dem ich nicht wusste, ob er zuhörte:

»Wie lange geht das noch? Wie lange muss mein Sohn noch für meine Fehler bezahlen?«

~

Einige Zeit bevor ich Jamie in die psychiatrische Klinik brachte, hatte ich meine Kurse für die Lehrerausbildung wieder begonnen. Mein Leben bestand also aus einer wirren Abfolge von Terminen und Vorlesungen sowie dem Abholen und Wegbringen der Kinder. Ich gab sie in die Betreuung, fuhr in die Schule, holte die Kinder wieder ab, ging zur Arbeit, fuhr heim, lernte, schlief, und das alles in endloser Wiederholung. Nie werde ich den schrecklichen Moment und das Gefühl vergessen, als ich meine Kinder eines Nachmittags zwei Stunden zu spät aus der Betreuung abholte. Ich traf sie gemeinsam mit einer wunderbaren Erzieherin an, die ihnen Eis gekauft hatte und bei ihnen geblieben war, bis ich kam. Bis heute ziehen Jamie und Sabyre mich damit auf. »Du könntest mal wieder vergessen, uns abzuholen, Mama«, sagen sie dann.

Das Geld war in dieser Zeit, um es vorsichtig auszudrücken, meistens knapp. Ich war meinen Gläubigern immer nur ein oder zwei Schritte voraus und meistens musste ich persönlich zum Energieversorger fahren, um die Rechnung zu begleichen, wenige Stunden bevor der Strom abgestellt wurde. Bei einer dieser Fahrten – ich besaß ganze 75 Dollar, die gerade ausreichten, um die Rechnung zu bezahlen, gab mein kleiner roter, zuverlässiger Wagen einen lauten Knall von sich.

Der Motor hatte sich laut verabschiedet, gerade als ich durch das Servicecenter fuhr, um meine Rechnung zu bezahlen. Zum Glück war kein Unfall passiert. Was hatte ich falsch gemacht? Was denn bitte noch? Ich lachte mich fast kaputt. Ich konnte es mir natürlich nicht leisten, das Auto abschleppen zu lassen, geschweige denn eine Reparatur bezahlen, aber ein paar nette Leute halfen mir, es aus der Warteschlange herauszuschieben. Dann rief ich bei einem Schrotthändler an und verkaufte das rauchende Wrack für 100 Dollar. Ich weiß noch, wie ich meine Habseligkeiten aus dem Auto herausholte: meine Ersatzschuhe und einige Spielsachen der Kinder, Bücher und Puppen – Dinge, die man im täglichen Leben eben so bei sich hat. Ich wartete auf dem Parkplatz auf meine Mutter, die kam und mich abholte.

Mein Leben ging weiter und schließlich durfte ich endlich meinen Abschluss machen. Es war einer der stolzesten Tage in meinem ganzen Leben. Dieses Diplom hatte ich mir selbst erarbeitet. Ich hatte es mit viel Schweiß und Tränen verdient.

Zu der Zeit, als mein Auto explodierte, hatte ich mich aus reiner Verzweiflung auf einen Job bei einer Versicherungsagentur beworben. Ich hatte die Arbeit in der Country-Western-Bar aufgegeben, weil ich abends bei meinen Kindern sein wollte.

Aber irgendwie musste ich Geld verdienen und als ich von dem Job bei der Versicherung hörte, bewarb ich mich. Ich hatte nie tippen gelernt, aber Oma Ernie hatte mich ja ermutigt, Klavierstunden zu nehmen. Vermutlich waren meine Finger deshalb so gelenkig, dass ich in dem Test siebzig Worte in der Minute tippen konnte. Es stellte sich heraus, dass mein zukünftiger Chef David und ich wunderbar zueinanderpassten: Er suchte verzweifelt nach einer Sekretärin und ich ebenso verzweifelt nach Arbeit. Er bot mir einen Vertrag an, der mir ein regelmäßiges Einkommen sicherte, und zudem zusätzliche Boni, die ich verdienen konnte. Und das alles während der normalen Arbeitszeit – keine Abend- oder Wochenendschichten. Es kam mir vor, als hätte ich das große Los gezogen.

Davids Büro befand sich direkt neben einem Donut-Laden. In den ersten Tagen fand ich den süßen Geruch der Donuts wunderbar. Aber ab dem dritten Tag wurde mir schlecht davon. Trotzdem war der permanente Zuckergeruch ein erträgliches Übel für einen guten, soliden Job.

Ein wirkliches Problem ganz anderer Art hatte ich hingegen bereits ab der zweiten Arbeitswoche: Ich musste Jamie in die Klinik fahren und regelmäßig zu ihm. Unter der Woche durfte ich ihn dreimal sehen – zwei Besuchszeiten lang und einen Tag mit Familientherapie –, aber um ihn zu sehen, hatte ich früher von der Arbeit wegzufahren. Wie konnte ich meinen Boss bloß bitten, mir freizugeben, wo ich doch gerade erst angefangen hatte? Aber ich hatte keine Wahl, also nahm ich all meinen Mut zusammen und fragte David, ob ich in der Mittagspause arbeiten könnte, um dann um vier Uhr nachmittags zu meinem Sohn zu fahren. Ich hatte schreckliche Angst, auf der Stelle entlassen zu werden.

Aber das tat er nicht. Er war damit einverstanden, dass ich an drei Tagen in der Woche früher Feierabend machte. Es stellte sich heraus, dass es in Davids Leben Dinge gab, die ihn verstehen ließen, was ich durchmachte, und seine Sympathie weckten. Er sagte, dass es sich für ihn manchmal so anfühlte, als wäre seine Arbeit im Büro das Einzige, was seine Familie zusammenhielt. Deshalb war er so nett zu mir – er wusste, dass ich auf Hilfe angewiesen war, so wie auch er. Nachdem ich mehr über seine schwierigen Lebensumstände erfahren hatte, arbeitete ich noch lieber für ihn und seine Agentur. Wir waren nur zu zweit, aber wir wurden ein wirklich effizientes kleines Team. Und während meiner Zeit in Davids Agentur erhielt er mehrere Auszeichnungen und ich selbst bekam auch eine für meine Arbeit mit Kindern im Stadtviertel.

Noch wertvoller aber als diese Auszeichnungen war die Freundschaft, die uns verband. Wir unterstützten uns in einer Zeit, die für uns beide schwer war. David wurde einer meiner besten Freunde und obwohl er inzwischen weggezogen ist, hören wir noch voneinander. Ich frage mich, ob er weiß, dass er mir praktisch das Leben gerettet hat, als er mich damals einstellte.

Dank David konnte ich Jamie so oft wie möglich sehen (wir durften abends auch zehn Minuten miteinander telefonieren, was uns beiden bei Weitem aber nicht ausreichte). Bei meinen Besuchen stellte ich fest, wie sein Zustand sich verbesserte. Er bekam verschiedene Medikamente verabreicht, die seine Stimmung stabilisierten, und sie schienen tatsächlich anzuschlagen. Zwar hatte er immer noch Probleme mit den Funktionen des Gehirns – Blockaden, Gefühlsumschwünge, erschwerte Impulskontrolle –, aber wenigstens wurden uns nun Mittel und Erklärungen an die Hand gegeben, die uns halfen, damit umzugehen.

Mein verrücktes kleines Leben erhielt eines Tages dann plötzlich eine neue Wendung. Denn mitten in dieser chaotischen

Zeit tauchte jemand auf, der alles veränderte. Es war nicht so, dass ich erwartet oder gewünscht hätte, ihn zu treffen, und ich tat einiges, damit er wieder wegging. Aber er wollte nicht, er blieb bei mir.

~

Zu dieser Zeit wollte ich von Männern wirklich nichts wissen. Ich hatte schlichtweg keine Zeit für irgendwelche Spielchen und Beziehungsdramen und nach dem, was mit Steven und Jamie passiert war, war ich sehr vorsichtig geworden, jemanden in unser Leben zu lassen. Aber ich verstand erst viele Jahre später, dass man nicht die vollständige Kontrolle darüber hat, wen man in sein Leben lässt. Manchmal sind höhere Mächte am Werk und schicken uns jemanden.

Alles fing damit an, dass eine Freundin mich auf ein Glas Wein auf dem Air-Force-Stützpunkt einlud. Ich war eigentlich zu müde, aber sie ließ nicht locker. »Komm schon, nur ein Glas«, sagte sie. Sabyre übernachtete an diesem Abend ohnehin bei meiner Mutter und Jamie war noch in der Klinik – also sagte ich nach einigem Zögern der Verabredung zu.

Am Haupteingang wurden wir von der diensthabenden Wache angehalten und in ein Büro geschickt. Wir benötigten einen Passierschein. Dieser Soldat, ein älterer Mann, fing plötzlich an, meine Freundin und mich ganz widerlich zu belästigen. Er grinste anzüglich und ließ schlüpfrige Bemerkungen fallen. Ich konnte solche Großmäuler nicht mehr ausstehen und wollte gerade auf ihn losgehen, als sich im Büro plötzlich ein anderer Wachmann einschaltete.

»Haben Sie hier eine Verabredung?«, fragte er mich.

Ich musterte ihn. Er saß hinter einem Schreibtisch und aß Kekse aus einer Mädchenpfadfinder-Dose – die dünnen mit

Pfefferminz, um genau zu sein. Er war ein farbiger Mann in meinem Alter, hatte ein schönes Lächeln und warme, freundliche Augen. Ich spürte sofort, dass er nichts Gemeines oder Bedrohliches tun würde. Er war ein Typ, nach dem ich mich in vergangenen Jahren umgedreht hätte, aber ich hatte die Nase voll von Männern, die mich plump anbaggerten. Er war einfach zur falschen Zeit am falschen Ort.

»Das geht Sie nichts an«, schnauzte ich ihn an. »Das brauchen Sie nicht zu wissen, um mir einen Passierschein auszustellen, oder?«

Der Wachmann sah verletzt aus. »Es tut mir leid. So habe ich das nicht gemeint,« sagte er. »Ich dachte nur, Sie sehen so wunderschön aus.«

Ich antwortete darauf nicht mehr, sondern nahm nur meinen Schein und marschierte hinaus. Später bereute ich mein unverschämtes Verhalten. Normalerweise schnauze ich Leute nicht einfach so an – zumindest nicht ohne Grund – und ich beschloss, mich zu entschuldigen. Ich bat meine Freundin, am Eingangstor anzurufen und ihm auszurichten, dass es mir leidtat. Doch was tat sie? Sie fragte ihn, ob er nicht herüberkommen wollte. Als er eine Stunde später in voller Uniform vor mir stand, war ich überrascht.

Ich entschuldigte mich für mein rüdes Verhalten und wir unterhielten uns in dieser Nacht mehrere Stunden lang. Dieser Kerl war ein *großartiger* Zuhörer. Irgendwie erschien er mir so vertrauenswürdig, dass ich ihm von meinen Kindern und Jamies Unfall und vielem anderen erzählte – natürlich nicht im Detail, aber er bekam einen ziemlich guten Überblick über mein Leben. Und er saß da und sah mich die ganze Zeit mit seinen warmen, freundlichen Augen an, während ich meine Leidensgeschichte zum Besten gab. Er rührte mich nicht an, versuchte nicht einmal, mich zu küssen, und als die Nacht vorbei war, gab er mir einen Wangenkuss und sagte, dass er mich gerne wiedertreffen wollte.

»Diesen Mann wirst du heiraten«, sagte meine Freundin, als er aus der Tür war.

»Hör auf damit«, sagte ich. »Wahrscheinlich werde ich ihn nie wiedersehen.«

~

Er hieß Virgil und war ein US-Armee-Sicherheitsbeamter, der auf dem Stützpunkt stationiert war. Er stammte aus Texas, aber als Kind hatte er von der Hitze Hautausschlag bekommen und deshalb waren seine Eltern mit ihm in den Norden nach Oklahoma gezogen.

Sein Vater Vernon war damals ein eifriger Kraftfahrer, der riesige Tanklastwagen voller gefährlicher Chemikalien steuerte. In einem Winter, als die Straßen vereist waren, rutschte Virgils Vater einmal mit dem Lkw in einen tiefen Graben und kippte um. Zum Glück verletzte er sich nicht ernsthaft, aber er weigerte sich, im Krankenhaus Röntgenbilder machen zu lassen. Er ging übersät mit Prellungen, Abschürfungen und blauen Flecken nach Hause und fand in den nächsten Tagen immer noch kleine Stücke von der Windschutzscheibe in seinen Kleidern. Von da an hat er sich immer weiter hochgearbeitet. Heute ist Vernon Eigentümer eines Baugeschäfts in Oklahoma City.

Virgils Mutter Eddie hatte seinen Vater im College kennengelernt, wo sie Psychologie studierte. In der Familie munkelt man, sie habe damals einige Arbeiten für ihn geschrieben. Als Virgil geboren wurde, waren die beiden Anfang zwanzig. Sie nahmen ihren Sohn jeden Sonntag mit in die Kirche, bis sie nach einer Weile damit aufhörten, die Kirche zu besuchen.

Virgil kam trotzdem in Kontakt mit Gott. Als er vierzehn Jahre alt war, erzählte ihm sein damaliger Basketballtrainer, ein tiefgläubiger Mann, von Gottes Plan über seinem Leben. Dass Gott ihn so sehr liebt, ihn retten möchte und dass er ihm ein Leben in Fülle schenken möchte. Etwas daran berührte Virgil und er fing an, sich intensiver mit Gott zu beschäftigen. Das geschah ganz im Stillen – Virgil ging einfach in sich und begann, mit Gott zu reden. »Gott, ich mache Fehler und bitte dich, mir zu verzeihen«, sagte er. »Ich glaube, dass du für mich am Kreuz gestorben bist, und ich bitte dich, in mein Leben zu kommen und mich von meiner Schuld zu retten.«

Virgil erklärte mir später, dass dies der Anfang einer langen und schönen Entwicklung war. Denn von diesem Tag an hatte Virgil keine Zweifel mehr daran, nicht einmal für einen Augenblick, dass es Gott gibt und dass er ihn liebt. »Ich kann Gott vertrauen«, sagt er. »Ich weiß, dass er mir hilft und mich beschützt.« Kurz und gut, Virgil besaß genau die Glaubensgewissheit, nach der ich mich immer gesehnt und die ich nie wirklich erlangt hatte. Während ich Gottes Existenz immer wieder infrage stellte, wankte Virgil nie. Dass es Gott gab, betrachtete er als unumstößliche Tatsache in seinem Leben, wie die Luft zum Atmen, das tägliche Brot und das Gras, das unter seinen Füßen wuchs.

So jemandem war ich noch nie begegnet.

Sein erster Eindruck von mir hingegen musste sein: »Puh, was für eine grob geschnitzte Person.«

Tatsächlich hat Virgil das wohl nicht gedacht. Meine grobe Art scheint ihn nicht gestört zu haben. Vielleicht lag es daran, dass er wusste, sich zu behaupten. Er hatte, wie sein Vater, früher geboxt; er hatte richtig Mumm in den Knochen. Aber er war auch freundlich und sprach sanft und er war immer jemand, der eine große Ruhe und Selbstsicherheit ausstrahlte.

Trotzdem: Ich hatte keinerlei Interesse, etwas mit ihm anzufangen – nicht zu diesem Zeitpunkt. Mein Leben war viel zu turbulent – und meine Beziehungsgeschichten mit Männern so leidvoll –, als dass ich mich mit irgendjemandem hätte einlassen wollen. Virgil und ich gingen ein oder zwei Tage später noch einen Kaffee trinken und telefonierten, aber ich ließ durchblicken, dass ich kein Interesse hatte. Er konnte lediglich ein Freund werden.

Und das wurde er. Virgil war aufrichtig interessiert an meinen Problemen und Kämpfen. Er ermutigte und bewunderte mich. Und ich erhielt jede Menge Unterstützung von ihm in einer Zeit, in der ich sie dringend brauchte. Drei oder vier Wochen lang hockten wir zusammen und redeten und aßen gemeinsam, sahen Filme und mir wurde klar, dass ich diese Art von Nähe noch mit keinem anderen Mann erlebt hatte. Was auch immer das für ein Gefühl war, ich hatte es *so* noch nicht erlebt. Ich hatte mich nicht Hals über Kopf verliebt und es hatte nichts mit der wild-romantischen Sehnsucht zu tun, die ich so gut kannte. Es war etwas Tieferes, viel substanzieller – ein *echtes* Gefühl.

Nach ungefähr einem Monat wollte ich, dass Virgil meine Kinder kennenlernte. Sabyre sah ihn zuerst. Sie war zu dieser Zeit sechs Jahre alt und hatte Schwierigkeiten, seinen Nachnamen – McVea – auszusprechen, deswegen nannte sie ihn einfach Max. »Max« und Sabyre wurden gute Freunde. Mir gegenüber war Virgil schon so freundlich und großzügig, aber mit meiner Tochter verstand er sich noch besser. Eines Tages sagte ich Virgil, dass ich Jamie in der Klinik besuchen müsste. Er fragte, ob er mich begleiten dürfe, aber ich fand die Vorstellung komisch, dass er Jamie in dieser Einrichtung sehen würde, und lehnte ab. Virgil sagte, gut, dann würde er mir eben Gesellschaft leisten, im Auto sitzen bleiben und auf mich warten, während ich Jamie besuchte. Ich antwortete, dass der Besuch gut drei Stunden dauern könnte, aber das war ihm egal.

Also chauffierte er mich und wartete drei Stunden lang im Auto, während ich bei Jamie war.

Kurz darauf bekam ich die Erlaubnis, meinen Sohn für ein Wochenende mit nach Hause zu nehmen. Es war sein Geburtstag – Jamie wurde neun Jahre alt – und ich plante, den Tag im Omniplex zu verbringen, einem riesigen Wissenschaftsmuseum mit Zoo in Oklahoma City. Virgil rief seine Eltern an, die dort wohnten, und erzählte ihnen, dass der Sohn seiner Freundin Crystal Geburtstag hatte. Seine Mutter öffnete ihr Haus mit genau jener Herzlichkeit, die Virgil von ihr geerbt hatte, und veranstaltete eine Party für Jamie, mit Kuchen und allem, was sonst noch dazugehörte. So glücklich hatte ich meinen kleinen Mann schon seit Jahren nicht mehr gesehen.

Da wurde mir bewusst, dass ich ernsthafte Gefühle für Virgil empfand. Mir dämmerte, dass Virgil eine wichtige Rolle in meinem Leben spielen könnte. Mein Partner, mein Held – jemand, der für mich da sein würde, wie sonst niemand je zuvor. Jeden Tag versicherte Virgil mir, dass er mich schön fände und dass ich eine gute Mutter sei, und an manchen Tagen glaubte ich ihm das sogar.

Aber meistens wurden meine Gefühle für Virgil von einem einzigen, durchdringenden Gedanken beherrscht: *Er ist zu gut für dich.*

Der Selbsthass, der in mir tief verwurzelt war, seitdem ich ein junges Mädchen war, beherrschte mich immer noch. Ich war doch nicht der Typ Frau, für den Männer wie Virgil sich interessierten, dachte ich. Weder konnte ich mich selbst lieben noch fühlte ich mich von Gott geliebt. Wie konnte also jemand wie Virgil mich gern haben? Das schien mir unvorstellbar. Es machte einfach keinen Sinn.

Irgendwann fing ich daher an, alles zu tun, was in meiner Macht stand, um Virgil von mir fernzuhalten. Ich nannte ihm all die Gründe, warum er nicht mit mir zusammen sein konnte, und erzählte ihm von den Schrecken meiner Kindheit, von der Abtreibung, dass ich mich mit verheirateten Männern eingelassen hatte. Ich wies ihn darauf hin, dass ich zwei Kinder hatte und dass er bestimmt nicht in mein Leben hineingezogen werden wollte. Ich versuchte, ihm mit allen Mitteln klarzumachen, dass es das Beste wäre, wenn er sich für immer von mir verabschiedete.

Aber Virgil dachte gar nicht daran. Während ich weinend dasaß und meinen ganzen Müll vor ihm auskippte, beugte er sich nur zu mir und hörte zu. Als ich fertig war, sprach er in der üblichen ruhigen, vernünftigen Art mit mir, an die ich mich langsam gewöhnt hatte.

»Du hast einen College-Abschluss gemacht«, sagte er. »Du arbeitest Vollzeit und ziehst zwei wunderbare Kinder groß. Du bist einfühlsam, humorvoll und fröhlich. Du bist eine der stärksten Frauen, die ich je getroffen habe. Du hast so viel mehr gute Eigenschaften als all das Schlechte, das du über dich sagst.«

Und dann fügte er etwas Entscheidendes hinzu.

»Du hast schon so viel durchgemacht«, sagte er über meine Vergangenheit, »und gerade dadurch bist du zu der Person geworden, die ich liebe.«

In diesem Moment passierte etwas Bemerkenswertes – ich hörte auf davonzulaufen. Doch in demselben Moment, als ich aufhörte zu rennen, holte mich all das wieder ein, wovor ich mich gefürchtet hatte. Und als das passierte, nahm mein Leben die bisher seltsamste Wendung.

11. Kapitel

Virgil und ich waren mehrere Monate ein Paar, ehe wir beschlossen zu heiraten. Ob er mir einen Antrag gemacht hat? Na ja, nicht direkt, aber das lag hauptsächlich daran, weil ich ihm keine Gelegenheit dazu gegeben habe. Sobald klar war, dass wir zusammenbleiben wollten, schwor ich, dass ich diesmal alles richtig machen würde – also nicht mehr einfach mit jemandem zusammenleben und hoffen, dass es gut gehen würde. Als Virgils Zeit in der Armee zu Ende ging und er ins zivile Leben zurückkehren sollte, stellte ich eine Bedingung.

»Entweder du nimmst dir eine eigene Wohnung oder wir heiraten«, sagte ich.

»Gut«, sagte Virgil augenzwinkernd, »ich glaube, es ist billiger, wenn wir heiraten.«

Sosehr ich Virgil auch liebte – ich hatte Angst davor, ihn zu heiraten. Ich konnte meine Vergangenheit mit Männern einfach nicht hinter mir lassen und irgendwie wartete ich immer noch darauf, dass etwas schiefgehen würde – nur dass das jetzt nicht mehr nur mich selber betreffen würde. Meine Kinder saßen nun mit im Boot. Als dann Virgil und ich unsere Eheschließung vor dem Gesetz anmeldeten, erlitt ich noch im Zimmer des Beamten eine richtig heftige Panikattacke. Ich konnte kaum unterschreiben, weil meine Hand so zitterte und das Wort »Ehemann« schaffte ich einfach nicht über die Lippen zu bringen. Und das erste Mal, als jemand Virgil als meinen Ehemann bezeichnete, hatte ich eine weitere Panikattacke. Heute lachen wir darüber.

Vermutlich war es nur mein Kopf, der mich in die Irre zu führen versuchte, denn in meinem Herzen wusste ich, dass ich für immer mit Virgil zusammen sein wollte. Als ich den Kindern erzählte, dass wir heiraten würden, fanden sie das extrem aufregend – sie waren schon lange begeistert von Virgil. Auch meine Freunde fanden ihn toll, meine Mutter und alle, die ihn kennengelernt hatten.

Mit Anfang zwanzig war mein Leben so chaotisch, dass ich nur sporadisch in die Kirche ging, aber nachdem ich Virgil getroffen hatte, wurden meine Gottesdienstbesuche wieder regelmäßiger. In der Methodistenkirche hielt ich sogar Kindergottesdienste – in derselben Gemeinde, in der ich aufgewachsen war. Virgil und ich beschlossen, im Anschluss an den Gottes- und Kindergottesdienst, dort zu heiraten. Wir wollten keine große Feier, weil es für uns beide die zweite Ehe war und wir kein Bedürfnis nach einer Märchenhochzeit verspürten. Wir luden daher auch nicht viele Gäste ein – nur meine Mutter, Tante Bridget und Onkel Al, meinen Bruder Jayson und natürlich meine Kinder, außerdem ein Paar aus der Kirche, unsere Trauzeugen. Virgils Eltern konnten leider nicht aus Oklahoma City kommen.

Wir wünschten uns eine Hochzeit in warmer und herzlicher Atmosphäre und das gelang uns auch. Virgil trug ein schlichtes weißes Hemd und eine schicke Hose, ich einen Rock in

Brauntönen mit einem orangefarbenen Pullover dazu. An diesem Morgen hatte ich einige apricotfarbene Rosen mit passendem Band gekauft, sie wurden mein Brautstrauß. Schlicht, aber schön. Sabyre und Jamie – der aus der Klinik entlassen war und dem es bedeutend besser ging – trugen ihre besten Sonntagskleider und tanzten an diesem Morgen herum, als wäre Weihnachten.

An dem Morgen, direkt nach dem Kindergottesdienst, erzählte ich den Teenagern meiner Gruppe von unserer Hochzeit. Sie alle fanden das so aufregend, dass sie dablieben und uns zusahen. Es war, als hätten wir unsere eigene kleine Fangemeinde. Die Zeremonie selbst dauerte nur fünf Minuten. Der Pastor, George, der für uns mehr ein Familienmitglied war als ein Pastor, stellte die üblichen Fragen – Willst du diesen Mann lieben und achten? Willst du diese Frau lieben und achten? – und dann waren wir verheiratet. Virgil beugte sich zu mir und gab mir einen süßen kleinen Kuss und alle Kinder, darunter meine eigenen, brachen in wildes Jubelgeschrei aus.

Und so hatte unsere Hochzeit schließlich doch etwas Märchenhaftes.

~

Die Flitterwochen verbrachten wir gemeinsam mit den Kindern in einem schicken Hotel in Oklahoma City. Sie waren mindestens so aufgeregt wie wir, wahrscheinlich sogar noch mehr. Als wir ankamen, erzählte Sabyre dem Mann an der Rezeption: »Wir sind hier in den Flitterwochen!« Und nachdem die Hotelangestellten das wussten, schickten sie einen Obst- und Käseteller sowie eine Flasche perligen Cidre auf unser Zimmer. Dieses Wochenende war eines der glücklichsten, die ich je erlebt habe.

Die Heirat mit Virgil brachte etwas in mein Leben, was ich vorher nicht gekannt hatte: Stabilität.

Zum ersten Mal hatte ich festen Boden unter den Füßen. Und so überwand ich meine vorehelichen Ängste und benutzte sogar das Wort »Ehemann«. Zugegeben, es dauerte nach der Hochzeit noch ganze drei Wochen, ehe ich Virgil nicht mehr meinen »Freund« nannte. Alles wurde nun viel stabiler: Wir kauften ein Haus in meiner Heimatstadt und wenig später bekam ich sogar einen neuen Job an der örtlichen Grundschule, wo ich eine dritte Klasse unterrichtete. Jamie ging es besser und sowohl er als auch Sabyre liebten ihren neuen Dad. Wenn das Leben ein Puzzle ist, das aus einer Million kleiner Teile besteht, dann ließen sich jetzt viele der fehlenden Teile an die richtige Stelle setzen.

Und trotzdem reagierte ich auf diese neue Stabilität nicht so, wie man es vielleicht hätte erwarten können.

Ich möchte jetzt nicht falsch verstanden werden. Es war wunderbar, jemanden zu haben, der mich liebte und immer bei mir war, und Virgil wurde mein absoluter Held. Er übernahm es für mich, bei Jamies Vater um die Krankenversicherung zu kämpfen, und dieses Problem löste sich endlich. Er half mir, Jamie von den Spezialisten behandeln zu lassen, die er brauchte. Er tat das, damit ich mich nicht mehr so abzuhetzen brauchte, wie ich es als Alleinerziehende die ganze Zeit getan hatte. Mein ganzes Leben war ich wie eine Irre von einem To-do zum nächsten gehetzt, hatte sauber gemacht, Kleider gebügelt, Bier ausgeschenkt, das College abgeschlossen, zwei Kinder großgezogen – alles gleichzeitig. Ich hatte mir nie einen Moment Ruhe gegönnt. Das ganze Herumgerenne hatte mich schlank und robust gemacht, zumindest kam es mir so vor. Wahrscheinlich wog ich als Erwachsene sogar weniger, als ich als Highschool-Schülerin je auf die Waage gebracht hatte.

Aber dann, nachdem ich all diesen Stress endlich losgeworden war, fing ich an zuzunehmen – und zwar nicht nur ein bisschen. Erst zehn, dann zwanzig Kilo extra. Bevor ich wusste, wie mir geschah, hatte ich gut 25 Kilogramm Übergewicht.

Der wahre Grund allerdings, warum ich immer schwerer wurde, hatte nichts mit meinem geringeren Arbeitspensum zu tun. In Wirklichkeit hatte ich aufgehört, vor meinen ganzen seelischen Problemen davonzulaufen, und fing an, mit Virgil Wurzeln zu schlagen. All die Dinge, vor denen ich bisher geflüchtet war, stürmten jetzt auf mich ein wie bei einer Kettenreaktion oder einem Crash aufs Stauende mitten auf der Autobahn. All meine Ängste und Unsicherheiten, meine Schuldgefühle und mein Selbsthass – mein schlechtes Gewissen wegen des Missbrauchs und der Abtreibung – all das kam plötzlich in meinem Kopf zum Stillstand und wurde augenscheinlich. Ich begriff, dass ich meine Probleme nie wirklich gelöst hatte; ich hatte sie nur mit Ärger, Verweigerung, schlechten Beziehungen und langen Arbeitszeiten verdrängt. Im Grunde hatte ich versucht, vor ihnen davonzulaufen. Aber nun erwischten sie mich schließlich und überwältigten mich.

Meine neue äußere Sicherheit, die mir das Leben mit Virgil gab, kollidierte nun also mit einem inneren Aufruhr, wenn man das so sagen kann. Ich fühlte mich, als würde ich einen Kampf mit mir selbst austragen und ständig mit meinen Gefühlen ringen. Das mag seltsam klingen, aber mein Herz und mein Kopf waren ein ständiges Schlachtfeld – nur dass ich nicht genau wusste, wer hier gegen wen antrat.

Im Mittelpunkt meiner inneren Kämpfe stand meine fortwährende Verunsicherung gegenüber Gott. Es wäre schön gewesen, hätte sich Virgils Glaubensgewissheit einfach so auf mich übertragen, aber das tat sie nicht. Stattdessen verstärkte sie meine Fragen an Gott nur noch. Ich versuchte, Gott zu finden – überall. In der schönen Landschaft von Oklahoma, in den stimmungsvollen Sonnenuntergängen in den Bergen, in den strahlenden Gesichtern meiner Kinder.

»Virgil, sieh doch nur der schöne Baum dort drüben«, sagte ich und zeigte auf eine prachtvolle Ulme. »Die hat *bestimmt* Gott gemacht. Es muss ihn geben, weil seine Schöpfung so wunderbar ist. Das ist ein Beweis dafür, dass es Gott gibt!«

Geduldig antwortete Virgil: »Genau so ist es.«

Aber ich konnte mir nie sicher sein. Ich wünschte mir, dass es Gott gab, aber ich hatte in meinem Leben gelernt, an nichts glauben zu können, was ich nicht mit meinen eigenen Augen gesehen hatte. Zwar hatte ich angefangen zu glauben, dass es Gott wirklich gab, als Virgil in mein Leben trat, aber ich war immer noch weit davon entfernt, aufrichtig zu glauben. Irgendwie überstieg es meine Vorstellungskraft, dass Gott mir zuhörte. Mein Vertrauen war wie ausgehöhlt. Ich war immer noch auf der Suche, immer noch unterwegs – nur dass ich jetzt auf etwas zulief und nicht vor etwas davon. Weil ich ihn mehr denn je brauchte, versuchte ich verzweifelt, Gott zu finden. »Sucht die Nähe Gottes«, heißt es im Brief des Jakobus, »dann wird er euch nahe sein« (4,8). Aber wo war Gott?

Doch dann trat Gott, der nie aufgehört hatte, mir nahe sein zu wollen, plötzlich ganz nah in mein Leben.

~

Eins der ersten Dinge, die mir passierten, war ein ganz gewöhnlicher Traum. Darin kam mein Bruder Jayson vor.

Genau wie ich war Jayson ein eigensinniges kleines Kind gewesen. Er hatte seinen Dickkopf und mochte es nicht, sich dem Willen von Autoritäten zu beugen. Nie werde ich vergessen, was er meiner Mutter antat, nachdem sie ihn einmal verhauen hatte, weil er sein Zimmer nicht aufgeräumt hatte. Er war neun oder zehn und ärgerte sich so sehr über die Prügel, dass er einen genialen Racheplan ausheckte. Damals arbeitete meine Mutter als Zahnarzthelferin, deshalb hatten wir immer kiloweise Zahnseide im Haus. Mein Bruder nahm diese Zahnseide und band lange Fäden an jeden einzelnen Gegenstand im Zimmer meiner Mutter. Und zwar wirklich an alles – Lippenstifte, Unterwäsche in Schubladen, Haarbürsten, Schuhe, was man sich nur vorstellen kann. Dann knotete er diese Fäden an den Türknauf der Schlafzimmertür. Es war eine ziemlich schwere Tür und man musste sie mit einem kräftigen Ruck öffnen. Als meine Mutter nach Hause kam und die Tür aufstieß, kamen ihr alle ihre Besitztümer entgegengeflogen und verwirrten sich auf dem Fußboden zu einem großen Knäuel.

Jayson erwartete sie im Schlafzimmer. Wie aus der Pistole geschossen sagte er: »Mama, dein Zimmer ist unordentlich.«

Als ich Virgil heiratete, war Jayson Anfang zwanzig und steckte wie auch ich damals in dem Alter in einer schwierigen Phase. Alles, was wir als Kinder durchmachen mussten, hatte Spuren und seelische Narben hinterlassen. Nur statt seine Verzweiflung mit Essen oder Arbeit zu betäuben, trank er. Und im Gegensatz zu mir rang er nicht mit der Frage nach Gottes Existenz, sondern hatte einen festen Glauben daran, dass es ihn nicht gab. Das große Problem, mit dem wir beide zu kämpfen hatten, war: *Wenn es einen liebenden Gott gab, wie hatte er erlauben können, was uns als Kinder zugestoßen war?* Warum hatte er das nicht verhindert? Ich suchte nach einer Antwort darauf, Jayson nicht. Er wollte von Gott überhaupt nichts wissen. Mein Bruder glaubte schlicht und ergreifend nicht, dass es ihn gab, und er wollte über das ganze Thema Glaube auch nichts hören.

Dann wurde Jayson von der Polizei geschnappt, als er das zweite Mal betrunken Auto fuhr. Ich lag im Bett und bat Gott, dass er meinem Bruder half. Es dauerte nicht lange, dann stand Jayson das dritte Mal wegen Trunkenheit am Steuer vor Gericht – und er hatte seine Haltung Gott gegenüber keinen Deut verändert.

»Gott«, sagte ich bei einem meiner Gebete. »Du wirst zu ihm gehen müssen, denn er kommt garantiert nicht zu dir. Du musst dich ihm zeigen, sonst wird er nie glauben, dass es dich gibt.«

Eines Abends, direkt nach einem Gebet, hatte ich einen unglaublichen Traum. Ich befand mich in der Kirche – allerdings nicht auf meinen Füßen. Ich schwebte über der Gemeinde. Von oben konnte ich all die Leute sehen, wie sie anbetend Lobpreislieder sangen und Gott verehrten. Noch nie zuvor hatte ich Menschen auf eine solche Art und Weise Gott anbeten gesehen. Es war wunderschön.

Vorne auf der Bühne stand derjenige, der diesen Lobpreis anleitete, und das war Jayson.

Er war ein guter Sänger. Schon als Kinder hatten wir viel miteinander gesungen und er war noch immer ein Meister im Singen von Karaoke. Und nun stand mein kleiner Bruder plötzlich da in meinem Traum, hatte die Arme zum Himmel emporerhoben, den Kopf in den Nacken zurückgeworfen, war zu Tränen gerührt vor Liebe, sang sich die Seele aus dem Leib – und betete Gott an! Ausgerechnet er! Der Kerl, der nicht glauben wollte, dass es Gott überhaupt gab, stand einer ganzen Gemeinde vor! Als ich aufwachte, schien das Bild von meinem Bruder so echt und schön. Es war lebendiger als jeder andere Traum, an den ich mich erinnern konnte. Ich erzählte Virgil und meiner Mutter davon, aber Jayson gegenüber hielt ich mich natürlich zurück. Ich legte den Traum in meiner Erinnerung ab und nach einer Weile vergaß ich ihn.

Dann, im Sommer 2007, hatte ich einen weiteren beeindruckenden Traum. Dieses Mal war ich in meinem eigenen

Schlafzimmer und wieder schwebte ich. Ich konnte Virgil auf seiner Seite des Bettes sehen, wie er fest schlief, und ich konnte mich selbst friedlich neben ihm liegen sehen. Dann bemerkte ich dieses schöne Licht, das mich umgab, während ich über dem Bett schwebte. Das Licht begann, den perfekten Plan für unser gemeinsames Leben zu entwerfen, und in meinem Traum saugte ich jedes Detail auf. Ich wachte auf, stieß Virgil an und sagte wie berauscht: »Warte nur, bis du Gottes Plan für uns hörst.« Virgil sah mich erstaunt an, denn ich hatte nie wirklich zugegeben, dass ich überhaupt an Gott glaubte, und jetzt erzählte ich ihm, dass Gott uns seinen Plan mitgeteilt hatte. Ich schlief wieder ein und beabsichtigte, Virgil am nächsten Morgen alles zu erzählen. Aber als ich aufwachte, konnte ich mich nicht mehr daran erinnern. Ich wusste nur noch zwei seltsame und zufällig erscheinende Dinge, die in meinem Traum vorgekommen waren: zwei Zahlen – 16 und 6 – und das Bild eines großen Mauerbaus. Ich wusste nicht, was das bedeuten sollte, und verbuchte es als einen weiteren merkwürdigen Traum. Außer der Chinesischen Mauer fiel mir dazu nichts ein.

Diese beiden ungewöhnlich lebendigen Träume waren der Beginn einer seltsamen Lebensphase. Und was als Nächstes passierte, war angsteinflößend, und ich wünschte, es wäre nur im Traum passiert … das tat es aber leider nicht.

~

Virgil und ich hatten uns mit einem jungen Paar aus der Stadt angefreundet. Es war eine Bilderbuchfamilie – drei wunderbare Kinder, ein großes Haus und alles, was dazugehört. Ich verstand mich gut mit der Frau. Wir redeten viel und hatten jede Menge Spaß miteinander. In einer Sommernacht, kurz nach meinem Traum mit der Mauer, waren Virgil und ich abends bei ihnen zum Essen eingeladen. Anschließend saß ich mit der Frau im Hinterhof und wir redeten über alles Mögliche.

Mit einem Mal vertraute sie mir dann etwas aus ihrer Kindheit an. Voller Entsetzen hörte ich, dass das, was sie da erzählte, noch schlimmer war als meine eigene Geschichte. Sie war in einem anderen Bundesstaat aufgewachsen und behauptete, dass sich ihre Mutter einem Teufelskult angeschlossen hatte, als sie noch ein Kind war, in den sie mit hineingezogen worden war. Sie wurde schlimm missbraucht und von männlichen Mitgliedern dieser Sekte vergewaltigt. Das, was sie mir erzählte, war ein Albtraum. Es schien zu grauenhaft, um wahr zu sein. Ich versuchte, meine Freundin zu trösten und ihr zuzuhören, aber tief in mir konnte ich diese Geschichte gar nicht glauben. Oder es entzog sich meiner Vorstellung, weil das alles so schlimm war. In gewisser Weise war ich immer noch auf dem Stand des kleinen verängstigten Mädchens, das aus dem Nähzimmer gerannt war und geglaubt hatte, den Teufel gesehen zu haben. Ich wusste nicht, ob es den Teufel wirklich gab, aber genauso wenig war ich sicher, dass es ihn nicht gab. Und irgendwie wollte ich das, was meine Freundin erzählte, nicht glauben. Denn wenn es die Wahrheit war, bedeutete es, dass es den Teufel wirklich gab.

Als sie mir ihre Geschichte anvertraute, sagte sie, dass die Freunde, mit denen sie darüber gesprochen hatte, sich meistens anschließend von ihr abwendeten. Und es ist wahr, auch ich wollte am liebsten weglaufen, aber gleichzeitig wollte ich sie nicht alleinlassen. Ich konnte diesem tief verletzten Menschen nicht einfach den Rücken kehren. Also blieb ich ihre Freundin.

An diesem Abend, in ihrem Hof, schien sie ruhiger zu sein als sonst. Aus heiterem Himmel fragte sie mich etwas. Eine Frage, die sie zuvor noch niemandem gestellt hatte:

»Crystal, glaubst du eigentlich an Gott?«

Warum fragte sie das bitte schön ausgerechnet mich?

Ich war unsicher, was ich antworten sollte, also erzählte ich ihr von meinem Traum.

Anschließend erklärte ich ihr, dass ich mich auf der Suche nach Gott befand und dass mein Glaube langsam wuchs. Sie saß eine Weile schweigend da, dann fragte sie mich noch etwas: »Glaubst du, dass Gott auch *mich* lieben könnte?«

Ich weiß nicht, warum ich so reagierte; es platzte einfach aus mir heraus, ohne dass ich darüber nachdachte: »Möchtest du, dass wir gemeinsam beten?«

Ich hatte noch nie für jemanden so persönlich gebetet. Natürlich betete ich in der Kirche *für* andere, aber ich hatte noch nie jemandem die Hände aufgelegt, wie ich es in charismatischen Kirchen gesehen hatte. Wer war ich, dass ich für jemanden beten konnte? Ich war doch eine Zweiflerin. Doch meine Freundin nickte mit dem Kopf und fing an zu weinen, also nahm ich ihre Hand und begann zu beten. Sie beugte ihren Kopf und lauschte meinen Worten. Doch bevor ich fertig war, hob sie ihren Kopf und sah mir geradewegs in die Augen.

Ich war überrascht.

Ihr trauriger Gesichtsausdruck hatte sich in etwas gewandelt, das wie Zorn aussah. Ihre Gesichtszüge zogen sich zusammen, als hätte sie gerade in eine Zitrone gebissen, aber noch zehnmal schlimmer als das. Sie sah hasserfüllt und furchterregend aus. Sie begann, mich auszulachen, aber so ein Lachen hatte ich noch nie gehört. Es war grausam und verstörend. Dann machte sie sich über mich und über Jesus mit einer schrillen, bösartigen Stimme lustig. Ich saß neben ihr, paralysiert und wie vom Blitz getroffen. *Was ging hier vor sich? Was war los mit meiner Freundin?*

Ihr Ehemann kam herüber und schien über ihr Verhalten genauso schockiert zu sein wie ich. Vor Kurzem erst war nach

Meinung der Ärzte eine schizophrene psychische Störung bei ihr diagnostiziert worden, vermutlich ausgelöst durch das schwere seelische Kindheitstrauma. Als ich sie so sah, ihr böses Lachen hörte, zählte ich zwei und zwei zusammen und wandte mich an ihren Ehemann:

»Ist das eine ihrer multiplen Persönlichkeiten?«, fragte ich.

»Nein«, sagte er. »Die kenne ich alle, aber so habe ich sie noch nie erlebt.«

Ich rannte ins Haus und holte Virgil. »Ich weiß nicht, was ich gemacht habe, aber es hat irgendetwas bei ihr ausgelöst!«, rief ich. Sofort sprang Virgil auf. Er rannte hinaus zu meiner Freundin, die von ihrem Platz aufgesprungen war und immer noch mit dieser seltsamen kindischen Stimme vor sich hin schimpfte. Er umarmte sie von hinten und sprach in ihr Ohr: »Wer bist du?« Immer und immer wieder fragte er sie das, während sie nur um sich fluchte. Er sagte: »Ich werde dir nicht zuhören, ehe du mir nicht deinen Namen sagst.«

Ich begriff gar nicht, was da vor sich ging. Schockiert stand ich da und musste mitansehen, wie die arme Frau fast wahnsinnig wurde. Außerdem verwirrte es mich auch, wie mein Mann Virgil plötzlich mit ihr sprach. Und dann fing sie plötzlich an, meinen Namen zu schreien – nicht Virgils, nicht den ihres Ehemanns, sondern meinen. Ich trat einige Schritte zurück, mir stockte der Atem. Ich hatte plötzlich Todesangst. Ich wusste nicht, was ich tun oder sagen sollte, ich wollte nur, dass dieser Irrsinn aufhörte.

Leise fing ich an, den Namen von Jesus vor mich hin zu murmeln.

Plötzlich streckte sie ihren Kopf vor und blickte mir hasserfüllt in die Augen. Dann schaffte sie es, sich von Virgil zu befreien, und stürzte auf mich los. Doch kurz vor mir wurde sie aufgehalten, so als wäre sie auf eine unsichtbare Mauer gestoßen. Dann sagte sie mit leiser deutlicher Stimme, die allerdings nicht ihre eigene war: »Wo ist dein Jesus jetzt? Du hast das bekommen, was du als Kind verdient hast.«

Woher wusste sie davon? Ich hatte meiner Freundin nichts von dem Missbrauch in meiner Kindheit erzählt. Niemandem hatte ich mich anvertraut, außer Virgil. Mein erster Gedanke war, dass Virgil es ihr gesagt haben musste. Ich fing an zu weinen und Virgil meinte, dass ich jetzt lieber gehen sollte. Ich stieg ins Auto, fuhr nach Hause und schloss alle Türen und Fenster. Virgil kam etwas später nach und ich umarmte ihn fest.

»Sie ist verrückt«, sagte ich. »Sie hat den Verstand verloren. Sie braucht Hilfe.«

»Nein«, sagte Virgil ruhig. »Ich glaube nicht, dass sie das war.«

Virgil erklärte mir, warum er so schnell und bestimmt reagiert hatte. Er hatte erkannt, dass da etwas Dämonisches passierte. Er befahl demjenigen Wesen, das von ihr Besitz ergriffen hatte, seinen Namen zu sagen, damit er es mit Gottes Autorität austreiben konnte.

Ich war verwirrter denn je und wusste nicht, was ich davon halten sollte. Mein Ehemann war ein intelligenter und ernsthafter Mann; seit ich ihn kannte, hatte er mich nie angelogen oder zu Übertreibungen geneigt. Er war immer aufrichtig, zielstrebig und ehrlich. Und nun behauptete er, meine Freundin sei von einem bösen Geist besessen? Was sollte ich dazu sagen?

Virgil meinte, dass sie wieder sie selbst geworden sei, nachdem ich gegangen war. Sie konnte sich an nichts mehr erinnern und bekam es selber mit der Angst zu tun, als ihr Ehemann und Virgil davon erzählten, was sich abgespielt hatte. Bei dem Gedanken daran, wie sie ihr Gift direkt über mir ausgegossen hatte, überkam mich ein Schauer. Ich fragte Virgil, ob er ihr von meinem Missbrauch erzählt hätte, den ich als Kind erlebt hatte.

Er verneinte. Ich glaubte ihm, hatte aber keine Ahnung, wie meine Freundin davon Wind bekommen haben konnte.

In dieser Nacht ließen wir alle Lichter brennen. Ich schreckte bei jedem Geräusch auf und wälzte mich von einer Seite auf die andere, bis die Sonne aufging. Ich weinte auch ein bisschen – nicht weil ich mich gefürchtet hätte, sondern weil ich wusste, dass unsere Freundschaft nun beendet war.

Tags darauf erzählte ich meiner Tante Connie, was passiert war. Ohne zu zögern, sagte sie, das sei ein Dämon gewesen. Ich wusste, dass in der Bibel von Dämonen die Rede ist, aber ich hatte die Bibel nie ganz gelesen, immer nur ausschnittsweise. Und in den Predigten, die ich gehört hatte, waren keine Dämonen vorgekommen. Ich hörte dem zu, was meine Tante erzählte, aber tief im Inneren war ich überzeugt, dass der Zustand, in dem ich die arme Frau gesehen hatte, entweder durch ihre Persönlichkeitsstörung zu erklären war oder dass sie einfach drauf und dran war, wahnsinnig zu werden. Trotzdem stimmte ich zu, Rat bei einem christlichen Experten einzuholen, dessen Telefonnummer mir Connie gab. Wenn ich der Frau damit irgendwie helfen konnte, wollte ich es tun.

Ich rief den Berater an und erzählte ihm, was geschehen war und was ich getan hatte. Daraufhin fragte er mich: »Sie hat diese Dinge nur über dich gesagt?«

Ich bejahte seine Frage und der Berater schwieg einen Moment.

»Dann ist es am besten, wenn wir uns miteinander unterhalten«, sagte er.

Nein danke, daran war ich nicht interessiert. Auf Wiederhören!

Danach versuchte ich, die ganze Sache zu vergessen, aber ich konnte das Gefühl des Grauens und der Angst nicht abschütteln. Tagelang konnte ich es nicht ertragen, allein zu bleiben.

Virgil musste mit mir im Badezimmer sitzen, wenn ich duschte, und im Bett kuschelte ich mich so eng an ihn, wie ich nur eben konnte. War das alles wirklich passiert? Gab es so etwas? Es fiel mir leichter zu glauben, dass sie wahnsinnig wurde, also versuchte ich, mir das einzureden.

~

Vielleicht verspüren an dieser Stelle einige meiner Leser nun das Bedürfnis, sich einschalten zu wollen. Manche glauben an Dämonen, andere nicht. Selbstverständlich möchte ich niemandem vorschreiben, was er glauben soll. Ich erzähle hier lediglich meine Geschichte, auch wenn sie manchmal schwer zu begreifen ist.

Für mich persönlich war meine naheliegende Erklärung bald nicht mehr ausreichend. Woher wusste diese Frau über meine Vergangenheit Bescheid? Hatte sie das erraten? Dafür schien es mir zu exakt. Hatte ich vergessen, dass ich es ihr erzählt hatte? Das war sehr unwahrscheinlich. Und warum war Virgil so sicher, dass sie von einer dämonischen Macht besessen war? Hatte seine Meinung als tiefgläubiger und charakterfester Mann etwa kein Gewicht? All diese Fragen schwirrten mir im Kopf herum, aber trotzdem hätte ich mich auf die Seite der Zweifler stellen und bei meiner Überzeugung bleiben können, dass ich lediglich einen Ausbruch von Geisteskrankheit miterlebt hatte.

Das hätte ich tun können … wenn es nicht erneut passiert wäre.

~

Nachdem wir die Freundschaft mit dem Paar beendet hatten, waren einige Monate vergangen. Ich ging meinem Alltag nach und lebte so normal, wie ich konnte. Ich unterrichtete an der Schule. Ich sah zu, wie meine Kinder in der Schulband mitspielten. Ich machte ihnen Pausenbrote und steckte ihnen Zettel dazwischen, auf denen stand, wie sehr ich sie liebte. Ich konnte wieder bei gelöschtem Licht schlafen und – nachdem ich wochenlang aus Angst und Verwirrtheit nicht gebetet hatte – fing ich auch damit wieder an. Die meisten Abende in unserem Haus verliefen ruhig – so wie ich es gerne hatte.

An einem Abend lud ich eine Freundin unserer Familie zu uns ein. Sie hatte eine angesehene Position in der Wirtschaft und war in jeder Hinsicht eine wunderbare Frau. Ich kannte sie sehr gut, schon mein ganzes Leben lang, und sie war absolut bodenständig und vernünftig, also jemand, auf dessen Freundschaft man wirklich zählen konnte. Ich wusste, dass sie keinen Alkohol trank, aber an diesem Tag gönnte sie sich ein Glas Wein. Ich dachte mir nichts weiter und wir verbrachten einen gemütlichen Abend miteinander.

Aber nach ungefähr einer Stunde kippte ihre Stimmung. Sie fing an, laut und aggressiv zu werden, und sagte Dinge, von denen sie wusste, dass sie mich verletzten. Mein erster Gedanke war: *Wenn sie betrunken ist, dann ist das nicht mein Problem. Ich will nicht, dass meine Kinder sie so sehen, ich fahre sie besser zu ihrer Tante.* Diese Tante wohnte nicht weit entfernt. Ich kündigte uns dort telefonisch an, schaffte meine Freundin ins Auto und wir fuhren los.

Unterwegs wurde sie noch lauter und gemeiner. Schließlich griff sie mir ins Steuer und ich musste sie zur Seite und zurück auf ihren Sitz stoßen. Bei ihrer Tante setzten wir uns auf ein Sofa im Wohnzimmer und warteten darauf, dass sie sich wieder beruhigte. Doch keineswegs – sie regte sich immer weiter auf. So hatte ich sie noch nie gesehen und konnte kaum glauben, dass dies durch ein einziges Glas Wein ausgelöst worden sein sollte.

Sie starrte mich jetzt mit hasserfüllten Augen an, so wie meine damalige Freundin es getan hatte. Und sie sprach nicht mehr mit ihrer eigenen Stimme. Ihr Onkel beobachtete sie und versuchte, ihr Verhalten zu verstehen, da griff ihre Tante schließlich nach einer Bibel und las laut daraus vor. Und genau wie bei dem früheren Zwischenfall fing meine Freundin an, die Verse in einem hässlichen Singsang zurückzuspucken. Dann begann sie die Verse schnell daherzusagen, als wüsste sie sie auswendig, obwohl ich mir sicher war, dass sie gar nicht so bibelkundig war.

Mir wurde übel. Durch ein Glas Wein ließ sich ihr Verhalten keineswegs erklären. Ihre Tante las weiter aus der Bibel vor und sie machte sich darüber lustig, bis sie plötzlich innehielt und mich ansah.

Dann sagte sie etwas so Böses und Brutales, dass ich es hier an dieser Stelle nicht wiederholen möchte.

In einer fürchterlich vulgären Sprache sagte sie mir, dass ich genau das bekommen hätte, was ich als Kind verdient hatte, und sie sagte, dass sie verantwortlich sei für den grauenhaften sexuellen Missbrauch, den ich erlebt hatte. Es war, als sei sie stolz auf die Hölle, die sie mir in meiner Jugend auferlegt hatte.

Ich konnte nicht glauben, was ich da hörte. Was sie da sagte, verletzte mich bis ins Innerste. Wie um alles in der Welt konnte sie von diesem Missbrauch wissen? Warum sollte sie das als Waffe gegen mich benutzen? Ich wendete meine Augen von ihrem kalten Starren ab, sah gegen die Wand und murmelte »Jesus«.

Das verstärkte nur ihr Lachen und ihren Spott.

»Wo ist dein Jesus jetzt?«, spie sie mir entgegen.

Mir wurde heiß und kalt. Sie hatte genau denselben Satz gesagt. Das, was bis jetzt passiert war, hätte ich vielleicht mit einem Schulterzucken abtun können, aber das ging jetzt nicht mehr – alles wiederholte sich. Ich verharrte in einem absoluten

Schockzustand, setzte aber ein tapferes Gesicht auf und versuchte, meine Angst nicht zu zeigen.

»Ich habe keine Angst vor dir«, sagte ich, wobei ich ihrem Blick immer noch auswich.

Sie sprang auf und stürzte auf mich zu. Sie kam mit ihrem Gesicht ganz nah – so nah, dass ich ihren Atem spüren konnte – aber sie rührte mich nicht an. Dann schrie sie: »DAS SOLLTEST DU ABER!«

Ich stand auf, verließ das Haus und fuhr heim. Virgil war im Wohnzimmer.

»Ruf das Krankenhaus an«, sagte ich zu ihm. »Ich lasse mich in die Psychiatrie einweisen, ich glaube, ich verliere den Verstand.«

~

Was auch immer man über Dämonen denken mag, sie gehören zur Realität Gottes und zum Glauben, auch in unserer heutigen Zeit. Die Bibel berichtet von Leuten, die von Dämonen besessen waren, und in der Geschichte des Christentums gibt es immer wieder dokumentierte Fälle von Besessenen. Selbst Bobby Jindal, der Gouverneur des US-Bundesstaates Louisiana, ein Politiker, der eine Karriere auf höchster nationaler Ebene anstrebt, hat einmal beschrieben, wie er als junger Mann in der Studentengemeinde miterlebt hat, dass jemand von einem Dämon besessen war.

»Plötzlich stieß Susan seltsame kehlige Laute aus und fiel zu Boden«, schrieb Jindal 1994 über eine Mitstudentin in einem Artikel mit dem Titel »Sieg über einen Dämon: Physikalische Dimensionen eines spirituellen Kampfes«.

»Sie fing an, um sich zu schlagen, als sei sie besessen. Ich weigerte mich, meine Position aufzugeben, und blieb wie angewurzelt

stehen. Ich werde nie den ersten verständlichen Laut vergessen, den Susan hervorbrachte; sie schrie meinen Namen mit einer solchen Dringlichkeit, dass es mir immer noch eiskalt den Rücken herunterläuft, wenn ich daran denke. Später fuhr Susan fort, alle im Raum Anwesenden zu beschuldigen, wobei sie über sehr private und vertrauliche Informationen verfügte, zu denen sie gar keinen Zugang hatte. Es waren Dinge, die jeden Einzelnen verletzen und bloßstellen konnten, indem sie seine verborgenen Gefühle, Ängste und Sorgen enthüllte.«

Klingt irgendwie bekannt, oder?

~

Ich erzählte Virgil, was passiert war, und bat ihn, mich einweisen zu lassen. Ich glaubte allen Ernstes, dass ich wahnsinnig wurde. Obwohl bei diesen Erlebnissen auch andere Leute anwesend waren, konnte ich keine andere Erklärung finden. Die Alternative, dass ich spirituell angegriffen wurde, kam mir einfach zu weit hergeholt vor. Es schien mir einfacher anzunehmen, dass ich den Verstand verlor.

Es nützte nichts, dass ich die Tante meiner Freundin einige Tage später fragte, warum sie nicht eingegriffen hatte, als sie so mit mir gesprochen hatte. Sie sagte nur: »Wie hätte ich das tun sollen? Ich habe gar nicht verstanden, was sie da redete.« Sowohl die Tante als auch der Onkel waren mit mir im Wohnzimmer gewesen, ebenso geschockt wie ich, aber sie hatten nicht gehört, welche entsetzlichen Dinge sie zu mir gesagt hatte? Wie konnte das sein? Hatte ich mich etwa verhört? Oder verlor ich wirklich den Verstand?

Erst Jahre später habe ich verstanden, warum ich diese Dinge gehört habe – und warum es sie nur noch mehr angestachelt hatte, als ich den Namen von Jesus ausgesprochen hatte.

Ich war wie jemand, der alleine zu Hause ist, wenn die Einbrecher kommen. Ich greife nach einem Messer und bedrohe den Einbrecher, aber er sieht, wie zögerlich ich das Messer halte und dass meine Hand zittert. Und vielleicht sage ich sogar: »Ich habe noch nie auf jemanden eingestochen, aber jetzt tue ich es!« Der Einbrecher weiß, dass ich nichts gegen ihn ausrichten kann. Er sieht meine Angst – er sieht, dass ich ihm nichts tun werde. Also verschärft er seinen Angriff.

Virgil spürte, wie immer, dass ich unter einer entsetzlichen Angst litt, und beruhigte mich. Er sagte mir, dass ich nicht verrückt sei, dass ich aber gesehen habe, wie der Teufel am Werk war. Er sprach über Satan, als sei er unser Nachbar – beiläufig, ohne Angst oder Dramatik. Nichts, was passierte, befand sich außerhalb von Virgils Verständnis. Und da er eine unerschütterliche Glaubensgewissheit besaß, blieb ihm die entsetzliche, bibbernde Angst erspart, die von mir Besitz ergriffen hatte.

Ich ließ zu, dass Virgil mir den Glauben an meine Verrücktheit ausredete, aber wieder bestand ich darauf, dass wir bei brennendem Licht schliefen. Ich schlief nur ein, wenn Virgil mich festhielt, und wachte morgens angsterfüllt und schweißgebadet auf. Ich konnte in den folgenden Wochen nicht mehr allein in einem Zimmer bleiben. Und ich verpflichtete jeden, der diese Ereignisse miterlebt hatte, zu absolutem Stillschweigen. Ich wollte nicht, dass jemals wieder jemand darüber sprach. Schließlich war ich Lehrerin und Mutter und wir waren eine respektable Familie – eine *normale* Familie.

Das Schlimmste war, dass ich aufhörte, mit Gott zu reden. Ich hatte schlicht und ergreifend zu viel Angst, um zu beten. Ich hatte Angst, dass die Angriffe zunehmen würden, wenn ich betete. Ich rief allerdings den christlichen Berater an, mit dem ich früher schon gesprochen hatte. Wir machten einen Termin aus und ich fuhr in eine nahe gelegene Stadt, um ihn zu treffen. Auf dem Weg dorthin hatte ich sogar alleine im Auto Angst, also ließ ich die Fenster herunter und beschallte mich in voller Lautstärke mit christlicher Radiomusik, die ganze Zeit über, während ich fuhr. Ich höre diese Musik normalerweise gar nicht, aber irgendwie schien sie mir in dieser Situation zu helfen.

Der Berater war ein sympathischer Mann Mitte fünfzig, mit einer ruhigen Ausstrahlung, die mich an Virgil erinnerte. In seinem nüchtern eingerichteten Büro saß ich ihm gegenüber und erzählte alles, was geschehen war. Er hörte einfach zu, ohne irgendeine Regung zu zeigen, und als ich fertig war, saßen wir eine Minute schweigend einfach da.

»Ich werde dir sagen, was Gott mir über dich verraten hat«, sagte er schließlich. »Du verspürst Angst vor etwas Dämonischem. Und es bedroht dich – ganz speziell dich.«

Ich saß da und war vollkommen fassungslos. Wie hatte mein Leben sich so seltsam entwickeln können?

»Was soll ich jetzt tun?«, fragte ich. »Können Sie mir irgendetwas mit auf den Weg geben?« Ich hoffte, dass es ein besonderes Gebet gab oder ein Mittel, das den Spuk einfach beenden würde.

»Ich werde gar nichts tun«, sagte der Berater. »Gott wird dir helfen, damit fertigzuwerden. Gott hat mir gesagt, dass er dich darin ausbildet zu kämpfen. Und Gott wird dich in die Welt hinausschicken, damit du für andere kämpfst.«

Mein einziger Gedanke war: *Da kennt Gott mich aber schlecht.*

Auf dem Heimweg schaltete ich wieder die christliche Musikdröhnung ein. Es lief ein Lied über einen Mann, der von Dämonen besessen war und um Hilfe rief. Er blickt auf und sieht, dass Jesus direkt vor ihm steht, und die Dämonen kreischen und huschen weg. Der Text geht so: »Lass fallen die Ketten, der

Schlüssel ist hier, alle Macht im Himmel und auf Erden gehört mir.« Ich erinnere mich, wie überrascht ich war, dass die Dämonen Angst vor Jesus hatten. Warum hatte das bei mir nicht gewirkt? Lag es daran, dass Jesus gar nicht bei mir war?

Ich habe dafür keine Erklärung, aber als ich diesen Text hörte, schien es mir, als wollte Gott mir etwas mitteilen. Es war nicht so, dass ich seine Stimme hörte; eher, als wäre in dem Text eine Nachricht für mich versteckt. Und Gott sagte immer wieder zu mir: »Hast du etwa nicht geglaubt, dass ich so mächtig bin?«

In dieser Nacht fing ich wieder an, mit Gott zu reden. Das Gespräch beschränkte sich auf ein einfaches Gebet. Ich brauchte eine Antwort auf die Frage, die mich verfolgte.

Gab es Gott wirklich oder wurde ich verrückt?

Darauf musste es eine eindeutige Antwort geben. Entweder war das, was hier passierte, die Realität oder ich hatte ernsthafte Wahrnehmungsstörungen. Entweder gab es einen Gott und seinen Widersacher oder ich hatte den Verstand verloren.

Was war richtig? Ich wusste nicht mehr ein noch aus. Gott gab mir keine klare Antwort, also betete ich weiter, lebte in Angst und hoffte, dass ich irgendwann mehr erfahren würde.

Und Gott antwortete, mehr als einmal, nur bemerkte ich nicht wie.

12. Kapitel

Der Ort, an dem Gott mich schließlich aufspürte, war keine Kirche, keine Schule, kein Krankenhaus oder irgendein anderer Platz, wo das zu erwarten gewesen wäre.

Es war bei »Pizza Hut«.

Meine Tochter Sabyre hatte bei einem Vorlesewettbewerb als Preis eine kleine Pizza gewonnen und wir fuhren zu »Pizza Hut«, um sie abzuholen. Während wir warteten, bestellte ich eine Cola light. Die sympathische, ältere Kellnerin brachte uns die Rechnung über einen Dollar. Kein schlechtes Geschäft.

Aber als sie mir die Rechnung gab, spürte ich, dass mich jemand »anstupste«.

Ich nenne es »Anstupsen«, weil ich nicht weiß, wie ich sonst dazu sagen soll. Eigentlich war es mehr wie ein intensiver Gedanke, den ich hatte. Aber nicht so, dass ich eine Stimme in meinem Kopf oder etwas Derartiges gehört hätte. Es kam einfach dieser Gedanke in mir auf und leuchtete hinter meiner Stirn wie ein Neonschild. Die Leute, die den Spielfilm »Ghost« gesehen haben, wissen, was ich meine. Es war ungefähr wie in der Szene, als Whoopi Goldberg hört, wie Patrick Swayze ihr

Anweisungen gibt, und sie die Einzige ist, die ihn hört und sich ärgert, weil sie nichts dagegen tun kann. So ähnlich fühlte es sich an. Und das Anstupsen wollte gar nicht mehr aufhören.

»Gib der Kellnerin ein Trinkgeld von 100 Dollar!«

Ich wusste nicht, wo dieser Gedanke herkam; ich wusste nicht, was ich dagegen tun sollte. Er machte keinen Sinn und verstörte mich ziemlich. Ein Trinkgeld von 100 Dollar bei einer Rechnung von einem Dollar? Wie bitte? Es war nicht so, dass Virgil und ich viel Geld besaßen. Wir hangelten uns von einer Rechnung zur nächsten. 100 Dollar waren für uns ein absolutes *Vermögen*. Aber das Anstupsen wurde stärker und ich fühlte mich so davon überwältigt, dass ich hinausging und eine Runde um den Parkplatz lief. Ich rief Virgil auf der Arbeit an und erzählte ihm von dem Erlebten.

»Das ist Gott«, sagte er ganz ruhig. »Tu, was er dir sagt. Ich kann jetzt nicht reden, Liebes, ich habe zu tun.«

Aber ich konnte doch nicht einfach ein Trinkgeld von 100 Dollar dalassen, oder? Ich überlegte einen Moment und es kam mir dann ein zweiter Gedanke: *Okay, ich lasse 50 Dollar hier*. Mein Anstupser schien sich damit zufriedenzugeben. Ehrlich, ich fühlte mich, als befände ich mich auf dem direkten Weg ins Irrenhaus. Ich ging wieder hinein, bezahlte die Rechnung und gab 10 Dollar Trinkgeld – selbst das schien mir *viel* zu viel.

Aber als ich in mein Auto stieg, verstärkte sich das Anstupsen wieder. Was immer in mich gefahren war, es ließ mich nicht in Ruhe. Ich fühlte mich daran erinnert, dass ich nicht das getan hatte, was mir aufgetragen worden war. Wieder rief ich Virgil an und er sagte: »Meine Liebe, ich bin gerade in einem Meeting. Ich kann jetzt wirklich nicht reden. Geh an einen Automaten, heb die fehlenden 40 Dollar ab und gib sie ihr. Mach's gut!« Was war das für ein Ehemann, der seine irre Frau dazu ermutigte, einer Fremden Geld zu schenken? Ich saß da und dachte: »*Na toll, Virgil, das hilft mir jetzt auch nicht weiter.*« Es gab tausend Gründe, warum ich kein solches Trinkgeld geben konnte. Die Stromrechnung war fällig. Wir brauchten neue Vorhänge für das Schlafzimmer. Jamie und Sabyre hatten ein Anrecht auf ihr Taschengeld. Warum sollte ich einer Fremden Geld geben, das ich selber nicht hatte?

Und trotzdem – da war immer noch dieses Anstupsen. Es ging nicht mehr weg. Schließlich rief ich noch einmal Virgil an.

»Tu einfach, was Gott dir sagt«, meinte er. Nicht ärgerlich, ohne sich einzumischen, ein ganz ruhiger und eindeutiger Rat.

Virgil wusste, dass wir nicht viel Geld übrig hatten, aber es schien ihm egal zu sein. Er betrachtete es nicht als seine Entscheidung. Er überließ das Ganze Gott. Oder zumindest sah er das so. Ich brachte es nicht über mich, den Zündschlüssel zu drehen und wegzufahren.

Stattdessen nahm ich Sabyre an die Hand, marschierte hinüber zum Geldautomaten und hob 40 Dollar ab. Ich stapfte zurück ins »Pizza Hut«, verärgert über die ganze Situation. Ich dachte: *Na, wenigstens habe ich jetzt einen großartigen Auftritt.* Was mir einen weiteren Gedanken durch den Kopf schießen ließ.

Sag ihr, von wem das Geld kommt.

Zu diesem Zeitpunkt fühlte ich mich nicht nur so, als würde ich den Verstand verlieren, ich sah vermutlich auch so aus. Den ganzen Weg bis zu »Pizza Hut« rang ich mit mir. »Na toll, ich soll nicht nur Geld verschenken, sondern auch noch hineingehen und sagen: »Oh, hi, das hier kommt von Gott«? Der Drang, einfach kehrtzumachen, war stark, aber ich ging hinein und entdeckte unsere Bedienung in der Nähe der Kasse. Ich holte tief Luft und sagte: »Okay, bringen wir's hinter uns.«

Die Bedienung schien verwirrt, uns zu sehen.

»Hi, ich habe eben ein Trinkgeld gegeben, aber es war nicht der richtige Betrag«, erklärte ich.

Die Bedienung griff in ihre Schürze und versuchte, mir die zehn Dollar zurückzugeben.

»Nein, nein, so meine ich das nicht«, sagte ich. »Ich habe zu wenig gegeben.« Dann reichte ich ihr die 40 Dollar in bar und fügte hinzu: »Gott hat mich damit beauftragt.«

Sie starrte mich an. »Wie bitte?«

Einfach zu verstehen war das natürlich nicht.

»Gott hat mich gebeten, Ihnen das zu geben«, wiederholte ich so laut, dass andere Mitarbeiter und Gäste zu mir herüberstarrten. Und ich fühlte, wie mein Gesicht die Farbe einer Tomate annahm.

Die Bedienung sah auf das Geld in ihren Händen und schien vollkommen fassungslos. Schließlich, nach einigen Sekunden, schrie sie: »Oh, mein Gott!«

»Ja«, sagte ich, »genau.«

Ich griff Sabyre und ging hinaus, aufgewühlt und verwirrt. Ich war mit Sicherheit keine freudige Spenderin, das ist mal sicher. An diesem Abend und am nächsten Tag dachte ich viel darüber nach, was passiert war, und versuchte, einen Sinn darin zu erkennen, und als mir das nicht gelang, versuchte ich, es zu vergessen. Aber drei Tage später, als ich meine Schüler in die Pause entließ, bekam ich einen Anruf von Virgil. Das Erste, was er sagte, war: »Setz dich bitte zuerst hin.«

Mein erster Gedanke war: *Oh, fantastisch, er hat seinen Job verloren und ich habe gerade 50 Dollar verschenkt.* Aber das war es nicht.

»Ich habe mich gerade mit dem Manager von »Pizza Hut« unterhalten«, sagte Virgil. »Er hat von dieser Frau erzählt, die hereinkam und einer Bedienung ein Trinkgeld von 50 Dollar in die Hand gedrückt hat. Ich sagte: Das war meine Frau.«

Es stellte sich heraus, dass der Ehemann der Kellnerin gerade seine Arbeit verloren hatte und sie es sich nicht leisten konnten, ihre beiden Kinder zum Erntedankfest zu sich einzuladen. Also betete sie zu Gott, sie irgendwie in ihrer letzten Schicht 100 Dollar verdienen zu lassen. Aber ihre Arbeitszeit war beinahe zu Ende und bis dahin hatte sie erst 50 Dollar zusammenbekommen. Ihre Kinder würden sie zum Erntedankfest nicht besuchen können.

Und in diesem Moment kam ich herein – ihre letzte Kundin an diesem Tag. Und dank des großzügigen Trinkgelds konnte sie nun ihre Kinder einladen.

Als ich diese Geschichte hörte, war ich sprachlos. Das konnte kein Zufall sein. »Also gibt es dich wirklich«, sagte ich zu Gott. »Ich habe jedenfalls keine andere Erklärung.« Endlich hatte ich den Beweis, nach dem ich mich all die Jahre so sehr gesehnt hatte. Gott, wer hätte das gedacht, war wirklich existent und mich erfüllte eine immense Erleichterung und Freude.

Oder zumindest tat es das für die folgenden drei oder vier Tage.

Danach spürte ich, wie meine Gewissheit allmählich verblasste. Ich konnte nicht glauben, dass Gott so arbeitete – indem er Leute in »Pizza Huts« anstupste. Ich kehrte zu dem Glauben zurück, dass das alles ein großer, ärgerlicher Zufall gewesen war.

Und so ließ ich mir Gott wieder durch die Finger gleiten.

Wenn ich heute an den Zwischenfall zurückdenke, merke ich, welche unglaubliche Geduld Gott mit mir gehabt hat. Immer wieder hat er zu mir gesprochen. Er hat meine Gebete beantwortet und mir Beweise für seine Existenz gegeben, und jedes Mal tat ich es als Zufall ab. Gott hatte mich sogar dazu benutzt, die Gebete von jemand anderem zu beantworten, und anstatt das anzuerkennen, gab ich mir ein kleines

Schulterklopfen für meine gute Tat – obwohl es in Wahrheit überhaupt nichts mit mir zu tun hatte. In Wahrheit war ich gar nicht ganz gehorsam gewesen, als ich das Trinkgeld gegeben hatte. Die Bedienung in »Pizza Hut« hatte dafür gebetet, an diesem Tag 100 Dollar zu verdienen, und am Ende hatte sie diese Summe und dankte Gott dafür. *Aber* Gott wollte nicht, dass ich ihr nur 50 Dollar gab. Er hatte mich darum gebeten, ihr die ganzen 100 Dollar auszuhändigen. Er wollte *großzügig* sein und das Kind, das er liebte, *reich* beschenken. Er wollte *mehr* geben als das, worum sie gebeten hatte. Ich glaube, manchmal will Gott seinen Segen viel üppiger verteilen, als wir es erwarten. Nur manchmal stehen wir uns dabei selbst im Weg.

~

Mein wunderbarer Ehemann Virgil vermittelte mir bei all den Träumen und Ängsten und bei dem Anstupsen eine unumstößliche Sicherheit. Für mich war er stets der Fels in der Brandung und er verstand es, das Dramatische zu entschärfen, das durch mein Leben wirbelte. Er wurde nie müde, all meine Fragen über Gott zu beantworten – und er versuchte nie, mir seinen eigenen Glauben überzustülpen. Er gab mir lediglich Einblick in seine unglaublich starken Überzeugungen und wartete geduldig darauf, dass ich damit irgendwie klarkam.

Wir waren etwa fünf Jahre verheiratet, als ich Virgil eines Tages in der Küche aus heiterem Himmel mit einer Frage überfiel.

»Wenn es möglich wäre, würdest du ein Kind haben wollen?«

Ein Kind mit Virgil zu bekommen, war nicht mehr ganz einfach. Nach Sabyres Geburt hatte ich eine Eileiterverstopfung erlitten – das bedeutet, dass die Eileiter abgebunden worden waren und ich keine weiteren Kinder bekommen konnte. Ich hatte dem zugestimmt, weil ich mir keine weiteren Kinder wünschte, die nicht aus einer stabilen Liebesbeziehung stammten – und damals gab es in meinem Leben darauf nicht viel Hoffnung. Als wir heirateten, wusste Virgil, dass ich keine Kinder mehr bekommen konnte. Er liebte mich trotzdem genug, um mich zu heiraten.

Aber jetzt fühlte ich mich irgendwie schuldig, ihm kein Kind mehr schenken zu können. Ich sah, was für ein toller Vater er für Jamie und Sabyre war, und es schmerzte mich, dass wir nicht gemeinsam einen Sohn oder eine Tochter haben konnten. Ich meine, Jamie und Sabyre waren in jeder Hinsicht auch seine Kinder, nur hatte er sie nicht von Anfang an erlebt – die Geburt, die ersten Jahre und all die großartigen Erlebnisse in dieser Zeit.

Eines Tages, nachdem ich meine Zähne geputzt hatte, setzte ich mich auf den Rand der Badewanne und begann, mit Gott darüber zu reden. »Gott, ich weiß dass ich kein weiteres Kind verdiene«, sagte ich, »aber bestrafe bitte nicht Virgil dafür, was ich getan habe. Er ist so ein wunderbarer Vater.«

Dies war der Beginn einer ganzen Reihe von Vereinbarungen, die ich mit Gott traf, eine Testserie, mit der er mir beweisen konnte, dass es ihn gab. Ich wollte glauben – ich *sehnte* mich danach zu glauben –, aber ich war immer noch weit vom wahren Glauben entfernt. Ich war die ultimative Zweiflerin, verlangte Beweise, stellte Bedingungen und forderte Gott heraus. Ich weiß nicht, warum ich dachte, dass ich ein Anrecht darauf hätte. Gott schuldete mir schließlich nichts – in Wahrheit war ich es, die ihm gegenüber Fehler zu verantworten hatte. Trotzdem setzte ich ihm in unseren Unterhaltungen eine Hürde nach der anderen vor. Sein Anstupsen im »Pizza Hut« war längst vergessen.

Ungefähr eine Woche nach dem Gebet im Badezimmer erhielt ich auf der Arbeit eine Spammail von einer Kinderwunschklinik in Oklahoma City. Ich wusste, dass wir uns so etwas nicht leisten konnten – die Behandlung kostete ca. 35 000 Dollar – aber weil der erste Termin laut Werbemail kostenlos war, vereinbarte ich ihn. In der Klinik waren die Ärzte freundlich und wunderbar, aber sie sagten uns, dass sie immer nur wenige Patienten aufnehmen könnten und für die nächsten Monate seien sie vollständig ausgebucht. Nun ja, eine weitere Enttäuschung – es war aber nicht weiter schlimm. Virgil und ich waren bereits halb aus der Tür, als ich jemanden sagen hörte: »Warten Sie.«

Während unseres einführenden Gesprächs hatte ein anderes Paar seinen Termin abgesagt und wir konnten kurzerhand einspringen, wenn wir das wollten. Nicht nur das, sondern auch die Kosten waren erheblich geringer, als ich zuerst gedacht hatte. Wenn wir knauserten und sparten, konnten wir es uns vielleicht leisten. Virgil und ich sahen einander an und auf seinem Gesicht erschien ein breites Lächeln. Wir wussten sofort, wie wir uns entscheiden würden.

Die nächsten Monate waren vollgestopft mit Versuchen, Tests und Terminen in der Klinik. Geplant war, Eizellen und Sperma zu entnehmen und einen Embryo im Reagenzglas zu zeugen. Der Embryo würde im Labor einige Tage beobachtet werden, ehe er dann in meine Gebärmutter eingesetzt wurde. Wir bekamen Bilder gezeigt von Eizellen, die sich im Reagenzglas teilten, und wir nannten die Fruchtbarkeitsspezialisten unsere Babysitter.

Letzten Endes, nach mehreren Wochen, bekam ich befruchtete Eizellen eingesetzt und danach musste ich nach Hause gehen und die Füße zwei Wochen lang hochlegen, bevor ich wusste, ob ich schwanger war. Es gab keine Garantie dafür und ich wusste, dass viele Frauen jahrelang Kinderwunschbehandlungen machten, ohne dass es je klappte. Diese ersten Tage nach dem Eingriff waren eine Qual. Dass ich in dieser Zeit eine kleine Unterredung mit Gott hatte, ist wohl wenig verwunderlich.

»Wenn es dich wirklich gibt«, forderte ich ihn auf, »dann mach, dass ich schwanger werde.«

Einen Tag bevor die zwei Wochen um waren, konnte ich nicht länger warten. Ich sollte den Schwangerschaftstest eigentlich in der Klinik machen, damit sie mich dort betreuen konnten, falls er negativ ausfiel. Aber ich konnte es keine Sekunde mehr länger aushalten. Ich machte den Test zu Hause und schloss mich ins Badezimmer ein. Ich betrachtete den Streifen und wartete auf das Erscheinen eines Symbols.

Und was sich zeigte, war – ein kleines, schlichtes Pluszeichen.

Ich rief den Reproduktionsmediziner in der Kinderwunschklinik an und fragte, ob das positive Testergebnis falsch sein konnte. Er sagte, es gäbe keine falschen Positivergebnisse, nur falsche Negativergebnisse. Dann stimmte es also – ich war tatsächlich schwanger.

Ich war schwanger!

Wenig später traf ich Virgil im Wohnzimmer und sagte ihm beiläufig: »Ach übrigens, wir bekommen noch ein Kind« – als würde ich über eine Einkaufstasche reden, die ich im Laden stehen gelassen hatte. Ich habe das manchmal, dass ich gefühlsmäßig zumache, wenn ich sehr aufgeregt bin – vermutlich eine Art Schutzmechanismus. Es gibt viele Gelegenheiten, bei denen ich die Beherrschung verliere, aber manchmal, wenn ich eigentlich aus der Haut fahren müsste, bin ich vollkommen ruhig und gefasst, in meiner eigenen Welt. Dies war seltsamerweise so eine Situation. Virgil hingegen verlor die Fassung. Er umarmte und küsste mich und sagte mir, wie sehr er mich liebte. »Ich bin so, so glücklich.«

Einige Tage später redete ich wieder mit Gott.

»Wenn es Zwillinge sind«, sagte ich, »*dann* weiß ich, dass es dich wirklich gibt.«

~

Nachdem eine Blutuntersuchung meine Schwangerschaft bestätigt hatte, ließen wir einen Ultraschall machen. Die Schwester drehte den Monitor, damit wir das Wunder in meinem Bauch besser sehen konnten. Nach ein oder zwei Minuten entdeckte sie etwas und sagte: »Okay, hier ist euer Baby.« Mein Herz setzte für einen Moment aus, aber dann war ich dankbar, dass wenigstens eins der Embryos es geschafft hatte. Und dann meinte die Schwester: »Warten Sie – da ist noch ein zweites Baby.« Ich verbarg mein Gesicht in den Händen und begann zu weinen.

Virgil sah die Schwester an und antwortete: »Okay, Sie können jetzt aufhören zu zählen.«

Der nächste Handel, den ich mit Gott gemacht hatte, hatte mit dem Geschlecht der Kinder zu tun.

»Wenn es ein Junge und ein Mädchen ist, dann weiß ich, dass es dich wirklich gibt«, hatte ich zu ihm gesagt. Und nach fünfzehn Wochen zeigte der Ultraschall, dass ich einen Jungen und ein Mädchen in mir trug. Trotzdem hörte ich nicht auf, mit Gott zu handeln. »Wenn das eine grüne Augen hat und das andere blaue, dann weiß ich, dass es dich wirklich gibt.« Das klingt langsam lächerlich, oder? Irgendwann verlangte ich von Gott, dass er mir half, einen bezahlbaren Familienbus mit geringem Kilometerstand zu finden und einen DVD-Player für die Kinder. Der erste Autohändler sagte mir, dass wir für den Preis nichts finden würden. Beim zweiten hatten wir Glück.

»Komm schon, Virgil, das ist doch bloß Zufall«, sagte ich. »Günstige Autos gibt es immer irgendwo.«

»Gott erhört deine Gebete und du willst es einfach nicht glauben«, sagte Virgil.

Als ich einer Freundin erzählte, wie empfänglich Gott für meine Gebete zu sein schien, sagte sie: »Könntest du so freundlich sein und Gott um ein paar Dinge bitten, die ich dringend brauche? Ich habe noch nie jemanden gesehen, der seinen Willen so leicht bekommt wie du.«

Trotzdem war mein größter Wunsch etwas, was ich nicht hatte. Ich wollte *glauben* können.

Aber dann, als ich in der fünfundzwanzigsten Woche war, spürte ich plötzlich einen heftigen Schmerz im Unterleib.

~

Virgil brachte mich auf dem schnellsten Wege zum Arzt. Dieser sagte mir, dass ich Wehen hätte. Er verabreichte mir einen Wehenhemmer, damit die Muskelkontraktionen aufhörten. Es funktionierte und der Arzt sagte, ich sollte ruhig im Bett liegen bleiben, und schickte mich wieder nach Hause. Den folgenden Monat verbrachte ich im Liegen, sah sämtliche TV-Shows und beobachtete, wie meine winzigen Babys sich in meinem Bauch bewegten. Alles war gut, bis Virgil eines Tages damit begann, den Küchenboden neu zu verfliesen. Bevor er anfing, fragte er: »Liebling, ist alles in Ordnung bei dir? Das hier wird mich eine Weile in Anspruch nehmen.« Ich versicherte ihm, dass es mir gut ging, und sagte, er solle sich an die Arbeit machen. Er streifte seine Knieschoner über und begann, Mörtel anzusetzen.

Er hatte kaum seine erste Fliese in die Hand genommen, als ich sagte: »Ah, ich fürchte, du musst mich ins Krankenhaus bringen.« Ich hatte vorher schon leichte Krämpfe gehabt, aber nun wurden sie stärker und regelmäßiger, bis eine Wehe kam, die sich anfühlte, als hätte ich einen Tritt von einem Fußballspieler bekommen. »Crystal, ich habe gerade mit den Fliesen angefangen!«, rief Virgil, aber er verschwendete keine weitere Sekunde und brachte mich ins Krankenhaus.

Die Ärzte untersuchten mich eine ganze Weile, entließen mich dann aber wieder nach Hause. Aber so gegen 22 Uhr, während Virgil noch schnell ins Einkaufszentrum gefahren war, um weiteres Material für die Fliesen zu kaufen, kollabierte ich im Badezimmer mit den furchtbarsten Schmerzen, die ich bis dahin erlebt hatte. Das fühlte sich nicht an wie ein Krampf oder eine Muskelkontraktion – sondern so, als wäre etwas schiefgegangen. Ich rief Virgil an und er kam nach Hause gerast. Er packte mich ins Auto und mit Höchstgeschwindigkeit ging es weiter in die Notaufnahme. Dort platzte eine meiner Fruchtblasen. Ich war erst in der neunundzwanzigsten Woche.

Mein Arzt orderte einen Rettungswagen für einen Krankentransport und überwies uns in die Universitätsklinik nach Oklahoma City. Virgil konnte nicht mit mir fahren, also folgte er uns in dem neuen Wagen, für den ich gebetet hatte. Die Schmerzen wurden schlimmer und der Sanitäter, der im Rettungswagen neben mir saß, redete mit sanfter, leiser Stimme auf mich ein, damit ich ruhig blieb.

»Ich brauche nur etwas gegen diese Schmerzen«, sagte ich. »Bitte geben Sie mir etwas.«

»Es tut mir leid. Wir haben im Rettungswagen keine Schmerzmittel«, antwortete er.

»Was ist das denn für ein Rettungswagen, wenn er nichts gegen Schmerzen hat?«, schrie ich.

Die Fahrt nach Oklahoma City dauerte ewig. Es gab etliche Baustellen und wir mussten ein paar Umleitungen fahren. Dann nahmen wir auch noch irgendwo eine falsche

Abzweigung. Ich erinnere mich, wie ich letztlich schrie: »Ich werde die Babys hier drin bekommen!« Doch die Sanitäter versicherten mir, dass alles gut würde.

»Wie vielen Kindern haben Sie denn schon auf die Welt geholfen?«, schrie ich, »weil Sie jetzt gleich Geburtshelfer werden.« Der Sanitäter, der neben mir saß, antwortete: »Ich habe schon einmal Hebamme gespielt.«

»Ich noch nicht«, sagte der Fahrer. »Ich fahre nämlich *richtig* schnell.«

Trotzdem bewegten wir uns im normalen Straßenverkehr und waren immer noch weit von der Klinik entfernt. Die Schmerzwellen, die durch meinen Körper brandeten, wurden immer heftiger. Ich hörte mein Handy klingeln, es war Virgil, der vom Auto hinter uns anrief. Er sagte mir, dass er mich liebte und dass alles gut werden würde. Ich hätte ihm gerne geglaubt, aber ich wusste, dass etwas in meinem Bauch nicht in Ordnung war.

Dann klingelte das Telefon wieder. Während der Schmerz mir die Eingeweide herausriss, hauchte ich ein verkrampft leises Hallo. Es war eine Freundin, die sich unterhalten wollte.

»Du glaubst gar nicht, was ich für einen Tag hatte«, sagte sie.

Irgendwie kam ich auf die wahnwitzige Idee, ihr zuzuhören, und dass, obwohl ich selber so schlimm dran war. Doch ich machte dicht, wie immer wenn ich eine emotionale Krise erlebte. Ich weiß nicht mehr, was sie mir erzählt hatte. Vielleicht war sie beim Falschparken erwischt worden oder sie hatte die Wäsche im Waschsalon stehen lassen. Wie dem auch sei. Ich erinnere mich, nach einigen Minuten schließlich gesagt zu haben: »Okay, ich bin gerade im Rettungswagen, ich muss mal Schluss machen.«

Schließlich kamen wir im Krankenhaus an und ein Arzt untersuchte mich. Er schloss mich sofort an eine Magnesiuminfusion an, um die Wehen zu stoppen. Der Muttermund war zum Glück nur einen Zentimeter weit geöffnet, nicht zehn, die ich brauchte, um meine Babys zu gebären. Der Arzt sagte, dass er mich für mindestens sechs Wochen im Krankenhaus behalten wollte, damit ich die fünfunddreißigste Woche erreichte. Das bedeutete, Virgil konnte in dieser Zeit nicht arbeiten gehen, aber was hätten wir in dieser Situation sonst machen sollen? Meine Mutter würde auf die Kinder aufpassen und wir richteten uns auf eine lange Wartezeit ein.

Aber was die Ärzte auch taten, meine Schmerzen wollten einfach nicht verschwinden. Im Gegenteil, sie wurden schlimmer. Ich sagte immer wieder: »Irgendetwas stimmt nicht, es stimmt etwas nicht.« Aber die Ärzte beharrten darauf, dass es lediglich vorzeitige Wehen seien. Schließlich schrie ich nach jeder einzelnen Wehe aus vollem Hals. Ich erinnere mich an Virgils völlige Frustration und wie er seinen Kopf eines Abends auf meinen Bauch legte und einfach weinte. Er hatte den Ärzten Druck gemacht, damit sie herausfanden, was los war, und ich tat dasselbe, aber niemand konnte etwas tun, was meine Schmerzen linderte.

Schließlich war eine der Wehen so grauenhaft, dass ich schrie, bis ich nicht mehr schreien konnte. Meine Mutter, die gerade zu Besuch war, beobachtete, wie die Farbe aus meinem Gesicht wich. Dann sah sie auf den Boden neben meinem Bett.

Dort war eine Blutlache.

Schwestern und Ärzte stürzten in mein Zimmer. Jemand schrie einen Code oder irgend so etwas. Ich sah, wie Virgil in einen OP-Kittel schlüpfte, ehe sie mich aus dem Zimmer rollten, und hörte noch, wie jemand sagte: »Betäubt sie.« Dann kam die Maske auf mein Gesicht herab und danach weiß ich nichts mehr.

Als ich wieder erwachte, befand ich mich wieder im Krankenhauszimmer und Virgil stand neben mir. Ich war erschöpft und verwirrt. Es dauerte einen ganzen Moment, bis mir klar wurde, dass ich nicht wusste, ob meine Babys noch lebten oder nicht. Ich suchte in Virgils Gesicht nach Anzeichen von Trauer oder Panik und traute mich kaum, die Frage zu stellen.

»Alles ist okay«, sagte Virgil. »Die Babys sind hier. Sie sind wirklich klein, aber sie sind hier.«

~

Es hatte also doch ein Problem gegeben. Die Schmerzen rührten nicht nur von den Wehen her. Ich hatte eine Plazentaablösung, was bedeutet, dass sich der Mutterkuchen von meiner Gebärmutter abgelöst hatte. Die Ärzte hatten geglaubt, dass uns noch viel Zeit bliebe, bevor die Geburt wirklich losging, weil der Muttermund nur zwei Zentimeter geöffnet war, als sie ihn kontrollierten. Aber er öffnete sich innerhalb von einer Stunde bis auf zehn und diese kleinen Babys kamen heraus. Die Ärzte gerieten in Panik, als sie die Herzschläge der Föten nicht mehr auf dem Monitor sehen konnten, und brachten mich sofort in den Operationssaal. Unsere Babys kamen dann per Kaiserschnitt auf die Welt.

Virgil hatte nicht gelogen, als er sagte, dass sie klein seien. Der Junge, den wir Micah nannten, wog nur anderthalb Kilogramm und das Mädchen, Willow, nur 900 Gramm. Wie üblich bei neugeborenen Babys erhielten die beiden den sogenannten Apgarwert, eine Einschätzung ihrer Gesundheit und Lebensfähigkeit auf einer Skala von eins bis zehn. Eine Null bedeutete, dass sie tot waren. Willow bekam eine Sechs, Micah nur eine Eins.

Unsere Babys sahen nicht nur zerbrechlich aus, sie waren es auch.

Sie kamen in getrennte Brutkästen auf die Frühchenstation. In jedem Raum befanden sich nur zwei Babys, die rund um die Uhr betreut wurden.

In der zweiten Nacht hörten wir, dass ein Alarm ertönte. Virgil und ich sahen uns an; wir wussten, was das bedeutete. Es war eine Tornadowarnung. Tornados kommen in Oklahoma aus dem Nichts und manchmal hat man nur wenige Minuten Zeit, um sich an einen sicheren Platz zu begeben. Wir konnten hören, wie der Regen gegen die Fenster prasselte. Wir hatten keine Ahnung, wie der Plan des Krankenhauses bei Tornados aussah, also gingen wir nach oben auf die Frühchenstation. Die Babys waren die empfindlichsten Patienten im ganzen Krankenhaus, deshalb gab es die Anweisung, sie nicht fortzubewegen, wenn es nicht unbedingt notwendig war.

Aber dann wurde das Regengeräusch draußen lauter und plötzlich fing das Wasser an aus der Decke zu tropfen, direkt über Willows Brutkasten. Sechs Schwestern stürzten herein, stöpselten hektisch die Brutkästen ab und schoben sie in eine trockene Ecke. »Das ist noch nie passiert«, versicherte eine der Schwestern. Virgil und ich warfen uns einen Blick zu und fingen wie auf Kommando an zu lachen. So machen wir das ja bekanntlich in meiner Familie oft – wir lachen, statt zu weinen. Unsere winzigen Zwillinge waren verletzlich genug, auch ohne dass zusätzlich ein Tornado ins Spiel kam. Und trotzdem musste das passieren – der Regen drang in die Frühchenstation ein. Was sollte man da tun außer lachen? Schließlich zog der Tornado weiter, der Regen hörte auf und in der Frühchenstation kehrte wieder Normalität ein.

Den Moment, als ich die Zwillinge das erste Mal zu Gesicht bekam, werde ich nie vergessen. Es war eine Mischung aus Freude und Schrecken, so klein und zerbrechlich waren sie. Meine Zwillinge waren nicht viel größer als ein Flip-Flop-Schuh und trotzdem hingen eine Unmenge von Schläuchen und Kabeln an ihren Körpern. Sie waren so winzig, dass selbst die kleinste Windelgröße ihnen noch *viel* zu groß war. Die Windeln mussten für sie umgeschlagen und doppelt gelegt werden, damit sie nicht vollständig darin verschwanden. Sowohl Micah als auch Willow hatten so winzige Manschetten der Blutdruckmessgeräte um ihre feingliedrigen Handgelenke – so klein, dass sie nicht einmal um meinen kleinen Finger gepasst hätten. Aber am schlimmsten war, dass die Zwillinge keinerlei Lebenszeichen von sich gaben. Weder schrien sie noch zuckten sie oder bewegten ihre Hände oder Beine. Nie öffneten sie ihre Augen oder gaben einen Laut von sich. Wir durften sie nicht herausnehmen, aber wir konnten unsere Hände durch einen Schlauch in den Brutkasten schieben und sie berühren. Eine Schwester sagte uns: »Nur berühren, nicht reiben, sonst löst sich die Haut ab.«

Die nächsten Tage waren ein Albtraum. Ich bat die Ärzte und Schwestern, uns eine Prognose zu geben, aber niemand konnte uns etwas Konkretes sagen. Ich hielt Ausschau nach einem winzigen Hoffnungsschimmer, aber die Krankenhausangestellten hüteten sich davor, uns einen zu geben. Wir hörten nur: »Wir können keine Vorhersage machen« und: »Es ist noch zu früh, darüber zu reden«, immer und immer wieder. Spezialisten gingen ein und aus und immer noch bekamen wir keine Antwort. Also klammerten wir uns an die winzigsten Anzeichen. »Die ersten vierundzwanzig Stunden sind ein wichtiger Meilenstein«, sagte uns ein Arzt und wir fanden es sehr erleichternd, dass unsere Zwillinge es bereits bis zum zweiten Tag geschafft hatten. Eine Schwester versicherte uns, dass sie bereits noch kleinere Babys in der Frühchenstation gesehen hatte. Mit dieser Information fühlten wir uns ein wenig besser, obwohl noch kleinere Babys als unsere für mich unvorstellbar waren.

Die Frühchenstation wurde in den kommenden Wochen und Monaten zu unserem Lebensmittelpunkt. Ich hatte mich noch nicht vollständig von der Schwangerschaft erholt, deshalb war es wichtig, dass ich viel ruhte. Trotzdem versuchte ich, so oft wie möglich in der Frühchenstation zu sein. Später, nachdem ich entlassen worden war, hielten Virgil und ich so gut es ging die Stellung. Hin und wieder schlichen wir uns davon, um zu duschen oder im Haus meines Bruders in Oklahoma City, wo wir untergekommen waren, einige Stunden zu schlafen.

Wir waren nicht die einzigen ängstlichen Eltern dort. Wir lernten einige andere Leute kennen, die dieselbe Prüfung durchliefen. Wir sahen Eltern und Verwandte, die sich im Warteraum die müden Augen rieben, so wie wir, und wir sahen, wie sie in ihre Kittel schlüpften, damit sie hineingehen und ihre Kinder sehen konnten.

Irgendwann in unserer zweiten Woche beobachteten wir, wie eine ganze Familie zusammen hineinging. Wir wussten, wenn mehr als zwei Personen hineingelassen wurden, bedeutete das, dass das Baby starb. Sie weinten und umarmten sich und ich brach auch in Tränen aus, als ich sie diesen kurzen, traurigen Weg in den Raum antreten sah, in dem sie sich verabschieden mussten.

In diesem Moment, da auf der Frühchenstation, wurde mir blitzartig bewusst, dass auch ich *irgendwann an der Reihe sein könnte.*

Der Gedanke daran erfüllte mich mit Trauer und Sorge, aber ich konnte ihn nicht mehr aus meinem Gehirn bannen. Plötzlich dachte ich, Jamies Unfall war gar nicht meine Strafe gewesen. Nein, dies hier sollte meine Strafe sein. Wie lange würde es dauern, bis auch ich in meinen Kittel schlüpfen und mit meiner weinenden Familie hineinschlurfen musste, um meinen

Kindern Lebewohl zu sagen? Wann würde es so weit sein – am nächsten Tag? In zwei Tagen? In einer Woche?

Und im selben Moment, ironischerweise, war mein Glaube an Gott stärker als je zuvor. Endlich schien er mir real – endlich konnte ich an ihn glauben. *Ja, Gott existiert*, dachte ich. *Und er ist ein strafender Gott.*

Zu dieser Zeit hatten sowohl Virgil als auch ich aufgehört, für das Überleben der Zwillinge zu beten. Am Anfang hatten wir viel gebetet: Virgil auf seine ruhige Art und ich mit meiner Unsicherheit. Aber dann hatten wir das Beten eingestellt, wenn auch aus sehr unterschiedlichen Gründen. Virgil, weil er entschieden hatte, die ganze Situation Gott zu überlassen. »Dein Wille geschehe«, hatte er in der zweiten Woche gesagt.

Und ich? Ich hatte aufgehört, weil ich meine Unterhaltungen mit Gott satthatte. Zuerst hatte ich ihn gebeten, meine Babys zu verschonen, aber irgendwann war ich zu Drohungen übergegangen. »Wenn du eines meiner Babys nimmst, werde ich dich für immer hassen«, sagte ich genauso wie: »Ich werde nie, nie wieder mit dir reden«. Aber jetzt, nach meinem Aha-Erlebnis auf der Frühchenstation, dass mich ihr Verlust irgendwann treffen könnte, schien mir diese Drohung gegenstandslos. Gott würde sowieso tun, was er wollte.

~

In den ersten zwölf Tagen durften wir Micah und Willow nicht im Arm halten. Wir konnten nur in die Brutkästen hineinfassen und dabei helfen, ihre Windeln oder ihr Bettzeug zu wechseln, aber das war auch alles. Manchmal schienen sie kaum lebendig zu sein: kein Lächeln, keine Geräusche, nichts. Nur zwei blasse, winzige Wesen, die ums Überleben kämpften.

Dann, am dreizehnten Tag, kam eine Schwester auf die Frühchenstation und sagte: »Okay, sind Sie bereit für die ›Känguru-Methode‹?«

Die Schwester erklärte uns, dass die Babys kräftig genug seien für eine kleine Känguru-Zeit. Das bedeutet, dass die Winzlinge ihrer Mutter oder ihrem Vater auf die Brust gelegt werden, Haut an Haut, für ein oder zwei Stunden. Dadurch bekommen die Kinder ein Gefühl für die Wärme und Nähe der Eltern, was gut für die Entwicklung der Babys sein soll und was *definitiv* gut für die Eltern ist. Weder Virgil noch ich hatten damit gerechnet, insofern standen wir plötzlich unter einem glücklichen Schock.

Wir saßen in bequemen Sesseln und warteten darauf, dass die Schwester die Zwillinge hereinbrachte. Zuerst legte sie Micah auf Virgils Brust. Dann nahm sie Willow aus ihrem Brutkasten und brachte sie zu mir. Kurz bevor sie sie auf mich legte, geriet ich in Panik.

»Ich kann das nicht«, sagte ich. »Sie ist zu klein. Bitte, ich kann das nicht.«

»Das geht schon«, sagte die Schwester. »Probieren Sie es mal.«

Sie legte diesen kleinen Hauch von Mensch auf meine Brust, dicht an meinen Hals. Ich berührte mit der Hand ihren winzigen Rücken. Es war das erste Mal, dass ich meine Tochter auf meiner Haut gespürt habe. Ich konnte nicht glauben, dass ich endlich eines meiner Babys hielt, und wischte meine Tränen ab, damit sie nicht auf Willow fielen. Ich hielt sie zwei Stunden lang so, beobachtete, wie sich ihr Körper mit meinem Atem auf und ab bewegte. Sie machte nichts, außer zu schlafen und ab und zu zu zucken, aber das war nichts, schlimm. Ich hatte sie jetzt bei mir und während der Känguru-Zeit ließ die entsetzliche Angst in meinem Inneren mehr und mehr nach.

Es stimmt zwar, dass Willow nicht viel tat, während ich sie hielt; sie hielt die Augen meistens geschlossen. Aber einmal öffnete sie sie ein kleines bisschen. Und in diesem Moment warf ich einen schnellen Blick hinein; und dasselbe tat ich, als ich Micah später hielt.

Und so fand ich heraus, dass Willow grüne Augen hatte und Micah blaue.

Die Frage

Im Himmel, im Beisein Gottes, brauchte ich auf viele Fragen, die ich an ihn hatte, keine Antworten mehr.

Konnte er das Böse in dieser Welt nicht verhindern?

Warum war er so ein strafender Gott?

In seiner Gegenwart wusste ich augenblicklich, dass sein Plan für uns perfekt ist, auch wenn unangenehme Dinge passieren und wir den Grund dafür nicht verstehen.

Aber ich hatte eine Frage, die ich ihm stellen musste, und sobald ich mich in seiner Nähe befand, platzte ich damit heraus: »*Warum habe ich nicht mehr für dich getan?*«

Zwischen uns entstand keine Frage-Antwort-Situation, so wie wir sie üblicherweise kennen. Vielmehr tauschten wir uns einfach darüber aus, mühelos und spontan. Das Ganze hatte dieselbe Leichtigkeit und Vollkommenheit der Kommunikation, wie ich sie mit meinen Engeln erlebt hatte. Und durch diesen Kanal, der mich nun mit Gott verband und den Austausch zwischen uns ermöglichte – und mich mehr und mehr mit seiner Liebe erfüllte –, wurde ich demütig. Ich hatte einfach diese Unzulänglichkeit während meiner Zeit auf der Erde einzuräumen. Und es war eine tiefe und absolute Unterwerfung, ein herzzerreißendes und überwältigendes Eingeständnis, dass ich Fehler gemacht hatte. Als würde ich weinen und zu seinen Füßen niederknien und ihn mit jeder Faser meines Wesens anflehen: »*Warum? Warum? Warum habe ich nicht mehr für dich getan? Warum habe ich in deinem Namen nicht mehr zustande gebracht? Warum habe ich nicht mehr über dich geredet? Warum habe ich nicht getan, was du mir aufgetragen hast?*«

Es war nicht so, dass ich Reue fühlte. Reue ist ein negatives Gefühl und das gibt es im Himmel nicht – es war nur so, dass ich Gott so unvorstellbar liebte, dass er so viel mehr von mir hätte bekommen können.

Aber Gott wollte nicht, dass ich mich deswegen schlecht fühlte. Im Himmel gibt es keine unangenehmen Gefühle. Ich bekam folglich keine Antwort auf meine Frage, weil das gar nicht nötig war. Obwohl ich auf der Erde etwas ganz anderes geglaubt hatte, wusste ich sofort, dass Gott uns nicht bestraft. Er liebt uns.

Und ich begriff, dass ich Gott nicht einfach nur liebte.

Ich begriff, dass Gott selbst die Liebe ist.

Dann bewegten wir vier – Gott, meine zwei Engel und ich – uns in einen Tunnel hinein. Er war wie eine großartige Passage, voll an blendender, wirbelnder und schimmernder Herrlichkeit, die mich von allen Seiten umgab. Ich hatte gehört, dass etliche Leute, die gestorben sind und eine Nahtoderfahrung gemacht hatten, später erzählten, dass sie sich in einem lichterfüllten Tunnel wahrgenommen haben. Nun konnte ich nachvollziehen, woher ihre Schilderung kam. Es gab einfach keine Ähnlichkeit mit irgendeinem anderen Tunnel auf Erden.

Ich spürte wie die Herrlichkeit mich umschloss und gleichzeitig leitete – zu etwas hin. Und bald sah ich am Ende des Tunnels die Anwesenheit eines viel helleren Lichts – noch intensiver, lebendiger, goldener und schöner als die ganze Helligkeit zuvor.

Mir wurde augenblicklich bewusst, was diese Helligkeit bedeutete: Ich befand mich am Eingang zum Himmel.

Zwischen mir und Gott gab es dann so etwas wie ein inneres

Einverständnis. Die ganze Zeit war der Kanal, der uns miteinander verband, offen gewesen. Wir sprachen miteinander, aber nun kam eine besonders wichtige Botschaft.

In dem Moment, als ich die Pforte zum Himmel sah, sagte Gott: »Wenn wir dort hineingegangen sind, kannst du nicht mehr zurück.«

Ich verstand, welchen Punkt wir erreicht hatten, und das erfüllte mich mit einer solchen Aufregung und Erwartung, dass ich es kaum aushalten konnte.

Aber im selben Augenblick sah ich meine vier Kinder vor mir.

Ich weiß nicht genau, wie ich sie gesehen habe; jedenfalls waren sie plötzlich sehr präsent. Alle vier – Jamie, Sabyre, Micah und Willow – standen mir lebhaft vor Augen. Vielleicht lag es daran, weil ich nun den Punkt erreicht hatte, an dem ich nicht mehr zurückgehen und sie noch einmal auf Erden sehen konnte.

Aber in demselben Moment, in dem meine Kinder zu mir kamen, verstand ich auch, dass es ihnen ohne mich gut gehen würde. Gott hatte, wie für jeden von uns, auch für sie einen perfekten Plan – selbst wenn das bedeutete, dass ich nicht mehr bei ihnen sein konnte. Aber ich würde ihnen ja im Himmel wieder begegnen. Nicht dass ich angefangen hätte zu hadern, ich wusste bereits, was ich tun würde. »Wer seinen Vater oder seine Mutter, seinen Sohn oder seine Tochter mehr liebt als mich, der ist es nicht wert, mein Jünger zu sein«, heißt es in Matthäus 10,37. »Wer seinen Sohn oder seine Tochter mehr liebt als mich, der ist es nicht wert, mein Jünger zu sein.« Ich erinnerte mich daran, wie ich in der Kirche eines Sonntagmorgens bei der Lesung dieser Stelle aus der Bibel gedacht hatte: *Ich könnte nie jemanden mehr als meine Kinder lieben.* Das würde ich einfach nicht fertigbringen. Aber in diesem vollkommenen Moment, den Gott für mich geschaffen hatte, verstand ich die Stelle und meine Absicht war vollkommen klar. Ich wusste, nichts sollte zwischen mir und Gott stehen. Gott kommt an erster Stelle und alles andere ist zweitrangig. Und so gab es wieder ein inneres Einverständnis zwischen uns.

»Ich will bei dir bleiben«, sagte ich.

Wir gingen durch den Tunnel auf den leuchtenden Eingang zu. Wir hatten es nicht eilig, nichts drängte uns, alles war herrlich ruhig. Ich wusste, wo ich hinging, und war wie in Ekstase.

Aber dann merkte ich, dass in dem Tunnel noch jemand anwesend war, direkt vor uns. Und mir wurde klar, dass ich jetzt noch nicht durch die Himmelspforte schreiten würde. Denn da war jemand, den Gott mir noch vorstellen wollte.

13. Kapitel

Nach einer Woche auf der Frühchenstation war unser einziger Wunsch, ins sogenannte »Dorf« zu kommen. Das Dorf war eine Abteilung der Kinderklinik, wohin die Babys verlegt wurden, die keine intensive Betreuung mehr brauchen, aber noch nicht kräftig genug sind, um nach Hause entlassen zu werden. Ein Elternpaar nach dem anderen sagte den Schwestern auf der Frühchenstation freudestrahlend auf Wiedersehen und wechselte glücklich hinüber ins Dorf. Wer dort war, hatte sein Baby nicht mehr in einem Brutkasten liegen – und man durfte vierundzwanzig Stunden mit ihm zusammen in einem Raum sein. Wir sehnten uns danach, als die Nächsten zu gehen, aber es schien uns nie zu treffen. Das Dorf wurde unser verheißenes Land.

Tage wurden zu Wochen und die Wochen zu einem Monat. Virgil hatte aufgehört, für die Luftwaffe zu arbeiten, damit er bei uns bleiben konnte, aber seine Krankheitstage und sein Urlaub waren beinahe aufgebraucht. Danach hätten wir kein regelmäßiges Einkommen mehr. Ich sagte Virgil, dass er zurück an seine Arbeit gehen müsse, aber er wollte mich und die Zwillinge nicht alleine lassen. Und ehrlich gesagt wollte ich auch nicht, dass er uns verließ. Wir waren noch nicht über den Berg; kein Arzt hatte uns gesagt, dass unsere Babys es definitiv schaffen würden. Jedes Mal wenn wir einen weiteren Meilenstein erreicht hatten, war irgendein Testergebnis immer noch schlecht oder ein Monitor schaltete sich ab und wir wurden wieder zurückgestoßen in die schreckliche Ungewissheit.

Eines Tages überraschten die Babys uns damit, dass sie aus der Flasche tranken, aber dann hörten sie damit auch wieder auf und mussten durch Schläuche ernährt werden. Sie brauchten auch einige Male Bluttransfusionen, die erste schon kurz nach der Geburt. Es war eine unaufhörliche Achterbahn der Gefühle. Ich wollte zwar nicht, dass Virgil uns verließ, aber ich sah keine andere Möglichkeit. Wir waren am Ende unserer Möglichkeiten.

Da erreichte uns auf einmal eine unglaubliche Nachricht: Virgils Kollegen hatten sich zusammengetan und stellten ihm ihre Krankheitstage und ihren Urlaub einfach so zur Verfügung. Das bedeutete, er konnte noch für mindestens drei oder vier Wochen bei mir bleiben, ohne dass sein Gehalt gekürzt wurde. Damals schien mir das wie ein Segen, der direkt aus den guten Herzen dieser Menschen kam – und so war es natürlich –, aber es war mehr als das, viel mehr. Bis ich diese erstaunliche Geste und das Wort »Segen« wirklich in vollem Umfang begreifen konnte, dauerte es noch eine lange Zeit.

Und dann, eines Morgens, nach fünf Wochen auf der Frühchenstation, teilte eine Schwester uns beiläufig mit, dass wir ins Dorf umziehen durften.

Endlich waren wir diejenigen, die diese Nachricht erhielten!

Die Schwester half uns, unsere Babys das erste Mal in einer kleinen Krankenhauswanne zu baden. Dann zogen wir ihnen ihre kleinen Kleider über ihre vielen Schläuche und

Kabel. *Kommt, Kinder*, dachte ich, *endlich kommen wir hier raus*.

Unser Zimmer im Dorf war klein und einfach eingerichtet – ein Kinderbett, ein Doppelbett, eine Liege und ein Bad – aber uns kam es vor wie ein Palast. Wir konnten die ganze Nacht mit unseren Zwillingen verbringen und sie den ganzen Tag im Arm halten. Das Erste, was mir auffiel, war, dass man hier viel mehr Geräusche hörte. Die Eltern und Schwestern waren fröhlicher und redeten mehr; außerdem konnte man gelegentlich ein Baby schreien hören – das hatten wir auf der Frühchenstation nie erlebt. Eines Tages vernahm ich auf dem Flur einen hohen Babyschrei und rannte in unser Zimmer, um zu sehen, ob es vielleicht Willow oder Micah waren. Aber es war das Baby von nebenan. Ich erinnere mich, wie glücklich ich gewesen wäre, wenn die Zwillinge geschrien oder überhaupt irgendeinen Laut von sich gegeben hätten. Wir warteten auf Anzeichen, dass unsere Babys wieder einen neuen Schritt in ihrer Entwicklung machten – dass sie hier auf dieser Erde sein wollten, bei uns, so wie wir mit ihnen zusammen sein wollten.

Und tatsächlich – dann geschah endlich etwas.

Nach ein oder zwei Minuten an der Flasche schob Willow sie weg, verzog ihre winzigen Augen zu Schlitzen, sah zu mir auf – und lächelte.

Okay, es war nur ein kleines Lächeln, aber es war ganz unverkennbar – ihr allererstes Lächeln! Glücklicherweise hatte ich eine Kamera dabei und machte einen Schnappschuss. Bis heute bewahre ich das Bild an einem besonderen Platz auf, damit ich mich immer daran erinnere, welche Bedeutung ein einziges Lächeln haben kann.

Eine Woche verging, dann noch eine und eine dritte. Der Zustand der Babys verbesserte sich von Tag zu Tag, aber es gab auch weiterhin Rückschläge.

In unserer zehnten Krankenhauswoche konnten die Zwillinge endlich selbstständig Nahrung zu sich nehmen. Der letzte Test, den sie noch vor ihrer Entlassung bestehen mussten, war ihre Tauglichkeit für den Autositz. Sie mussten beweisen, dass sie eine ausreichend lange Zeit in einem Autositz verbringen konnten – zwei volle Stunden. Wenn sie sich zu sehr wanden oder gestresst wirkten, fielen sie durch, und wir mussten noch bleiben. Immerhin brauchte ich mir keine Sorgen machen, dass sie Schreianfälle bekommen würden. Beide Zwillinge hatten angefangen, leise Töne von sich zu geben, und als sie geimpft wurden, stießen sie diese wunderbaren kleinen Schreie aus, die klangen, als würden zwei Kätzchen miauen. Ich fand es natürlich schrecklich, dass sie geimpft werden mussten, aber es war toll, sie endlich schreien zu hören. Trotzdem, keiner von beiden war ein Schreibaby.

An dem Tag, an dem der Test durchgeführt wurde, halfen wir, Micah und Willow in ihren Autositzen festzuschnallen. Aber während Virgil und ich zusahen und uns die Nägel abbissen vor Aufregung, bestanden die Babys den Test mit fliegenden Fahnen. Am folgenden Tag kam der Arzt herein und teilte uns die wunderbare Nachricht mit.

»Herzlichen Glückwunsch, Sie dürfen jetzt endlich nach Hause.«

Bei ihrer Entlassung wogen Micah und Willow beide je etwas über zwei Kilogramm.

Wir setzten die Zwillinge vorsichtig in ihre Autositze und befestigten diese hinten im Wagen. Während der ersten Meilen fuhr Virgil vielleicht 50 Stundenkilometer. Ehrlich gesagt fühlte es sich so an, als ob wir zwei große Eier transportierten und als ob der leiseste Stoß sie zerbrechen könnte. Schließlich nahm Virgil Fahrt auf – und fuhr 75 Stundenkilometer. Ich bin ziemlich sicher, dass er nirgends die erlaubte Geschwindigkeit erreichte. Immerhin hatten wir gerade zehn Wochen lang geschwitzt und auf jede Kleinigkeit geachtet, die für das Leben unserer Babys wichtig schien, also wollten wir jetzt nicht leichtsinnig werden.

Gegen den Tornado, der sich ankündigte, konnten wir allerdings nichts tun.

Bevor wir nach Hause zurückfuhren, hielten wir noch bei Virgils Eltern in Oklahoma City. Wir wollten, dass sie die Babys sahen. Während wir dort waren, raste ein heftiger Sturm über uns hinweg. Virgil und ich überlegten, ob wir die Nacht bei seinen Eltern verbringen sollten, aber da regnete es noch nicht so stark. Wir wollten so gerne wieder nach Hause, also machten wir uns auf den Weg, in der Hoffnung, dass wir den Sturm überstehen würden. Aber, wie ich schon sagte, in Oklahoma können Tornados blitzartig auftreten, praktisch ohne Vorankündigung. Wir waren ungefähr eine halbe Stunde unterwegs, als es richtig losging. Wir erinnerten uns an den furchtbaren Tornado, bei dem es in Willows Brutkasten geregnet hatte – aber der hier war wesentlich schlimmer. Der Regen legte sich auf uns wie ein dunkles Tuch und der Wagen schaukelte nur so im Wind. Ich beugte meinen Körper über die Babys für den Fall, dass die Windschutzscheibe zersplitterte. Ein weiterer Blitz schlug ein und ich begann mir wirklich Sorgen zu machen, dass wir es vielleicht nicht bis nach Hause schaffen würden.

Die Situation wurde so bedrohlich, dass Virgil schließlich am Straßenrand anhielt. Wir fuhren zu einem Straßenlokal namens »Love's« und saßen im Auto, bis der Regen so weit nachließ, dass wir uns hineinretten konnten. Sowohl Micah als auch Willow waren an Überwachungsmonitore angeschlossen, laptopgroße Geräte, die uns anzeigen sollten, wenn einer der beiden aufhörte zu atmen. Wir mussten also mit ihnen hineinrennen und so schnell wie möglich einen Ort finden, an dem wir die Monitore anschließen konnten. Wir stürmten durch die Eingangstür, jeder mit einem Baby unter dem Arm – und rannten gegen eine Gruppe großer, kräftiger Lkw-Fahrer, die dastanden wie eine große Wand.

»Wir müssen unsere Babys anschließen!«, schrie Virgil und drängte sich durch. »Wir müssen unsere Babys anschließen!«

Wir fanden eine Nische mit Steckdosen und waren froh, dem Sturm entkommen zu sein. Anschließend kamen viele der breiten, kräftigen Lkw-Kerle zu uns, um mit den Babys zu schäkern und uns von ihren eigenen Kindern zu erzählen. Es war wieder einer dieser schönen Momente, die mitten im reinsten Chaos entstehen können. Wenn es wirklich hart auf hart kommt, das habe ich in meinem Leben immer wieder erfahren, dann steckt irgendwo darin oft ein wunderbares Abenteuer.

Endlich, nach den längsten zehn Wochen und der längsten zweistündigen Fahrt unseres Lebens, waren wir zu Hause. Wir verbrachten die nächsten Monate damit, alle möglichen Vorkehrungen für die Gesundheit der Zwillinge zu treffen. Besucher hatten sich gründlich die Hände zu waschen, ehe sie die Babys anfassen durften. Und wir befragten jeden, der sich im Radius von einem Kilometer um die Zwillinge bewegte: Läuft deine Nase? Hast du dir die Hände gewaschen? Habe ich dich da gerade husten gehört? Wenn wir die Zwillinge in ihren Wagen herumschoben, deckten wir sie mit einer dünnen Decke zu, um Krankheitserreger fernzuhalten, und wenn irgendjemand versuchte, die Decke anzuheben, um einen kurzen Blick auf sie zu werfen, stopfte Virgil sie sofort wieder fest. Wir waren sicher die seltsamsten Eltern, aber schließlich hatten wir schon eine ganze Menge erlebt. Virgil hatte früher Kung-Fu gemacht und er pflegte zu sagen, dass er davon Gebrauch machen würde, wenn es darum ginge, Keime von unseren Kindern fernzuhalten.

Allmählich entfalteten sich auch die Persönlichkeiten unseres Zwillingspärchens. Micah hatte große, traurige Augen und stets einen Ausdruck von Panik in seinem Gesicht. Auf Fotos, auf denen alle anderen lächeln, sieht er immer aus, als wäre er gerade einem großen fleischfressenden Dinosaurier begegnet. Er ist ein Gefühlsmensch, ein Beobachter, einer, der sich Sorgen macht. Süß wie Pudding, aber ernsthaft. Willow ist dagegen ruhig und sorglos. Sie kümmert sich einfach um ihre Angelegenheiten und kichert sich durchs Leben. Eins war damals schon klar: Die Zwillinge waren vernarrt ineinander. In der Frühchenstation wickelten die Schwestern sie zusammen in dieselbe Decke, damit sie sie gleichzeitig füttern konnten. Micah und Willow liebten es, sich zu riechen, und einmal fing Micah sogar an, an Willows Nase zu saugen. Sie hatten schon viel zusammen durchgestanden und nun hielten sie zusammen. Sie würden sich für immer miteinander verbunden fühlen. Schon im Bauch waren ihre Herzschläge perfekt aufeinander abgestimmt.

Nie werde ich ihren ersten Geburtstag vergessen und unsere Fahrt durch den Sturm.

Es hätte die glücklichste Zeit meines Lebens sein können.

Es hätte!

~

Wir waren nicht einmal ein Jahr verheiratet, da wachte ich eines Nachts kurz nach Mitternacht auf und sah im Halbdunkel hinüber zu Virgil. Er lag still und friedlich da, aber etwas stimmte nicht. Seine Brust und sein Bauch waren mit Blut bedeckt, ebenso unsere hellblaue Bettdecke. Ich sah an mir herunter und entdeckte auch dort Blut. Ich sprang aus dem Bett und fing an zu schreien.

Virgil wachte auf. »Was ist los?«, fragte er. »Was hast du?« Er sah nach unten und berührte das Blut mit seinem Finger.

»Oh, das tut mir leid, Liebling«, sagte er. »Das ist Eiscreme. Ich bin wohl beim Essen eingeschlafen.«

Ich sah die halbleere Schüssel mit Schokoladeneiscreme neben seinem Bett liegen. Wir lachten und mein Herz hörte auf zu rasen. Was ich damit sagen will, ist, dass die Dinge nicht immer so schlimm sind, wie sie zuerst aussehen. Manchmal spielen sich der Schrecken und die Angst nur in unseren Köpfen ab.

~

Nachdem meine Babys nach Hause gekommen waren, begann ich mehr und mehr, eine große Unruhe in meinem Leben zu fühlen. Obwohl ich mehr Stabilität erlebte als je zuvor, kam es mir so vor, als sei alles unsicher und aus dem Gleichgewicht. Ich will nicht falsch verstanden werden. Natürlich war ich außerordentlich glücklich, mit meinen Kindern und Babys zu Hause zu sein, und ich hatte noch eine Menge anderer Gründe, glücklich zu sein. Aber etwas fehlte. Etwas fühlte sich nicht richtig an.

Sich an diese Zeit zu erinnern, fällt mir nicht leicht und tut mir weh – weil, wie gesagt, es hätte die glücklichste Zeit meines Lebens sein sollen –, aber in Wahrheit kehrten all der alte Ärger und Groll zurück. Ich fühlte mich gestresst und bedrückt, als ob etwas in meine Leben am Gären wäre und die Luftblasen an die Oberfläche stiegen. Ich weiß nicht, warum ich plötzlich so empfand – war es eine postnatale Depression oder einfach die Müdigkeit nach all dem Kämpfen? Wie auch immer, mit mir war nicht gerade gut Kirschen essen.

Nachdem die Zwillinge geboren waren, waren Virgils Eltern eine große Hilfe. Mit ihrer Unterstützung waren aber auch viele kleine Konflikte verbunden. Ich wurde den Verdacht nicht los, dass Virgils Mutter nicht viel von mir als Mutter hielt. Ihre Bemerkungen schienen mir stets sehr kritisch zu sein. »Legst du Willow vielleicht zu viel auf den Rücken?«, fragte sie zum Beispiel. Ich dachte: Willst du damit sagen, dass ich meine Babys nicht genug auf dem Arm trage? Virgils Mutter ist eine liebenswerte Person und ich bin sicher, dass sie es gut meinte, aber ich fühlte mich angegriffen. Ich wollte nicht, dass jemand dachte, ich sei keine gute Mutter oder keine gute Ehefrau. Virgil bekam natürlich die volle Wucht meiner Gefühle ab. Ich machte ihm zwar keine Vorwürfe, aber er musste sich eine Menge meines Ärgers und meiner Unsicherheit anhören. Und das Ganze blieb nicht ohne Konsequenzen: Nach und nach zog ich mich von seiner Familie zurück.

Virgil hatte als Vater viele gute Eigenschaften – doch daraus ergab sich für mich ein weiteres Problem. Ich hatte gesehen, dass er eher seinen Job verloren hätte, als uns im Krankenhaus alleine zurückzulassen, und ich wusste, wie toll und aufmerksam er allen Kindern gegenüber war. Das zu erkennen, machte mir zum ersten Mal in meinem Leben bewusst, wie abwesend mein eigener Vater eigentlich gewesen war. Für meinen Vater war immer die Arbeit das Wichtigste gewesen. Und als die Zwillinge geboren wurden und all die Wochen um ihr Leben kämpften, kam mein Vater nicht ein einziges Mal zu Besuch, um sie anzusehen. Ich hatte das Gefühl, mit meinem Vater ein Hühnchen rupfen zu müssen, und eines Abends setzte ich mich hin und schrieb ihm eine sechsseitige E-Mail, in der ich all meinen Kummer auflistete und ihm alles über Virgil erzählte.

»Ich will, dass du weißt, wie ein richtiger Vater sein kann«, schrieb ich.

Ich verschickte die E-Mail und wartete am nächsten Tag auf eine Antwort. Als sie schließlich kam, waren es nur elf Worte, in einem Satz.

»Ich habe nun eine vage Vorstellung, was du von mir hältst«, schrieb er.

Ich dachte: *Das brauchst du dir nicht vorzustellen; ich habe es doch aufgeschrieben!*

Aber das war alles, was er zu sagen hatte. Keine Entschuldigung, keine Erklärung. Wenn ich zurückblicke, sehe ich, dass das alles war, was er sagen *konnte*. Er verfügte nicht über die sprachlichen Mittel, um wirklich seine Gefühle auszudrücken. Deshalb ließ er es zu, dass ich über das Telefon und in meiner E-Mail auf ihn einhieb. Jedes Mal, ohne dass er sich jemals verteidigte oder ein einziges schlechtes Wort über meine Mutter sagte. Er ließ das mit sich machen, weil er mich liebte. Und das war die einzige Art, wie er sich ausdrücken konnte – *indem er nichts erwiderte*. Aber zu diesem Zeitpunkt machte mich seine mangelnde Reflexion und Reaktion auf meinen großen Befreiungsschlag nur noch wütender.

Für mich bedeutete das, dass ich mit meinem Vater fertig war, wir redeten nicht mehr miteinander.

Selbstverständlich bestand das erste Jahr mit den Zwillingen nicht nur aus einer Kette unangenehmer Ereignisse. Wirklich nicht! In dieser Zeit hatten wir *sehr* viel Spaß miteinander als Familie. Virgil war so glücklich mit den Zwillingen und ich war begeistert, endlich eine so schöne Familie zu haben. Wir lachten viel, als würden wir von unserem großen Glück gekitzelt. Die meiste Zeit war ich *unglaublich* glücklich.

Es war nur so, dass unter diesem Glück ein Gefühl der Unruhe blieb, das ich einfach nicht loswurde. Ich war plötzlich nicht mehr damit einverstanden, mir von irgendjemandem reinreden zu lassen; ich war entschlossen, mich gegen jeden zur Wehr zu setzen, der mir Unrecht tat. Und so fing ich an, auf allen Seiten Brücken abzubauen. Ich hatte heftige Auseinandersetzungen mit Virgil – die wir zuvor noch nie miteinander hatten –, mit seinen Eltern, mit meinen Eltern, mit jedem. Mein ganzes Leben lang hatte ich verzweifelt nach einem sicheren Ort gesucht, den ich mein Heim nennen konnte, und nun, da ich ihn endlich hatte, fühlte ich mich verlorener und hilfloser denn je.

Etwas fehlte mir immer noch – etwas Großes.

~

Wie konnte es nur sein, dass ich mich immer noch so leer fühlte, obwohl ich endlich das Leben führte, das ich mir immer gewünscht hatte? Warum konnte ich die Wut und den Selbsthass nicht loslassen, die mich immer diejenigen hat wegstoßen lassen, die mich am meisten liebten? Unser Leben kann sich manchmal anfühlen wie ein riesiges Mosaik und wir suchen immer nach diesen kleinen Teilen, die es lebendig werden und wachsen lassen. Aber da ist ein Schlüsselteil, das alles andere an seinen richtigen Ort bringt, und wenn wir das nicht finden, werden wir immer frustriert sein wegen dem, was unserem Puzzle fehlt. »Wer sich an sein Leben klammert, der wird es verlieren«, heißt es im Matthäusevangelium, »und wer es aber für mich einsetzt, der wird es für immer gewinnen« (10,39).

Das fehlende Teil war Gott.

Und das größte Geschenk, das Gott mir gemacht hat – das Geschenk, das meine Seele erschüttert und mein Leben verändert hat –, war das Geschenk, mir die Augen dafür zu öffnen, wie sehr er mich liebt.

In diesem ersten Sommer mit meinen Zwillingen begannen meine Panikattacken. Und als Micah und Willow zehn Monate alt waren, starb ich.

Das Kind

Ich ging mit Gott und meinen Engeln durch den Tunnel auf den leuchtenden Eingang zu. Ich wusste genau, wo wir hingingen, und ich glaubte, dass ich niemals eine größere Freude empfinden würde als zu diesem Zeitpunkt. Aber dann wurde mir bewusst, dass da noch jemand war, direkt vor uns. Gott wollte, dass ich dieser Person begegnete.

Dieses Wesen war kleiner als meine Engel und viel besser zu erkennen. Die Gestalt hatte einen Körper, ein Gesicht, Arme und Beine.

Es war ein Kind.

Ein kleines Mädchen.

Ich hatte das Gefühl, mich in sie hineinfühlen und jedes Detail aufnehmen zu können. Sie war klein und nicht älter als drei oder vier Jahre. Sie trug eine weiße Mütze und hielt einen kleinen Korb in der Hand – so einen, wie Kinder sie zu Ostern haben. Sie trug ein dünnes weißes Sommerkleid mit einem leichten Gelbstich und dieses Gelb war die erste erkennbare Farbe, die ich im Himmel sah. Aber es war kein gewöhnliches Gelb. Es schimmerte und funkelte wie ein Prisma, als ob es das brillante Licht um uns herum reflektierte und in noch großartigerem Glanz zurückwarf. Der Effekt, der dadurch entstand, war umwerfend schön, etwas, woran ich selbst jetzt nicht denken kann, ohne dass mir der Atem stockt.

Das Mädchen hüpfte und tanzte und lachte, so wie kleine Mädchen das auf der Erde tun. Sie bückte sich und tauchte ihren Korb in die Helligkeit zu ihren Füßen und füllte ihn damit, als wäre es Wasser. Sie senkte den Korb, fasste nach dem leuchtenden Licht und leerte ihn wieder aus, immer wieder. Und jedes Mal wenn sie den Korb eintauchte und ihn gefüllt mit dieser herrlichen Helligkeit hochnahm, lachte sie.

Jedes Mal wenn sie lachte, schwoll mein Geist nur so vor Liebe und Stolz. Diesem Mädchen hätte ich bis in alle Ewigkeit zusehen können. Ich wollte zu ihr laufen und sie in meine Arme nehmen und ihr sagen, wie sehr ich sie liebte. Die Liebe wuchs immer weiter – endlose und strahlende Wellen der Liebe – so tief und intensiv und so unerschöpflich, dass ich allen Ernstes glaubte, meine Seele würde explodieren und ich aufhören zu existieren. Das kleine Mädchen tauchte seinen Korb immer wieder ein, schöpfte das Licht und lachte auf eine Art und Weise, wie nur kleine Mädchen es tun. Sie anzusehen, berührte mich so dermaßen tief, dass ich es nicht länger ertragen konnte. Ich bereitete mich darauf vor zu platzen, in tausend Teile zu zerspringen, weil ich wusste, dass ich unmöglich all die Liebe in mir aufnehmen konnte, die ich für dieses Kind hatte.

Und dann erlöste Gott mich von diesem Gefühl.

Es war beinahe, als hätte ich eine Art Wunderbrille getragen, die er mir plötzlich abnahm. Als das Gefühl verschwunden war, sah ich zurück auf das Kind und verstand sofort, wer es war.

Das kleine Mädchen mit dem Korb war ich.

Zwischen Gott und mir gab es dann ein weiteres Schlüsselerlebnis. Plötzlich wurde mir klar, dass er schon mein ganzes Leben lang versucht hatte, mir etwas zu zeigen. Er wollte mir zeigen, wie sehr er mich liebte.

Deshalb ließ Gott mich durch seine Augen blicken. Und in seinen Augen war ich eine absolut perfekte Schöpfung und würde es immer sein. All die Dinge, die mir auf der Erde zugestoßen waren, all die falschen Entscheidungen, die meinen Selbsthass provoziert hatten – all das bedeutete in seinen Augen nichts. Ich hatte geglaubt, dass Gott mich unmöglich lieben konnte, nicht nach dem, was er mir angetan hatte. Aber dies war ein Irrglaube und Gott zerschlug die Lüge, indem er mir die Macht seiner Liebe zeigte.

Dieses Kind zu sehen, war das tiefste und eindrucksvollste Erlebnis, das ich je hatte, weil es etwas bewirkte, was ich nicht für möglich gehalten hatte.

Es stellte mich wieder her und machte all das Kaputte ganz.

In dem Moment fielen alle Ketten, die mich mein ganzes Leben lang gebunden hatten. Ketten der Scham, Ketten von Geheimnissen, von Lügen und Schmerz. Ketten, die zu schwer waren, als dass irgendjemand oder irgendetwas auf Erden mich davon hätte befreien können. Ketten, die im Angesicht der Wahrheit einfach abfielen.

Die Begegnung mit mir selbst, in diesem Mädchen, war ein Schlüsselerlebnis – sodass die allem zugrunde liegende Wahrheit von mir erkannt wurde. Ich war nun durchdrungen von dem Wissen, dass Gott mich immer geliebt hatte, wie er alle seine Kinder liebt. Und so konnte ich mich zum ersten Mal in meinem Leben selbst lieben.

Warum sollte ich mich nicht so annehmen, wie ich war? Ich war Gottes perfekte Schöpfung!

Außerdem hatte Gott mir ein Mädchen, mich, gezeigt, als ich drei Jahre alt war. Das war kein Zufall. Ich war drei Jahre alt, als der Missbrauch anfing – der Wendepunkt in meinem Leben, der Punkt, an dem mir meine Unschuld genommen worden war. Obwohl ich als Kind oft glücklich war und viele gute und liebevolle Dinge erlebt habe, war ich ab dem Alter von drei Jahren gefangen in einem Leben aus Scham und Geheimnissen, Selbstzweifeln und Selbsthass – von da an hatte ich geglaubt, dass ich Gottes Liebe nicht verdiente und dass er mich verlassen hatte.

Gott versetzte mich also mit dem Bild des kleinen Mädchens in dieses Alter zurück und räumte endlich mit dieser Lüge auf. All die dunklen und schwierigen Jahre, die Krisen und der Liebeskummer, alles, was dazu beigetragen hatte, dass ich mich von ihm abgewendet hatte – restlos alles wurde gelöst und reingewaschen durch die Erkenntnis, dass Gottes Liebe für mich unerschöpflich ist. Eine Last, die ich seit Jahrzehnten mit mir herumschleppte, war plötzlich verschwunden. Indem ich mich durch Gottes Augen sah, wurde ich wieder ein heiler und freier Mensch.

Doch obwohl ich von Gottes Liebe erfüllt war, wusste ich, dass ich nur ein winziges Körnchen dieser Wahrheit erfuhr. Gottes Liebe ist so groß und weit und mächtig, dass wir nur einen Bruchteil davon aufnehmen können. Dieser winzige Anteil von Gottes Liebe erfüllte mich so vollständig, dass ich mir nicht vorstellen konnte, an irgendeinem anderen Ort zu sein als bei ihm.

Doch dann drang etwas an meine Ohren, was ich im Himmel bisher nicht gehört hatte. Es handelte sich nicht um die vollkommene Kommunikation, die zwischen Gott und mir stattgefunden hatte. Es war eine menschliche Stimme, die ein Wort von sich gab:

»Crystal!«

~

Es war die Stimme meiner Mutter. Sie rief meinen Namen. Der Klang war scharf und abgehackt, sodass ich wusste – sie schrie.

»Crystal! Crystal!«

Zum ersten Mal hatte ich das Gefühl, dass ich ruckartig anhielt – wie wenn man ein Auto auf sich zukommen sieht und abrupt stehen bleibt. Und in diesem Augenblick wurde mir klar, dass meine Mutter keine Ahnung hatte, wo ich war. Sie wusste nicht, dass es mir gut ging. Es tat mir leid, dass sie das hatte durchmachen müssen. Die Wahrheit ist, an die Situation auf Erden, im Zimmer des Krankenhauses, hatte ich gar nicht gedacht. Weder hatte ich über meinem Bett geschwebt noch gesehen, wie die Leute sich um mich drängten und all das. Ich hatte keine Verbindung mit irgendetwas, was in dem Zimmer passiert war. Sogar die Vision von meinen Kindern war keine irdische gewesen; ich hatte sie nur gefühlt, wie alles andere im Himmel auch. Aber das änderte sich, als ich hörte, wie die Stimme meiner Mutter meinen Namen schrie. Mit einem Mal wusste ich, dass ich ihr sagen musste, wo ich war.

»Ich muss meiner Mutter sagen, dass es mir gut geht«, sagte ich.

Und Gott antwortete: »Diese Entscheidung musst du selber treffen.«

Ich wollte nicht von Gott weggehen. Ich wollte nirgendwo hingehen. Ich wollte nur meiner Mutter sagen, dass es mir gut ging. Ich drehte mich um und nahm zum ersten Mal das wahr, was sich unter mir befand. Es war ein Fußboden wie aus schimmernden Wasserkristallen, leuchtend wie tausend perfekte Diamanten. Ich konnte nicht hindurchsehen, aber ich wusste, dass die Stimme meiner Mutter von dort unten herkam.

Als ich mich von dem Eingang zum Himmel abwandte, empfing ich eine weitere Mitteilung von Gott – die letzte und stärkste Botschaft, die er mir mit auf den Weg gab.

»Erzähl ihnen alles, woran du dich erinnerst.«

»Ich werde mich an alles erinnern«, antwortete ich. »Ich komme gleich wieder.«

Ich konzentrierte mich erneut auf die Wasserkristalle und in diesem Augenblick wusste ich, dass ich mich wieder in meinem menschlichen Körper befand.

Dann öffnete ich meine Augen.

14. Kapitel

Das Erste, was ich sah, war das Gesicht einer Schwester. Es befand sich direkt über mir, nur wenige Zentimeter entfernt. Ihr Mund bewegte sich – auch sie schrie.

»Weißt du, wer du bist? Weißt du, welcher Tag heute ist?«

Ich blickte nach links und sah in das verweinte Gesicht meiner Mutter.

»Crystal!«, schrie die Schwester. »Weißt du, wo du bist? Sag mir, wo du bist.«

Ich konnte ihre Fragen deutlich hören, aber ich antwortete nicht gleich. Es war fast, als wäre mir das Reden fremd geworden. Ich kam von einem Ort, an dem es keine Notwendigkeit gab zu sprechen. Ich versuchte es, konnte aber keinen Laut hervorbringen. Das Schreien der Schwester setzte sich fort. Ich versuchte es wieder. Letztlich fand ich ein paar Worte.

»Ich bin in dem allerschönsten Licht«, murmelte ich. »Ich bin bei Gott.«

Und dann schloss ich meine Augen, um so wieder zurück in den Himmel zu gelangen.

Die Schwester schrie weiter.

»Crystal, ich will, dass du mich ansiehst! Sag mir die Namen deiner Kinder!«

Ich öffnete meine Augen und versuchte, mich an die Namen meiner Kinder zu erinnern. Ich brachte Jamie und Sabyre zustande, konnte aber nicht mit Willow und Micah aufwarten, und das frustrierte mich ziemlich. Außerdem war es nicht das, worüber ich sprechen wollte.

Ich wendete mich an meine Mutter und sagte: »Es ist alles in Ordnung. Ich bin im allerschönsten Licht. Ich bin bei Gott.«

»Ich weiß, ich weiß«, sagte meine Mutter, »aber ich hätte dich gerne wieder hier bei mir.«

Ich hatte nicht die Absicht zu bleiben. Ich schloss wieder meine Augen und versuchte zurückzukehren, doch aus irgendeinem Grund klappte es nicht. Der Zugang war wie verriegelt. Ich fühlte, dass all diese Leute, die mich anschrien, meinen Geist buchstäblich vom Himmel trennten, und war frustriert. Die Schwestern fuhren fort, mir Fragen zu stellen, und ich versuchte, sie schnell zu beantworten, aber es ging einfach nicht.

Und dann hörte ich die Stimme eines Mannes. Ich öffnete meine Augen und sah einen Arzt, der eine Spritze in der Hand hielt.

»Crystal, ich gebe dir jetzt eine Spritze«, sagte er. »Auf einer Schmerzskala von eins bis zehn wird sich das anfühlen wie zehn.«

Er beugte sich vor und stach die Nadel in meinen Arm. Augenblicklich fühlte ich, wie mein Kiefer herunterklappte und jeder Muskel in meinem Körper sich zusammenkrampfte. Dann kam der Schmerz. Es war ein gewaltiger, durchdringender Schmerz, der durch meinen Körper rollte und dabei immer weiter anstieg und mich auseinanderriss.

»Gleich ist es vorbei«, hörte ich den Arzt sagen.

Was passierte mit mir? Warum saß ich in einer solchen Falle? »Wenn wir einmal da sind, kannst du nicht mehr zurück«, hatte Gott mich wissen lassen und ich verstand ihn … aber ich war nicht durch die Pforte gegangen, warum konnte ich also nicht zurück? »Die Entscheidung triffst du«, hatte er gesagt. Ich hatte mich doch entschieden! Als der Schmerz mich durchdrang, schloss ich fest meine Augen und versuchte verzweifelt, zu entkommen und irgendwie meinen Weg in den Himmel wiederzufinden.

Aber zu diesem Zeitpunkt wusste ich wohl schon, dass das nicht mehr möglich war.

15. Kapitel

Wir leben ziemlich genau in der Mitte der Vereinigten Staaten, dort wo die großen Ebenen an den sogenannten Bibelgürtel grenzen, nur wenige Stunden südlich entfernt vom geografischen Mittelpunkt von Kansas. Oklahoma ist landschaftlich weitläufig, flach und schön. Wir sind umgeben von Tausenden Quadratkilometern unberührter, rauer Prärien, von denen die meisten wahrscheinlich ähnlich aussehen wie damals, als alles anfing. Im Berg- und Wildschutzgebiet von Wichita, wo wir gerne mit den Kindern hinfahren, kann man viele von Gottes großartigen Geschöpfen beobachten – Elche und Langhornrinder, Präriehunde und Hirsche mit weißen Schwänzen, Wildenten, Habichte, Eidechsen und natürlich stolze Büffelherden. Der indianisch-amerikanische Dichter N. Scott Momaday hat einmal gesagt, wenn man hinaus auf dieses alte Land schaut, »erwacht die Fantasie zu neuem Leben. Hier hat alles mit der Schöpfung begonnen«.

Auf dieser Erde gibt es so viel Schönes. In jedem Vogel und in jedem Grashalm können wir Gottes Handschrift erkennen. Ich weiß, wie glücklich wir uns schätzen können, hier zu sein, mitten in seiner Schöpfung. Aber trotzdem gab es eine Zeit, in der ich vergessen habe, für den erstaunlichen Segen meines Daseins dankbar zu sein.

Ich war nämlich an einem noch schöneren Ort gewesen und dorthin wollte ich unbedingt wieder zurück.

~

Insgesamt hatte meine Atmung neun Minuten lang ausgesetzt. Zwei Minuten waren vergangen, nachdem mein Gesicht blau angelaufen war, bis eine Schwester in mein Zimmer gestürzt kam, und weitere sieben Minuten, in denen die Ärzte versucht hatten, mich nach dem Atemstillstand wiederzubeleben. Meine Atmung hatte vollständig blockiert und ich bin ziemlich sicher, dass diese Zeilen nie geschrieben worden wären, wenn meine Mutter nicht bei mir im Zimmer gewesen wäre.

Warum war das passiert? Niemand kann mir mit Gewissheit sagen, warum es dazu gekommen war. Die plausibelste Erklärung war die, dass meine Schmerzpumpe nicht richtig eingestellt war, was bedeutet, dass ich mehr Dilaudid bekam, als mein Körper verkraften konnte. Schmerzstillende Mittel blockieren hauptsächlich die Rezeptoren im Gehirn, die dem Körper signalisieren, wo es wehtut. Aber zu viele Medikamente können die Rezeptoren vollständig ausschalten und in der Folge vernachlässigt das Gehirn die Lungenfunktion. Und wenn die Lungen das Herz nicht mehr mit Sauerstoff versorgen, stört das die Funktionsfähigkeit aller anderen Organe.

Bin ich wirklich tot gewesen? Das ist schwer zu sagen. Ich konnte nicht atmen und ich hatte keinen Puls mehr. Und wenn die Schwestern und Ärzte nicht hereingekommen wären, wäre ich bestimmt innerhalb der neun Minuten verstorben. Aber klinisch tot ist man erst, wenn ein Arzt die Todeszeit offiziell bestätigt, was normalerweise passiert, wenn die Wiederbelebungsmaßnahmen nach mehr als fünf Minuten beendet sind. Manche Leute sagen, wenn das Herz zu schlagen aufhört und die Lungen blockieren, ist man eigentlich tot, aber solange das Gehirn noch funktioniert, gibt es eine Chance, dass man zurück ins Leben geholt wird. So war es bei mir. Die Ärzte bliesen Sauerstoff in meine Lungen und ich atmete wieder, bevor mein Gehirn und ich tot waren.

Trotzdem erzähle ich immer, dass ich gestorben und wieder zurückgekommen bin. Ich bin kein Arzt und weiß nicht, ob das medizinisch so hundertprozentig stimmt, aber ich kann mit Sicherheit behaupten, dass ich nicht mehr in meinem menschlichen Körper war. Ich habe mich ganz zweifelsfrei in einer anderen Welt befunden. Und außerdem ist es einfacher zu sagen, dass ich tot war, als das mit der patientenkontrollierten Schmerzpumpe und den Rezeptoren im Gehirn zu erklären.

Wenn man das alles bedenkt, hat meine Mutter in diesen neun Minuten wesentlich Schlimmeres durchgemacht als ich. Ich war nicht mehr in dem Krankenhauszimmer, aber sie musste zusehen, wie ihre Tochter in zehn Blauschattierungen dalag. Meine Mutter erinnert sich, dass einer der Ärzte auf mein Bett kletterte und mir eine Herzdruckmassage gab, und sie erinnert sich, dass die Ärzte so intensiv an mir arbeiteten, dass sie prompt ihre Kittel durchschwitzten. Es muss furchtbar gewesen sein. Zuerst blieb sie meinem Bett fern und betete ruhig in einer Zimmerecke, aber nach einigen verzweifelten Minuten sagte sie: »Jetzt lege ich alles in deine Hände, Gott«, und fand einen Platz, an dem sie über mein Haar streichen und mir sagen konnte, dass sie mich liebte. »Bitte, Crystal, bleib bei uns; geh nicht«, bat sie mich immer wieder. »Wenn du kannst, komm bitte zurück. *Bitte komm zurück.*«

Meine Mutter sagt immer, dass meine neun Minuten im Himmel für sie neun Minuten in der Hölle waren.

Der erste Hoffnungsschimmer für meine Mutter war, als sie einen Arzt sagen hörte: »Ihre Augenlider flattern.« Da fing sie an, meinen Namen zu schreien. Sobald die Ärzte merkten, dass ich Reaktionen zeigte, also dass ich in meinen Körper zurückkehrte, wurden sie aktiv. Sie gaben mir eine Dosis Naloxon, das die Wirkung einer Überdosis aufhebt. Es hindert im Grunde das Schmerzmittel daran, auf die Rezeptoren einzuwirken, sodass die Lungen und das Herz wieder Anweisung bekommen weiterzuarbeiten. Aber es lässt die Rezeptoren auch neue Schmerzsignale aussenden, weshalb mein Körper augenblicklich von unglaublichen Schmerzen heimgesucht wurde. Und sobald dieser Schmerz nachließ, begann ich, den scharfen Schmerz meiner Bauchspeicheldrüsenentzündung wieder zu spüren. Ich kam auf die Intensivstation und wurde mit Schmerzmitteln ruhiggestellt, sodass ich die folgenden Tage in einem Dämmerzustand verbrachte. Ich war so weggetreten, dass die Schwestern mich kaum wach bekommen konnten, damit ich meine gelatineartige Nahrungsration aß. Ich habe daher in diesen zehn Tagen ungefähr sieben Kilogramm Gewicht verloren. Nur undeutlich erinnere ich mich noch daran, wie sie mich alle besuchen kamen – Virgil und meine Mutter natürlich und Virgils Eltern; Jamie und Sabyre und mein Bruder Jayson; sogar mein Vater kam aus Illinois. All die Leute, die ich weggestoßen hatte, kamen als Erste an mein Krankenbett. Aber ich war so erschöpft, dass ich mich kaum mehr an diese Besuche erinnere.

Woran ich mich aber sehr deutlich erinnere – und was noch eine ganze Weile nachklang –, war das Gefühl, wieder in meinen menschlichen Körper zurückversetzt zu sein. Gelinde ausgedrückt fand ich das ziemlich ärgerlich. Ich hatte es so genossen, bei Gott zu sein, und wollte so gerne dorthin zurück, dass ich all die Leute ablehnte, die mir das Leben gerettet hatten. Die Ärzte und Schwestern, meine Mutter, sogar Virgil – jeder, der mich wieder *zurück*haben wollte, verhinderte in meinen Augen mein Dasein im Himmel. »Warum habt ihr mich zurückgeholt?«, fragte ich sie in den ersten Stunden immer wieder. »Das wollte ich nicht.«

Nun wird manch einer vielleicht sagen: »Moment mal, war es nicht toll, wieder zu deinem Ehemann und zu deinen Kindern zurückzukehren?« *Wie konntest du es nur vorziehen, im Himmel zu bleiben, wenn du wusstest, dass es deine Familie zerstören würde, wenn du weg wärst*? Das sind gute Fragen und ich habe in den letzten drei Jahren viel darüber nachgedacht. Und die Antwort, auf die ich komme, ist immer dieselbe: Ich wollte tatsächlich lieber bei Gott sein.

Bevor das passierte, konnte ich nicht verstehen, wie es möglich ist, jemanden oder etwas mehr zu lieben als die eigenen Kinder. Aber das war, bevor ich Gottes Gegenwart erfahren hatte. Dieses Erlebnis hat einfach alles verändert. Ich verstand augenblicklich, dass Gottes Liebe größer und stärker ist als alles andere. Und ich habe es nicht nur verstanden; ich habe es gefühlt und gehört und gesehen und geschmeckt mit jeder Faser meines Wesens. Als ich nur noch Geist war, gab es für mich einfach keine andere Option mehr als die, bei Gott zu sein. Ich weiß, dass das komisch klingt, aber sogar meine Babys konnten mich nicht dazu bewegen, in mein menschliches Dasein zurückzukehren. Ich habe mit meinen Kindern darüber gesprochen und ganz ehrlich, es hat sie etwas verletzt. Manchmal ziehen sie mich damit auf, so wie sie mich damit aufziehen, wenn ich sie zu spät von der Schule abhole. »Vielen Dank, Mama!«, sagen sie. »Danke, dass du dich dann doch für uns entschieden hast.«

In den ersten Tagen nach meiner Rückkehr vom Himmel fühlte ich mich einfach so. Obwohl ich nicht mehr zurückkonnte, war ich immer noch erfüllt von Gott und von dem ganzen wunderbaren Erlebnis. Ich fühlte mich mehr verbunden mit meinem Geist als mit meinem menschlichen Körper. Aber abgesehen davon glaube ich, dass ich Gott wirklich *vermisste.* Ich sehnte mich danach, wieder bei ihm zu sein, und ich fühlte mich immer noch in seine großartige Herrlichkeit getaucht. Als Moses vom Berg Sinai herunterkam, nachdem er mit Gott gesprochen hatte, glühte sein Gesicht so sehr, dass er es mit einem Tuch bedecken musste, damit die Menschen keine Angst vor ihm hatten. So ähnlich fühlte ich mich innerlich. Ich meine, ich war nicht dem Präsidenten begegnet oder einem Schauspieler oder einer anderen Berühmtheit. Sondern dem Schöpfer des Universums! Dem lebendigen Gott!

Das kann man nicht einfach so abschütteln.

Nach und nach, als einige Tage vergangen waren, begann ich jedoch, dankbar dafür zu sein, meine Familie wiederzuhaben. Sie waren alle bei mir, sogar diejenigen, die ich von mir gestoßen hatte. Ich vermisste Gott noch, aber die Anwesenheit meiner Lieben machte mir bewusst, dass das Leben ein wunderbares Geschenk ist, das man schätzen sollte und das kostbar ist. Es war nicht so, dass ein Schalter umgelegt wurde und ich froh war, wieder da zu sein. Es geschah allmählich, indem ich wieder Boden unter die Füße bekam und anfing, Gottes leitende Hand hier auf der Erde wahrzunehmen. Am Tag nach meiner Entlassung aus dem Krankenhaus feierten wir in unserem Haus Sabyres Geburtstag. Ich saß mit meinen winzigen Zwillingen im Arm, erst mit dem einen, dann mit dem anderen, in meinem Wohnzimmer. Und da war ich dankbar, wieder bei meiner Familie zu sein. Ich merkte, was für ein Segen es ist, so tolle Kinder zu haben und solch einen wunderbaren

Ehemann. Zum ersten Mal seit meiner Rückkehr war ich glücklich.

Dann, eine Woche später, war Weihnachten. Mein Bruder fragte, ob wir nach Oklahoma City kommen und die Ferien bei ihm verbringen wollten, also luden wir die Kinder ein und machten uns auf den Weg. Wir verstauten all die eingepackten Weihnachtsgeschenke hinten im Auto unter einer Decke, damit die Zwillinge sie noch nicht sahen und nach dem Weihnachtsmann fragten.

Ungefähr fünf Minuten lang hatten wir eine ruhige Fahrt, dann rollte wieder einer dieser ekelhaften Stürme heran. Eisiger Wind, Graupelgüsse und Schneeschauer. Virgil konnte keinen Meter weit sehen, deshalb fuhren wir nicht mehr als Schrittgeschwindigkeit und selbst das fühlte sich noch gefährlich an. Wir sahen riesige Schneeverwehungen, die sich am Straßenrand auftürmten, und wir hielten in der nächstgelegenen Stadt, um herauszufinden, ob wir überhaupt weiterfahren konnten. Aber das Unwetter war vor *und* hinter uns, wir konnten also in keine Richtung flüchten. Wir beschlossen daher, so vorsichtig wie möglich weiterzufahren.

Für die normalerweise zweistündige Fahrt benötigten wir am Ende dreizehn Stunden. Immer wieder froren die Scheibenwischer fest und genauso oft musste Virgil herausspringen und sie lösen. Wir überholten Leute, die ins Schleudern geraten waren oder in einer Schneewehe feststeckten, und Virgil hielt an und half schieben, damit sie zurück auf die Straße kamen. Wir konnten die Straßenschilder nicht sehen, weil der Schnee so dicht fiel, und nach einer Weile wussten wir nicht mehr, wo wir waren. Wir hatten Angst, dass ein Teil der Autobahn gesperrt sein könnte und wir nicht mehr weiterfahren konnten, aber glücklicherweise blieben die Straßen frei von größeren Behinderungen. Nach einigen Stunden hatten die Kinder

Hunger und ich öffnete unseren Picknickkorb mit Würstchen, Käse und Crackern, den ich gepackt hatte. Einige Stunden später war alles aufgegessen und wir machten uns über die Kekse und die Schokolade aus unseren Weihnachtsvorräten her.

Irgendwann blieben wir in Oklahoma City, in der Nähe eines Parkplatzes, stecken. Überall standen Autos oder rutschten auf dem Eis und krachten in andere Fahrzeuge hinein. Es dauerte gut zwei Stunden, bis wir uns dort einen Weg durch den Schnee gebahnt hatten, aber mit der Hilfe von anderen Autofahrern schob Virgil Bretter unter die Reifen und bewegte den Wagen langsam vorwärts. Dann steckten wir wieder fest, nur noch wenige Häuserblocks von meinem Bruder entfernt. Ich war zu diesem Zeitpunkt bereits so ängstlich und müde, dass ich am liebsten die Kinder gegriffen hätte und zu Fuß hingelaufen wäre. Glücklicherweise erschienen drei Männer aus dem Nichts und halfen Virgil, den Wagen wieder freizubekommen. Endlich gelangten wir zum Haus meines Bruders.

Es waren wirklich dreizehn anstrengende Stunden und manchmal hatte ich Angst, etwas Schlimmes würde passieren. Aber glücklicherweise saßen wir alle warm und gemütlich im Auto, hatten genug zu essen und die Kinder futterten fröhlich ihre Weihnachtsschokolade. Die meiste Zeit verliefen diese dreizehn Stunden ganz angenehm: Die Fahrbahnen waren einigermaßen frei, unser Tank war voll und wir schafften es sicher und gesund bis zu meinem Bruder. Das Erstaunlichste war vielleicht, dass ich das Gute in den Menschen beobachten konnte. Ich sah, wie Virgil selbstlos aus unserem warmen Auto ausstieg und anderen Leuten dabei half, ihre Autos wieder freizubekommen, und ich sah, wie Fremde zu uns kamen und ebenfalls halfen. Ich war tief bewegt von dieser Freundlichkeit.

Und als ich das so wahrnahm, merkte ich, wie ich mich freute, weiter auf der Erde sein zu dürfen. Ich habe von Oklahomas

Great Plains, den großen Ebenen, und rauen Bergen gesprochen und von der schönen wilden Natur – alles Geschenke Gottes. Eines habe ich dabei vergessen – die Menschen in Oklahoma. An diesem dunklen Abend auf der gefährlichen Autobahn habe ich gesehen, wie Gottes Hand an seinen Geschöpfen wirkt. Und das berührte mein Herz und meine Seele und ich war froh, hier unter seinen wunderbaren Geschenken weilen zu dürfen.

~

Nachdem ich nicht mehr wütend auf all diejenigen war, von denen ich meinte, dass sie mich vom Himmel fortgezogen hätten, stellte ich fest, dass all der Groll und Kummer, der sich in meiner Seele seit so langer Zeit angestaut hatte, verschwunden war. Es war, als hätte Gott reinen Tisch gemacht. Und die großen Probleme – die Wut, mit der ich so viele Jahre gelebt hatte – schmolzen dahin. Ich war böse auf jemanden gewesen, der Virgil Geld schuldete – und zwar eine größere Summe, nicht nur ein paar Hundert Dollar, sondern ein kleines Vermögen. Aber danach sagte ich zu ihm: »Ich weiß, dass wir das Geld nie zurückbekommen, und es ist okay. Wir werden für dich beten.« Virgil sah mich merkwürdig an, weil er wusste, dass ich Geldangelegenheiten nicht auf die leichte Schulter nahm. Er sagte später, in dem Moment, als ich einem Gläubiger seine Schuld erlassen konnte, habe er wirklich geglaubt, dass ich Gott begegnet sei. Aber das zeigt nur einen Teil der Größe der Vergebung, mit der Gott mich gereinigt hatte.

Ich fühlte mich auf unerklärliche Weise erleichtert, befreit von einer Last, die ich mein ganzes Leben mit mir herumgetragen hatte. Ich bat Virgils Mutter um Vergebung, dass ich sie weggestoßen hatte. Ich bat Virgil um Vergebung, dass ich ihn gezwungen hatte, sich zwischen mir und seiner Familie zu entscheiden. Ich bat meinen Bruder um Vergebung, dass ich nicht genug für ihn da gewesen war, als wir jünger waren, und ich bat meine Mutter um Vergebung, dass ich sie immer als Zielscheibe für meine Wut benutzt hatte. Ich rief sogar meinen Vater in Illinois an und bat auch ihn, mir zu vergeben.

»O nein, du brauchst dich für nichts zu entschuldigen«, sagte er.

»Das tue ich aber«, antwortete ich ihm. »Bitte vergib mir, dass ich so hart zu dir war.«

Ich hörte auch auf, mich so an meine Besitztümer zu klammern. Ich war immer sehr sentimental gewesen, was Gegenstände betraf, die mir etwas bedeuteten, aber nachdem ich gestorben war, schätzte ich ihren Wert nicht mehr so hoch ein. Ich bot meinen Freunden an: »Wenn euch irgendetwas in meinem Haus gefällt, dann fragt mich danach. Ich bin gerne bereit, alles zu verschenken.« Ehrlich gesagt, mir wäre es auch recht gewesen, wenn wir *alles* fortgegeben hätten und in eine Einzimmerhütte gezogen wären. Nach meiner Nahtoderfahrung wurde mir klar, dass mein Vermögen aus meiner Familie und meinen Freunden bestand und aus der Liebe Gottes und dass der Rest keine große Bedeutung hatte.

Ich stellte fest, dass ich *alle* Menschen liebte und mich um sie sorgte. Selbst für Menschen, auf die ich furchtbar wütend gewesen war – zum Beispiel Jamies und Sabyres Väter –, empfand ich plötzlich aufrichtige Liebe und Mitgefühl. Ich war voller Sorge und Mitgefühl für jeden, der mir je Unrecht getan oder mich verletzt hatte, und ich betete für sie, weil auch sie Teil von Gottes perfekter Schöpfung waren. Ich wusste, dass die, die mich verletzt hatten, in ihrem Leben ebenso Schaden genommen hatten. Auch sie waren wie das kleine Mädchen mit dem Korb, sie waren einmal unschuldige Kinder gewesen und so sah

Gott sie immer noch an – als Kinder. Er liebte sie bedingungslos. Aufgrund meiner Erfahrung wollte ich, dass kein Mensch auf dieser Welt, nicht einmal mein ärgster Feind, außerhalb von Gottes strahlendem Glanz stand. Ich wollte, dass jeder mit mir Anteil nahm an seiner wunderbaren Güte.

Ich hatte viel Kummer erlebt und ich war eine Person gewesen, die oft schnelle Urteile über andere gefällt hatte. Manchmal ertappte ich mich wieder dabei, aber dann sagte ich mir schnell: *Nein, Crystal. Erinnere dich, was er für dich getan hat.* Und dann verschwand mein Wunsch, auf andere herabzusehen.

Meine Enttäuschung darüber, Gottes Gegenwart wieder verlassen zu haben, nahm allmählich ab, aber die Euphorie und Freude, die ich dort gespürt hatte, blieben mir erhalten – sie wurden sogar stärker. Nichts verstörte oder verärgerte mich mehr und ich empfand für andere viel Mitgefühl und Liebe.

In diesen neun Minuten hatte ich eine gewaltige Veränderung erlebt. Ich war in jeder nur erdenklichen Weise ein neuer Mensch.

Nachdem ich mein Leben lang gezweifelt hatte, war ich nun ein von Gott geliebtes Kind, und das krempelte mein Leben vollends um.

~

Dass ich bereits ein oder zwei Sekunden nach meiner Rückkehr angefangen hatte, meine Geschichte zu erzählen, wurde mir erst später bewusst. »Ich befinde mich in einem schönen Licht«, hatte ich der Schwester mitgeteilt und dasselbe sagte ich auch meiner Mutter. Meine Mutter behauptet, dass ich kurz nach meiner Rückkehr aus dem Himmel dem Arzt, der mich wiederbelebt hatte, gesagt hatte, dass ich Gott begegnet sei, und sie erinnert sich, dass der Arzt meine Worte hörte und anfing zu weinen. Er war selber Christ und glaubte mir, deshalb weinte er vor Freude.

Zwar stand ich die nächsten Tage noch unter dem Einfluss von Medikamenten, aber sobald es mir besser ging, konnte ich es nicht abwarten, darüber zu sprechen, was mir passiert war. Ich wollte jedem erzählen, wo ich gewesen war und was ich gesehen hatte. Natürlich berichtete ich Virgil die ganze Geschichte und er war zu Tränen gerührt. Ich redete mit meiner Mutter und mit jedem Arzt und mit jeder Schwester, die irgendwie in meine Nähe kamen. Schließlich verließ ich die Intensivstation und wurde auf eine normale Station verlegt, wo ich mich mit Leuten unterhalten konnte, die nicht zur Familie oder zum Krankenhauspersonal gehörten.

Eines Abends war ich allein mit einer älteren Reinigungskraft, die mein Zimmer putzte. Sie wischte den Fußboden und summte dabei einen alten Gospel. Ich hatte immer noch große Schmerzen, aber ich drehte meinen Hals so, dass ich sie ansehen konnte, und räusperte mich.

»Glauben Sie an Gott?«, fragte ich.

»Oh ja, sicher, meine Liebe«, antwortete die Putzfrau.

»Ich bin vor Kurzem gestorben und habe Gott gesehen«, sagte ich. »Ich habe eine Nahtoderfahrung gemacht.«

Die Frau wischte weiter und sagte: »Ja, mein Kind, dafür müssen wir Gott loben.«

Ich wunderte mich, wie gleichmütig sie war, und fragte, ob sie mir denn glaubte.

»Oh ja, mein Kind, ich glaube dir. Oh ja, natürlich glaube ich das.«

Und dann putzte sie weiter und summte ihre Melodie.

Es war nicht so, dass sie nicht merkte, dass mein Aufenthalt im Himmel an ein Wunder grenzte. Aber sie hatte schon ihr ganzes Leben lang an Gottes Größe geglaubt und ich tat das erst seit ein paar Tagen. Ihr Glaube war so groß, dass es sie nicht im Geringsten überraschte, was Gott für mich getan hatte. Und das wiederum fand ich *unglaublich*. Mein Geist erhob sich durch die Stärke ihres Glaubens und ich konnte es gar nicht abwarten, mehr Leuten von meinem Erlebnis zu erzählen.

~

Acht Tage nach meiner dramatischen Nahtoderfahrung wurde ich aus dem Krankenhaus entlassen. Obwohl meine Bauchspeicheldrüsenentzündung abgeklungen war, fühlte sich mein Körper noch wie zerschlagen an. Es war, als hätte ich eine ganze Reihe angeknackster Rippen. Um die Schmerzen zu dämpfen, hielt ich mir jedes Mal, wenn ich hustete oder lachte, ein Kissen an den Bauch.

Einige Tage nach meine Heimkehr erhielt ich einen Anruf von einem Geldeintreiber. Ich unterbrach ihn mitten in seiner Mahnung an meine überfällige Rechnung.

»Glauben Sie an Gott?«, fragte ich.

»Äh, ja«, antwortete er.

Ich ließ meine Geschichte vom Stapel, vom Sterben und von meiner himmlischen Reise und dem Gefühl, Gott gegenüberzutreten. Als ich fertig war, entstand eine lange Pause, bis er wieder das Wort ergriff.

»Also«, sagte er, »können wir diese Woche noch mit Ihrer Zahlung rechnen?«

Wo ich auch hinkam, suchte ich nach Gelegenheiten, meine Geschichte zu erzählen. Einmal trafen Virgil und ich uns mit vier oder fünf anderen Mitgliedern aus unserer Kirchengemeinde. Ich hatte einem von ihnen bereits meine Geschichte erzählt und sie baten mich, es noch einmal für die ganze

Gruppe zu tun. Ich hatte noch nie Vorträge gehalten, aber es waren ja nicht so viele Leute. Also holte ich tief Luft und legte los. Als ich fertig war, erwartete ich, dass sie mich weiter ausfragen würden. Ich hatte gedacht, dass sie alles wissen wollten. Aber niemand stellte auch nur eine einzige Frage. Es herrschte Stille und ich bekam ein paar gemurmelte Dankesworte, dann unterhielten wir uns über etwas anderes. Und in diesem Moment kam mir ein fürchterlicher Gedanke: *Sie denken, ich erfinde das alles! Oder sie halten mich für verrückt!*

Zum ersten Mal hatte ich das Gefühl, mich für dumm zu verkaufen. Es war mir nie in den Sinn gekommen, dass jemand nicht glauben könnte, was ich erzählte, und ich hatte angenommen, dass alle mein Erlebnis ebenso aufregend fanden wie ich. Aber die Leute bei dem Treffen glaubten mir entweder nicht oder es war ihnen egal. Das schockierte mich. Mein Gesicht wurde tomatenrot und ich saß zutiefst beschämt und gedemütigt da. Ich wollte aufspringen und sagen: »*Ihr versteht mich alle falsch. Wisst ihr nicht, warum wir hier sind?*« Ich merkte, wie ich mich tiefer und tiefer in ein Schneckenhaus zurückzog.

Trotzdem konnte ich meinen Drang, mich anderen mitzuteilen, nicht beherrschen und nutzte jede Gelegenheit, bei der ich meine Geschichte erzählen konnte. Ich wollte die Leidenschaft, die ich für Gott empfand, unbedingt andere wissen lassen. Aber meine Erwartungen erfüllten sich nicht. Natürlich waren einige Leute davon gerührt, aber andere hörten nur höflich zu, lächelten und lebten ihr Leben weiter.

Einmal erzählte ich meine Geschichte vor einer kleineren Gruppe. Eine Person kannte die Geschichte bereits. Und als ich fertig war, sah diese Person mich an und sagte: »Meine Güte, du redest aber viel darüber.« Ich war sprachlos. Schließlich erzählte ich ihnen nicht, dass ich einen Prominenten getroffen hatte oder den Präsidenten der Vereinigten Staaten. Ich sprach darüber, wie es ist, Gott gegenüberzutreten! Warum waren diese Leute nicht ebenso bewegt, wie ich es war? Was machte ich falsch?

Ungefähr drei Wochen nach meiner Entlassung aus dem Krankenhaus griff ich nach dem letzten Strohhalm. Ich saß mit ein paar Leuten ungezwungen beisammen und das Gespräch drehte sich um Gott. Ich fing an, jemandem zu erzählen, was ich erlebt hatte und wie wunderbar es gewesen war, Gott zu begegnen. Neben mir sah ich, wie eine Frau mit den Augen rollte – so ein Blick, der sagt: »O nein, jetzt fängt sie schon wieder damit an.« Ich hörte sofort auf zu reden und ging hinaus. Ich fühlte mich dumm und gedemütigt und das Schlimmste war, dass niemand mir zu glauben schien. Ich beschloss, dass ich niemandem mehr davon erzählen würde. Ich würde bald wieder in der Schule unterrichten und das Letzte, was ich mir wünschte, war, dass in der Stadt Gerüchte kursierten, dass ich verrückt sei. Ich machte einfach dicht.

Es war der Moment, in dem ich mich wieder vollkommen menschlich fühlte.

Während der nächsten Monate musste ich nachts oft weinen, weil ich Gott so sehr vermisste und weil ich meine Geschichte nicht mehr erzählen konnte. *»Sag ihnen alles, woran du dich erinnerst«*, hatte Gott mir persönlich aufgetragen, aber sobald ich das versuchte, machte ich mich lächerlich. Immer noch hatte ich keine Antwort auf die Frage, die mir unter den Nägeln brannte: Warum hatte Gott mich zurückgeschickt? Wenn er wollte, dass ich allen von seinem Wesen berichtete, warum hatte er es so eingefädelt, dass niemand mir glaubte? Ich hatte immer noch den starken Wunsch, unaufhörlich über ihn zu reden, aber ich merkte auch, dass sich um mich herum die Türen schlossen. Ich wusste nicht mehr, was ich tun sollte.

Doch inmitten dieser herausfordernden Zeit gab es eine Person, die nicht müde wurde, meine Geschichte zu hören. Jede Nacht drehte sich Virgil im Bett mir zu und sagte: »Erzähl es mir bitte noch einmal. Ich will alles wissen, was passiert ist.« Und das nicht nur einmal, sondern *jede Nacht*. Und ich sah Virgil an, wischte meine Tränen ab und begann: »Also, ich schloss meine Augen und schlief ein und dann wachte ich im Himmel wieder auf.« Virgil las mir jedes Wort von den Lippen ab und wir lobten anschließend Gott gemeinsam in einem Gebet.

Virgil wäre vielleicht die letzte Person gewesen, die meine Geschichte je gehört hätte, wenn nicht einige Monate später etwas Bemerkenswertes passiert wäre, und zwar ausgerechnet in unserer Küche.

16. Kapitel

Es lag eine gewisse Ironie darin, dass ich mich so davon verstören ließ, dass Leute mir keinen Glauben schenkten. Schließlich war ich selber die größte Zweiflerin auf der Welt gewesen, bevor das Ganze passierte. Wenn jemand einige Jahre vorher zu mir gekommen wäre und mir gesagt hatte, er sei gestorben und in den Himmel gekommen, wäre ich diejenige gewesen, die höflich gelächelt und beim Weggehen gedacht hätte, was für ein Schwachsinn. Selbst *heute* würde ich jemandem, der zu mir käme und von einer Gottesbegegnung erzählte, nicht automatisch glauben. Eine solche Geschichte ist eben nicht einfach zu schlucken. Nicht für jeden ist die göttliche Allmacht so selbstverständlich.

Die Reaktionen auf meine Geschichte – vor allem dieses eine Augenrollen – ließen mich vorsichtiger werden und stärker darüber nachdenken, was da passierte. Ich hielt mich selber sicher nicht für verrückt, aber die Tatsache, dass es für andere Leute so aussah, rief leise Zweifel in mir hervor. Erinnerte ich mich auch wirklich an alle Details? War es möglich, dass ich mir selber etwas vormachte? Über Leute, die Visionen während einer

Nahtoderfahrung erlebt haben – oder das, was Ärzte episodische Erfahrungen nennen –, gibt es alle möglichen Theorien. Häufig kommt es bei einem Atemstillstand zu einer Tunnelwahrnehmung, was erklären würde, warum sich so viele an einen Tunnel erinnern. Und wenn das Herz zu schlagen aufhört, beschrieben später viele, ein helles Licht gesehen zu haben. Manche Leute sehen darin ein medizinisches Phänomen, nicht ein spirituelles. Und wenn das Gehirn Sauerstoff verliert, kann das Nervenzellen aktivieren, die seit Jahren oder Jahrzehnten ruhig sind, was Erinnerungen an längst verstorbene Leute und frühere Erfahrungen hervorrufen kann. Eingefleischte Skeptiker können eine Geschichte über den Himmel damit leicht als einen medizinisch erklärbaren Schluckauf abtun.

Aber diese Experten gründen ihre Meinungen alle auf medizinisches Fachwissen, nicht auf Erlebnisberichte aus erster Hand. Wie können sie etwas als real oder eingebildet bezeichnen, wenn sie es nicht selber erlebt haben? Und wie erklärt sich die Anwesenheit Gottes in diesen »episodischen Erlebnissen«? Einen Verwandten zu sehen, der schon gestorben ist, ist das eine, aber welche Nervenzelle erzeugt das machtvolle Strahlen, das ich sofort als Gott erkennen konnte? Wie erklärt sich das Gefühl, innerlich zu bersten vor Gottes Liebe? Nach meiner Nahtoderfahrung verbrachte ich unzählige Stunden damit, herumzusitzen und über diese schicksalhaften neun Minuten nachzudenken. Ich wollte sicher sein, was wirklich mit mir passiert war.

Zunächst wurde mir klar, dass ich bereits mehr von dem Erlebnis vergessen hatte, als ich wahrhaben wollte. In der Nähe Gottes hatte ich diesen offenen Kanal besessen, auf dem ich mit meinen Engeln und Gott unbegrenzt und reibungslos kommunizieren konnte. Dieser Kanal gewährte mir Einblick in Gottes vollkommenen Plan. Gott erlaubte mir damit, die absolute Wahrheit all dessen zu sehen, was im Leben wichtig ist. Und so gab Gott mir bereits alle Antworten, ehe ich dazu kam, auch nur Fragen zu stellen.

Als ich wieder in meinem menschlichen Körper steckte, verfügte ich nicht mehr über diese Antworten. Ich wusste zwar noch, dass Gottes Plan perfekt war, aber ich wusste nicht mehr, wie er aussah oder worin seine Vollkommenheit bestand. Ich konnte mich anstrengen, wie ich wollte, ich konnte mich einfach nicht daran erinnern, was zwischen meinen Engeln und mir gesagt worden war, obwohl ich weiß, dass wir *bergeweise* Information ausgetauscht hatten in einer kontinuierlichen, freifließenden, wortlosen, schönen Konversation. Problemlos konnte ich den Hergang meiner Nahtoderfahrung rekonstruieren, aber an eine Menge von dem, was mich währenddessen mit solcher Freude erfüllt hatte, konnte ich mich nicht mehr erinnern.

Vielleicht ist es einfach nicht so gedacht, dass wir hier auf Erden über diese Art von unbegrenztem Verstehen verfügen. Denn wenn wir das könnten, bräuchten wir keinen Glauben, weil wir über alles Gewissheit hätten. Es gibt also einen Grund dafür, dass wir dieses Wissen jetzt noch nicht erlangen können, und Gott kennt ihn. Alles, was wir tun können, ist, Gott und seinem Plan für uns zu vertrauen. So war denn auch das unglaubliche Geschenk, das Gott mir machte, die Gewissheit, dass sein Plan perfekt ist.

Woran ich mich am deutlichsten erinnere, ist Gottes letzter Auftrag an mich: »*Erzähl ihnen alles, woran du dich erinnerst.*« Er hatte nicht gesagt, dass ich alles erzählen sollte, was geschehen war; er hatte gesagt, dass ich alles erzählen soll, woran ich mich *erinnere*. Vielleicht übersteigt es die menschlichen Möglichkeiten, den ganzen Glanz des Himmels mit den Mitteln, die wir auf Erden haben, zu beschreiben oder gar zu verstehen. »Was kein Auge jemals sah, was kein Ohr jemals hörte und was sich kein Mensch vorstellen kann – das hält Gott für die bereit, die ihn lieben«, heißt es im 1. Korintherbrief (2,9). Gott weiß, dass sogar die Bruchstücke meiner Erinnerung an das, was er mir gezeigt hatte, stark genug wirkten, um mein ganzes Leben zu verändern. Es ist, als ob selbst ein winziger Teil von Gottes Liebe mich bis zum Bersten ausfüllen könnte. Vielleicht können wir Menschen mehr als einen Splitter von Gottes Dasein einfach gar nicht verkraften. Aber da sein Plan perfekt ist, weiß ich, ein Splitter genügt vollkommen.

Also tat ich, was Gott mir aufgetragen hatte, ich teilte alles mit, woran ich mich erinnern konnte. Und das tue ich auch in diesem Buch, mehr oder weniger. Wenn ich daraus einfach eine fantastische Geschichte machen wollte, hätte ich sie noch dramatischer gestaltet. Und wenn ich sie emotionaler hätte gestalten wollen, würde ich behaupten, dass ich mein zweites Kind getroffen hätte – das Kind, dass ich durch eine Abtreibung verloren hatte.

~

Manche Leute, die meine Geschichte hören, vermuten, dass das kleine Mädchen, das ich gesehen habe – das Mädchen, das seinen Korb ins Licht tauchte –, das Kind war, das ich verloren habe. Es leuchtet ihnen ein, dass Gott mir Gelegenheit geben wollte, die Tochter zu treffen, die ich nie kennengelernt habe. Aber dieser Gedanke ist mir nie gekommen. Ich wusste, dass ich das Mädchen selbst war.

Als ich meiner Mutter von dem kleinen Mädchen erzählte, fing sie an zu weinen. Zu Hause wühlte sie in ihren Erinnerungskisten und kramte ein paar alte Fotoalben aus. Nach einer Weile wurde sie fündig – es gibt eine verblasste Farbfotografie von mir als kleines Mädchen. Auf dem Bild trage ich einen weißen Hut und ein weißes Sommerkleid mit Gelbstich. Ich halte zwar keinen Osterkorb, aber meine Mutter zeigte mir auch davon Bilder. Sie erinnert sich, dass ich diese Körbe gerne überall mit hin nahm.

Auf dem Foto bin ich drei Jahre alt.

Es überrascht mich nicht, dass meine Mutter dieses Foto gefunden hat. Und ich werde nie den leisesten Zweifel daran haben, warum Gott mir das kleine Mädchen zeigte.

Doch ob ich meine Geschichte noch jedem mitteilen wollte, dessen war ich mir nicht mehr so sicher. Weiteres Augenrollen oder andere gleichgültige Blicke wollte ich nicht riskieren. Innerlich sehnte ich mich zwar danach, über Gott zu sprechen, aber in der Öffentlichkeit fühlte ich mich idiotisch. Also hielt ich meinen Mund. Monatelang sprach ich nicht mehr über das großartigste Ereignis meines Lebens.

Bis mich im Juli 2010 aus heiterem Himmel eine Frau anrief, die Pauline hieß, sieben Monate, nachdem ich gestorben war. Ihr Anruf setzte einiges auf wunderbare Weise in Bewegung.

~

»Crystal, könntest du dein Erlebnis vor einigen Leuten erzählen, die ich aus meiner Gemeinde kenne?«

Zu dieser Zeit organisierte ich von zu Hause aus eine kleine Kinderbetreuung und Pauline war die Managerin der Küche, die uns die Mahlzeiten für die Kinder lieferte. Ich hatte meine Geschichte im Januar erzählt und nun kam sie, Monate später, und bat mich, mit ihren Freunden zu sprechen. Ich zögerte mit meiner Antwort.

»Ich mache das nicht so gerne«, sagte ich.

Pauline ließ nicht locker. Sie behauptete, es seien nur ein paar Leute. Sie hätte ihnen schon von mir erzählt und sie wollten mir wirklich gerne zuhören. Ich druckste herum, aber Pauline war hartnäckig. Irgendwann während unseres Gesprächs fiel mir ein, dass sich Paulines Gemeinde in einer kleinen Stadt, zwei Stunden nördlich von mir, befand. Wenn ich meine Geschichte dort erzählte, würde mich wenigstens niemand kennen und ich würde die Menschen dort nie wieder treffen.

Bislang hatte ich nur vor kleinen Gruppen gesprochen, doch ihre Anfrage bezog sich nun auf einen öffentlichen Vortrag. Ich *hasse* es, in der Öffentlichkeit zu sprechen. Denn sobald ich vor mehr als einer Handvoll Menschen spreche, wird mein Gesicht fleckig und ich fange an zu schwitzen. Trotzdem verspürte ich Lust, wieder mit mehr Menschen über Gott zu sprechen als nur mit Virgil. Letztlich waren es nur ein paar Leute in einer winzigen Stadt zwei Stunden entfernt, sagte ich mir. Was konnte schon Schlimmes passieren? Ein paar Flecken im Gesicht? Pauline überzeugte mich schließlich und ich willigte ein.

Nachdem ich Ja gesagt hatte, bereute ich es auch schon. Doch ich hielt mir die Hintertür offen. Ich dachte, ich könnte ja immer noch absagen, wenn mir der Druck zu groß wurde.

Ein paar Tage später rief Pauline erneut an und teilte mir mit, dass sie mir den Flyer schicken würde, auf dem sie meinen Vortrag ankündigte. Einen Flyer? Warum brauchte sie so etwas für fünf Leute? Zwei Tage später rief sie wieder an und fragte, ob es mir recht sei, wenn sie noch ein paar Leute mehr einlud. Ich hatte das Gefühl, dass Pauline mich überlisten wollte.

»Weißt du, ich glaube nicht, dass ich das kann«, sagte ich ihr.

»Oh, natürlich kannst du das«, erwiderte sie.

In den Wochen vor dem Vortrag schlief ich nicht gut. Ich war kurz davor, Pauline anzurufen und die ganze Sache abzusagen.

Eines Abends dann, ich war gerade in der Küche und kochte

am Herd Essen, passierte etwas Ungeheuerliches, wie aus heiterem Himmel. Virgil stand an der Spüle und wusch benutzte Schnabeltassen ab. Wir unterhielten uns gerade über unseren Tag und unsere Kinder und darüber, was noch einzukaufen war, als plötzlich diese Botschaft – dieses Anstupsen – kam. Mit einem Mal war ich unglaublich erfüllt von Gottes Gegenwart, von Kopf bis Fuß – mitten in meiner Küche. Es war nicht so intensiv wie in seinem Himmel – aber das hatte ich ja auch als Geist erlebt. Nur dieses Mal war sein Anstupsen ausgesprochen stark und deutlich, nicht so zaghaft wie damals im Supermarkt. Es waren fünf einfache Worte, die ich vernahm und mich plötzlich vollständig beherrschten:

Erzähl ihnen die ganze Geschichte.

Ich ließ meinen Löffel fallen, machte einen Satz vom Herd zurück und schlug die Hände vors Gesicht.

»O Gott … o Gott«, rief ich.

Virgil stürzte zu mir. »Ist alles in Ordnung? Hast du dich verbrannt?«

»Er will, dass ich ihnen alles erzähle«, platzte ich heraus. »Er will, dass ich ihnen wirklich *alles* erzähle!«

Virgil wusste sofort, wen ich mit »er« meinte. Und uns war auch beiden klar, was »alles« bedeutete. Gott wollte nicht nur, dass ich über meine Zeit im Himmel sprach. Er wollte, dass ich auch mein *Leben* mitteilte. Er wollte, dass ich all meine Geheimnisse öffentlich machte – genau die Dinge, die ich mein Leben lang zu verbergen versucht hatte. Den sexuellen Missbrauch, den Selbsthass, die Abtreibung – einfach alles.

»Warum verlangt er das?«, fragte ich mich immer wieder und beschwerte mich: »O Gott, das kannst du nicht von mir erwarten.«

Virgil machte nicht viele Worte; er hielt mich nur und tröstete mich. In all den Monaten, in denen er Nacht für Nacht meine

Geschichte angehört hatte, hatte er nie den Eindruck gemacht, als würde er müde sein, sie zu hören. Nicht einmal sagte er: »Crystal, das habe ich jetzt oft genug gehört.« Seine Glaubensstärke war ein großer Trost für mich und seine unglaubliche Liebe zu Gott stärkte mich immer, wenn ich es am meisten nötig hatte. Und als ich dort stand und mir die Augen aus dem Kopf weinte und Gott anzweifelte, wusste Virgil, dass ich ihn mehr denn je brauchte.

»Wenn du meinst, dass du das nicht tun kannst, dann bete und bitte Gott, dass er dich damit verschont«, meinte er ruhig. »Aber wenn er es so will, dann musst du ihm gehorchen und tun, was er von dir verlangt.«

Was sollte ich dagegen sagen?

In den nächsten Wochen weinte ich jede Nacht. Ich bat Gott immer wieder: »Bitte, ich will das nicht tun«, und wartete auf eine seiner Eingebungen, die diese Last von mir nehmen würde. Aber es kam keine Eingebung, keine Botschaft, kein Anstupsen. Bevor ich wusste, wie mir geschah, nahte der Tag, an dem ich meinen Vortrag halten sollte. *Gott, wenn du mich davon befreien willst, dann jetzt. Die Zeit läuft!* Ich klammerte mich an die Hoffnung, dass er mich in letzter Minute erlösen würde, aber für den Fall, dass das nicht geschah, wusste ich, dass ich vor meiner Rede noch etwas zu erledigen hatte.

Ich musste meiner Mutter von der Abtreibung erzählen.

Es waren seitdem fast fünfzehn Jahre vergangen und ich hatte sie die ganze Zeit vor meiner Mutter geheim gehalten. Wenn es nach mir gegangen wäre, hätte ich es ihr nie erzählt. Gott hatte mich von meiner Scham befreit, aber meiner Familie wollte ich den Schmerz und die Auseinandersetzung damit ersparen. Und jetzt verlangte Gott, dass ich diese Sache, die ich tief in meiner Vergangenheit begraben hatte, an die Öffentlichkeit trug. Wenn es so sein sollte, schuldete ich meiner

Mutter, dass sie wenigstens zuerst davon erfuhr. Ich hatte Angst vor dem Gespräch, aber ich wusste, es ließ sich nicht umgehen.

Am Abend vor meinem Vortrag griff ich also zum Telefon und rief meine Mutter an. Als sie abhob, war mir schon zum Heulen zumute.

»Was hast du, meine Süße?«, fragte sie. »Sag mir, was los ist.«

Ich versuchte zu sprechen, konnte aber nicht aufhören zu weinen. Es war so viel schwerer, die richtigen Worte zu finden, als ich gedacht hatte.

»Mama, ich muss dir etwas sagen«, stieß ich schniefend hervor. »Aber du wirst dich für mich schämen.«

»Es ist schon in Ordnung, Baby«, antwortete sie. »Spuck es endlich aus.«

Es dauerte eine ganze Weile, ehe ich es auf den Punkt gebracht hatte. Am anderen Ende der Leitung war es still geworden und ich wusste, dass es ihr das Herz zerriss. Ich wartete auf ein »Wie konntest du nur?« und ein »Was hast du dir dabei gedacht?«. Ich wartete darauf, dass sie mir Vorwürfe machte.

Stattdessen sagte meine Mutter, dass sie mich liebte und dass sich dadurch für sie nichts änderte. Sie sagte, es täte ihr leid, dass ich das alles alleine hatte durchmachen müssen, und sie wünschte, ich wäre besser beraten worden, bevor ich das getan hätte.

»Es tut mir leid, dass du nicht zu mir gekommen bist«, sagte sie traurig. »Es tut mir leid, dass ich nichts für dich tun konnte.«

Es war eines der schwierigsten Gespräche, die ich in meinem ganzen Leben geführt habe. Aber als es vorbei war, stellte ich überrascht fest, dass ich immens erleichtert war. Ein dunkles Geheimnis, das ich so viele Jahre gehütet hatte, war plötzlich kein Geheimnis mehr. Gott hatte den Vorhang der Scham, den ich um mich gewickelt hatte, einfach angehoben.

Am nächsten Morgen, einem warmen Oktobersonntag, fuhren Virgil und ich mit den Kindern nach Thomas, Oklahoma, wo ich den Vortrag halten sollte.

~

Weder von meinem Missbrauch noch der Abtreibung hatte ich meinen Kindern erzählt, deshalb sollte Virgil mit ihnen auf dem Spielplatz vor der Kirche bleiben, während ich im Gebäude meine Rede hielt. Als ich klein war, hatte meine Mutter mir zu viele Dinge anvertraut – Erwachsenensachen –, die mich überfordert hatten, und ich wollte bei meinen Kindern nicht denselben Fehler machen. Ich wollte sie schützen vor Dingen, die sie noch nicht zu wissen brauchten. Nach meinem Vortrag wollten wir zu einem Kürbisfeld fahren, das ein Maisfeldlabyrinth hatte und wo man Heuwagenfahrten machen konnte. Jamie und Sabyre freuten sich schon darauf. Sie hatten aber keine Ahnung, wie aufgelöst ihre Mutter eigentlich war.

In der Nacht vor dem Vortrag habe ich kein Auge zugetan, ich war zu nervös, um müde zu sein. Noch auf der Hinfahrt betete ich zu Gott, mich von dem Auftrag zu entbinden. Ich trug eine Caprihose und ein hübsches Oberteil, etwas Lässiges, aber ich erinnere mich ehrlich gesagt nicht mehr daran, wie ich diese Auswahl am Morgen getroffen hatte. Ich war wie in Trance.

Als wir dann in Thomas die Kirche betraten, sah ich, dass nicht nur vier oder fünf Frauen gekommen waren, sondern über dreißig!

Ich geriet in Panik. Ich steuerte geradewegs zur Kinderbetreuung der Kirche und versteckte mich dort mit den Zwillingen. Ich wollte niemanden sehen und mit niemandem sprechen. Nach einer Weile wurde ein Snack angeboten, aber ich war zu ängstlich, um zu essen. Ich saß mit Virgil und den

Kindern an einem der hinteren Tische und vermied jeglichen Augenkontakt. Wie früher geriet ich in diesen *Crystal-will-nichts-sehen-und-nichts-hören-Zustand*.

Schließlich war der Imbiss vorüber und ich sollte meine Rede halten. Mein Herz schlug so sehr, dass es wie ein Vorschlaghammer gegen meine Brust wummerte. Virgil nahm die Kinder mit nach draußen, wo sie in einer großen hölzernen Arche spielen konnten. Ich wünschte so sehr, auch in diese große Arche klettern und mich mit ihnen dort verstecken zu können. Stattdessen lief ich durch das Kirchenschiff, nahm meinen Platz auf der Bank ein und betete weiter zu Gott.

Vorne war eine kleine Bühne aufgebaut mit einem Schlagzeug. Jemand spielte Gitarre und sang ein paar Lieder, bevor es losging. Jedes Mal wenn ein neues Lied anfing, war ich glücklich, weil es mir weitere vier oder fünf Minuten Zeit zum Beten gab. Ich hatte die Hoffnung noch nicht aufgegeben, dass Gott diese Last von mir nehmen würde, was letztlich ja bedeutete, dass ich nur aufzustehen und über seine Herrlichkeit zu reden brauchte. Doch der Gedanke, in einem Raum voll fremder Leute meine Abtreibung zu beichten, bereitete mir immenses Unbehagen.

Als das letzte Lied zu Ende ging, sah ich, wie Pauline das Podium betrat. Sie bedankte sich für das Interesse und sagte ein paar einleitende Worte. Dann begann sie, über mich zu reden. Mein Herz schlug mir bis zum Hals. Sie berichtete allen, wie ich im Dezember krank geworden war, wie ich gestorben und wieder ins Leben zurückgekommen war und dass ich ihr meine Geschichte bereits erzählt und sie mich deshalb eingeladen hatte. Und dann sah sie mich an und sagte:

»Crystal, jetzt bist du dran.«

Ich weiß nicht, weshalb meine Knie nicht einknickten, aber irgendwie schaffte ich es auf das Podium. Auf dem Weg dorthin betete und betete ich. Gott hatte noch Zeit, mir zu helfen. Aber es wäre wirklich auf den letzten Drücker. *Gott, wenn du das nicht von mir nehmen willst,* flehte ich, *dann steh mir wenigstens bei.*

Ich sah in den mit Frauen gefüllten Raum und spürte augenblicklich, wie sich auf meinem Gesicht rote Flecken bildeten. Sicher, ich war es gewohnt, in einem Klassenraum vor lauter Drittklässlern zu stehen, aber das war ja auch keine Kunst. Was sagen die schon, wenn man etwas vermasselt? Außerdem sind Drittklässler nicht sehr kritikfreudig – Erwachsene hingegen schon. Ich stand wohl eine volle Minute auf diesem Podium, ohne ein Wort herausbringen zu können.

Schließlich begann ich, meine Geschichte zu erzählen. Ich fing mit dem Sterben an, weil ich dachte, wenn ich den Teil vom Himmel zuerst brachte, hätte Gott weitere zehn Minuten, um mir den Rest zu ersparen. Als ich von dem kleinen Mädchen berichtete, fing ich an zu weinen, weil ich wusste, dass ich nur noch Sekunden hatte, bevor ich erklären musste, warum Gott mir mein jüngeres Selbst präsentiert hatte. Ich war im Begriff, mein größtes Geheimnis vor dreißig vollkommen Fremden preiszugeben. Ich weinte so sehr, dass ich die Hände vors Gesicht schlagen musste. *Jetzt ist es so weit, Gott. Jetzt oder nie. Bitte, ich will das nicht tun müssen.*

Es war ganz still.

Ich nahm die Hände vom Gesicht und sah aus den Augenwinkeln Virgil hinten in der Kirche stehen. Er hatte Jamie die Aufsicht der Zwillinge übertragen, damit er mir zuhören konnte. In dem Moment, in dem ich Virgil sah, wusste ich, dass Gott nicht eingreifen würde. Also schloss ich meine Augen, legte meine Hände wieder über mein Gesicht und fing unter Schluchzen an zu reden. Und so erzählte ich – ein schniefendes, fleckiges Häufchen Elend, das mit zitternden Händen das Gesicht bedeckte.

Fünfzehn Minuten später war alles gesagt. Der sexuelle Missbrauch, das Gefühl der Wertlosigkeit, die Abtreibung. Dinge, die ich so lange für mich behalten hatte, diese enorme Kette von Geheimnissen und Scham, die mich fast mein ganzes Leben lang versklavt hatten – alles stürzte nach draußen. Und während ich sprach, hatte ich nur einen Gedanken:

Sie denken, du bist schrecklich.

Trotzdem machte ich weiter. Was hätte ich auch sonst tun sollen? Ich hielt meine Augen geschlossen und nahm meine Hände nicht von meinem Gesicht. Dass mich überhaupt jemand so akustisch hören konnte, ist erstaunlich. Nachdem ich fertig war, vernahm ich höflichen Applaus, aber mir war egal, was die Leute über mich dachten. Ich wollte nur meine Familie wieder einsammeln und verschwinden.

Ich versuchte, auf dem kürzesten Weg zum Ausgang zu gelangen. Nur noch ein paar Schritte war ich von der Tür entfernt, als mir eine Frau in den Weg trat. Sie sah mich mit einem breiten Lächeln an und dankte mir, dass ich gekommen war. Dann trat sie näher. Einen Schritt und noch einen. Bevor ich wusste, wie mir geschah, hatte sie die Arme um mich gelegt.

Sie drückte mich fest.

Während sie mich festhielt, blickte ich über ihre Schulter und konnte nicht glauben, was ich da sah: Eine lange Schlange von Frauen, die mich ebenfalls alle umarmen wollten.

~

Eine nach der anderen trat zu mir, bedankte sich und umarmte mich. Sie sagten mir, wie sehr meine Ehrlichkeit sie beeindruckt hatte und wie schön es war, was ich über den Himmel erzählte. Ganz unterschiedliche Frauen waren dabei, junge wie alte, eine hatte Kinderlähmung, eine achtzigjährige

Großmutter mit verrückten krausen Haaren, sogar Businessfrauen in eleganten Kostümen waren darunter. Ich konnte kaum glauben, was geschah. Die harschen Urteile und die Gleichgültigkeit, die ich erwartete hatte, gab es hier in dieser kleinen Kirche nicht. Stattdessen herrschten Freude und Dankbarkeit und eine elektrisierende Anteilnahme. Pauline sagte mir später, dass sie in ihrer Gemeinde noch nie so viel Energie gespürt hatte.

Und die alte Dame mit den krausen Haaren bemerkte: »Das Licht neben dir war *so* schön.« Mein erster Gedanke war: *Wovon redet sie?* Ich hatte Gott gebeten, an meiner Seite zu bleiben, aber hatte er das etwa wirklich getan? Ich war keine Zweiflerin mehr – schließlich hatte Gott mich in den Himmel kommen lassen, deshalb konnte es ihm nicht schwerfallen, neben mir in einer kleinen Kirche zu stehen. Aber ich fühlte mich von all dem so überwältigt, dass ich auf ihre Bemerkung gar nichts antworten konnte.

Bevor ich wusste, wie mir geschah, kamen zwei weitere Frauen zu mir. Es waren attraktive Frauen um die dreißig, schick angezogen in eleganten Röcken und Blazern. Die erste bedankte sich und umarmte mich kurz, aber als die zweite die Arme um mich schlang, wollte sie mich gar nicht mehr loslassen. Sie hielt und drückte mich immer fester und ich konnte hören, dass sie angefangen hatte zu weinen. Ich wusste überhaupt nicht, wie mir geschah.

Die Frau löste die Umarmung schließlich und sah mich mit roten, verweinten Augen an.

»Ich habe das nie jemandem erzählt«, sagte sie mit sanfter Stimme, »aber ich hatte auch eine Abtreibung, als ich jünger war. Und ich dachte, dass Gott mir das nie verzeihen würde. Aber ich habe dich heute gehört. Und jetzt weiß ich, dass er dir vergeben hat, also ist es möglich, dass er mir auch vergibt.«

Nun war ich diejenige, der die Tränen kamen. Plötzlich durchfluteten mich Liebe und Verständnis, als ob sich mir gerade etwas Großartiges enthüllt hätte. Ich sah diese schöne Frau an. Ich sah, wie sie innerlich schwer gelitten hatte, und ich sah, wie Gottes Liebe anfing, sie wieder zu heilen – hier, direkt vor meinen Augen!

»Du bist das also!«, rief ich aus. »Du bist der wahre Grund, warum er wollte, dass ich das tue! Gott liebt dich so sehr!«

Ich begriff endlich, was passierte. Gott hatte mich nicht sprechen lassen, um mich zu bestrafen, in Verlegenheit zu bringen oder wie eine Idiotin dastehen zu lassen. Er hatte mich hier in diese Kirche geführt, weil er wusste, dass meine Geschichte anderen helfen würden, die Ähnliches durchgemacht hatten – es würde ihnen helfen, ihre eigenen Ketten aus Scham und Schweigen abzulegen. »Denn nur durch seine unverdiente Güte seid ihr vom Tod errettet worden«, heißt es im Epheserbrief, »und dies alles ist ein Geschenk Gottes und nicht euer eigenes Werk« (2,8f.). All die inneren Kämpfe, die ich ausgefochten hatte, all die Bedenken und Befürchtungen waren wie weggeblasen. *Deshalb* hatte er mich also zurück auf die Erde geschickt. *Deshalb* wollte er, dass ich meine Geschichte vollständig erzählte. Wenn er einer wie mir vergeben konnte, dann war das auch *anderen* möglich. Dies war die Botschaft, die meine Geschichte vermitteln sollte.

Endlich verstand ich das.

Als ich gerade aus einer der Eingangstüren »hinausschweben« wollte, bemerkte ich eine Gruppe von Leuten neben dem Altar. Sie hatten sich um eine ungefähr siebzigjährige Frau versammelt, die sich auf einen Rollator stützte und weinte. Sie hatten ihr die Hände aufgelegt und beteten.

Eine der Frauen aus dieser Gruppe kam zu mir und sagte: »Sieh dir das an.«

Ich trat hinter die Frau mit dem Rollator. Sie weinte so sehr, dass sie fast auf dem Gehwagen zusammensackte. Als sie bemerkte, dass ich in ihrer Nähe war, drehte sie sich nach mir um und sah mich über ihre Schulter hinweg an.

»Ich bin fünfundsiebzig Jahre alt«, sagte sie. »Und als ich fünf Jahre alt war, fing mein Großvater an, mich sexuell zu missbrauchen.«

Mein Herz stockte.

Die Frau stützte sich auf ihren Gehwagen und erzählte weiter: »Ich habe versucht, meiner Mutter davon zu erzählen, und sie sagte, ich solle meinen Mund halten. Ich wollte mit anderen Leuten reden, aber sie wollten alle nichts davon wissen. Und ich war so wütend auf Gott, weil ich nicht verstehen konnte, warum er mir nicht half. Und die einzige Antwort, die ich finden konnte, war die, dass er mich nicht liebte. Ich habe mein ganzes Leben lang geglaubt, dass Gott mich nicht liebt.«

Tränen liefen ihr über das Gesicht – und auch ich musste weinen.

»Und jetzt weiß ich es endlich!«, sagte sie und ihre Stimme brach. »Jetzt weiß ich, dass er mich *doch* liebt! Gott hat mich die ganze Zeit über geliebt!«

Noch an diesem Tag vertraute diese Frau ihr Leben Jesus Christus an und war mit ihren fünfundsiebzig Jahren nicht mehr dieselbe wie vorher.

Ich verließ die Kirche und stand im hellen Sonnenschein. Die einzigen Worte, die mir in den Sinn kamen, waren:

»O, Gott.«

17. Kapitel

Was in dieser Kirche passierte, veränderte mein Leben ein weiteres Mal radikal. Dennoch, wie ich schon sagte, wenn man im Himmel war, bedeutet das nicht, dass man alle menschlichen Eigenschaften ablegt. Sogar nachdem ich gesehen hatte, wie meine Geschichte diese Frauen bewegt hatte, war ich *immer* noch misstrauisch, meine Geschichte vor anderen Menschen preiszugeben. Vielleicht war das egoistisch von mir, aber ich hatte immer noch Angst vor den Reaktionen.

Dementsprechend war ich ziemlich wählerisch, wem ich mich anvertraute. Ich sprach nicht einfach Menschen auf der Straße an und sagte: *»Hey, wissen Sie was? Ich bin gestorben!«* Ich hatte Angst, dass Leute, mit denen wir uns gut verstanden, nichts mehr mit uns zu tun haben wollten, und deshalb war ich vorsichtig.

Während dieser Zeit luden Virgil und ich ein Paar zum Essen ein, mit dem wir uns angefreundet hatten. Amber war wie ich Lehrerin und ihr Ehemann, Brandon, war ein talentierter Holzarbeiter und großartiger Alleskönner. Sie besaßen eine spürbare Begeisterung für Gott und waren gleichzeitig vollkommen bodenständig. Es fühlte sich an, als würden wir sie schon ewig kennen.

Amber und Brandon hatten bereits eine Kurzversion meiner Geschichte in einer Gemeinde gehört und als sie zu uns kamen, wollte Brandon mehr darüber wissen. Ich zögerte, starr vor Angst, dass meine komplette Geschichte – insbesondere der Teil mit den dämonischen Begegnungen – sie verschrecken könnte. Aber ich wusste auch, dass es mir schwerfallen würde, diesen Teil, der zu mir gehörte, vor Leuten geheim zu halten, die ich als gute Freunde betrachtete.

Also holte ich tief Luft und fing an zu erzählen. Alle paar Minuten unterbrach ich, um zu erwähnen: »Na ja, so viel dazu. Sicher haltet ihr mich jetzt für verrückt und wir werden nie wieder etwas von euch hören.« Mindestens zwanzigmal sagte ich auch: »Ich weiß, dass sich das seltsam anhört …« Aber Amber und Brandon wollten, dass ich weiterredete. Und das tat ich.

Als ich fertig war, fragte ich: »Und wollt ihr jetzt noch etwas mit uns zu tun haben?«

Amber sagte: »Ach, hör doch auf damit. Mich schockiert das alles nicht. Hast du Eiscreme im Haus?«

Sie waren von meiner Geschichte nicht im Geringsten abgeschreckt und zweifelten auch nicht an meiner Glaubwürdigkeit. Sie akzeptieren sie, weil sie wussten, dass bei Gott alles möglich ist. Und so wurde von diesem Abend an unsere Freundschaft nur noch intensiver.

Ich konnte mich allerdings nicht darauf verlassen, dass alle Leute so unkompliziert reagierten wie Amber und Brandon, deshalb versuchte ich immer, den Ball flach zu halten. Einige Monate nach meinem Vortrag wechselten Virgil und ich die Gemeinde, weil wir eine Gemeinde suchten, die Angebote für Kinder und Jugendliche besaß. Wir wählten eine überkonfessionelle christliche Gemeinde in der Nähe, die in einem alten

Kino untergebracht war. Im Eingangsbereich befanden sich noch die Verkaufstheke und eine Popcornmaschine, beides war ziemlich beliebt bei jungen Leuten. Virgil und mir gefiel die Lebendigkeit dieser Gemeinde. Wir waren beide in konfessionellen Kirchen groß geworden, wodurch wir eine solide kirchliche Grundlage mitbekommen hatten. Aber ich hatte nie eine Gemeinde erlebt, in der Gott so offen während des Gottesdienstes angebetet wurde. Es war die Art der Anbetung, die mich wirklich berührte. Die Begeisterung der Menschen erinnerte mich daran, wie ich mich in der Gegenwart Gottes gefühlt hatte. Sie hatten keinerlei Hemmungen, ihre Hände zu heben und Gott zu loben und dabei sogar zu weinen.

Ich erinnere mich, dass ich dachte: *Diese Menschen sind nicht gestorben und Gott begegnet und sie lieben ihn trotzdem so sehr.* Virgil und ich wussten, dass wir uns hier wohlfühlen würden.

Die Gemeinde hatte ein wöchentlich stattfindendes Angebot, bei dem eine Gruppe von Leuten sich traf, um Lebenserfahrungen miteinander auszutauschen. Sie erzählten von ihren Jobs, Gebeten, Problemen und witzigen Erlebnissen. Ich fand das Angebot toll. Virgil und ich trugen uns gleich in die Liste dafür ein. Auf dem Weg zu unserem ersten Treffen sagte ich zu Virgil: »Erzähl bitte niemandem, was mit mir passiert ist.« Er verstand, dass ich nicht gleich beim ersten Mal Aufmerksamkeit auf mich ziehen wollte, und er versprach, es nicht zu erwähnen. Nach einer halben Stunde drehte sich die Unterhaltung darum, wie es wohl sein würde, Gott gegenüberzutreten. Eines der Gruppenmitglieder, eine nette Frau namens Diane, bekam feuchte Augen und sagte: »Ich kann mir das kaum vorstellen, wie es ist, Gott wirklich zu erleben.« Ich biss mir auf die Lippen und sah zu Virgil hinüber, als wollte ich sagen: »Erinnere dich daran, was du versprochen hast.« Aber Diane redete immer weiter und fragte, wie Gott wohl sein würde. Ihre Leidenschaft und ihre

Sehnsucht waren erstaunlich. Ich konnte kaum an mich halten, aufzuspringen und mit meiner Geschichte herauszurücken. Aber dann hörte ich die Stimme eines Mannes.

»Wissen Sie, meine Frau ist gestorben und war im Himmel«, sagte Virgil schüchtern.

Na toll, mein lieber Mann!

Diane und ihr Ehemann, Rudy, beugten sich augenblicklich vor. Diane bat mich: »Oh, erzähl uns mehr davon.« Alle in der Gruppe waren interessiert und wollten hören, was ich zu erzählen hatte. Trotz des plötzlichen Interesses war meine Sorge, zu sehr im Mittelpunkt zu stehen, unbegründet, denn ich beschränkte mich einfach auf eine verkürzte Version. Diane reichte das nicht. Sie ließ sich meine Telefonnummer geben und am nächsten Tag trafen wir uns und ich musste ihr ausführlich davon erzählen. Ich war sicher, dass sie sich etwas beruhigen würde, wenn sie die ganze Geschichte kannte. Aber weit gefehlt! Sie begann, in meinen Aufzeichnungen über geistliches Leben zu lesen, und wurde nach und nach eine meiner besten Freundinnen, die mich unterstützten.

Diane machte mich auch mit der Frau des Pastors bekannt. Opal hatte feuerrote Haare und ein Lächeln, das einem das Herz schmelzen ließ. Sie war farbenfroh, zielstrebig und offenherzig. Ehrlich gesagt fand ich sie ein wenig einschüchternd. Ich machte mir Sorgen, dass meine Geschichte für sie seltsam klingen würde und dass sie uns vielleicht auffordern würde, die neue Gemeinde, die wir immer mehr mochten, wieder zu verlassen. Ich war so nervös, dass ich anfing zu zittern und zu weinen.

Opal warf mir einen ihrer verständnislosen Blicke zu.

»Warum hast du solche Angst?«

Ich wusste nicht, was ich antworten sollte, was aber nichts machte, weil sie gar keine Antwort erwartete.

»Angst kann vor Gott nicht bestehen«, sagte sie. »Gott hat die höchste *Autorität.*« Opal war sehr nüchtern. Sie hörte sich meine Geschichte an und wir redeten ein wenig darüber. Sie gab mir wunderbare Ratschläge und dann stand sie einfach auf und sagte: »Ihr Lieben, ich muss los. Ich habe einen Friseurtermin.«

Ich erinnere mich, dass ich dachte: *Wow, was auch immer sie hat, ich will das auch.* Ich war fasziniert von ihrer spirituellen Stärke. Opal hatte ein solches Selbstbewusstsein, was Gott betraf, und sie vertraute so sehr auf seine Macht und Gnade. Nichts konnte sie aus der Fassung bringen, nicht einmal die dämonischen Begegnungen, die ich damals hatte und mich immer noch verunsicherten. Opal half mir zu sehen, dass es ganz egal war, was irgendjemand auf der Erde über meine Geschichte dachte. Ich wusste tief in meinem Herzen, dass jedes Wort meiner Geschichte, die ich erzählte, die Wahrheit war, und ich musste aufhören, mir um die Reaktionen der Leute Sorgen zu machen – so einfach war das! Opals Glaube und ihre Überzeugung waren so ermutigend, dass ich an diesem Abend einen ganzen Schritt der Sache näherkam, was es heißt, mit Jesus selbstbewusst und vollmächtig unterwegs zu sein.

~

Wenn Leute positiv auf meine Geschichte reagierten, war das toll. Manchmal passierte das aber auch nicht. Es gab Fälle, da glaubte ich, dass Leute kamen, um meine Geschichte zu hören, aber es veränderte sie gar nicht.

»Danke, dass du so offen mit uns geredet hast. Ich glaube, was du sagst, aber ich weiß nicht, warum das eine Bedeutung für mich haben sollte«, sagte mir eine Frau, bevor sie aufstand und ging.

Ein anderes Mal bemerkte ich, dass jemand in meiner Nähe stand und fühlte einen dieser deutlichen Anstupser – *diese Frau braucht deinen Bericht*. In meiner Rolle als »Die Frau, die aus dem Himmel zurückkam« fühlte ich mich immer noch nicht so wohl, aber dieses Anstupsen konnte ich einfach nicht ignorieren. Also näherte ich mich ihr und erzählte ihr meine Geschichte.

»Crystal, wow, ich finde das toll, aber ich weiß nicht, warum du das ausgerechnet mir erzählst«, sagte sie, als ich fertig war.

Ich konnte nicht glauben, dass ich wieder vor den Kopf gestoßen wurde. Hatte ich nicht den Auftrag, meine Geschichte den Leuten mitzuteilen, die meine Hilfe brauchten? Ich entschuldigte mich bei der Frau und verabschiedete mich. *Gott,* dachte ich, *du lässt mich wieder mal wie eine Idiotin dastehen.*

Einige Zeit später erhielt ich von dieser Frau aus heiterem Himmel einen Anruf. Sie bat mich nun um einen Gesprächstermin.

»Du hattest recht«, sagte sie, als wir uns trafen. »Es *gab* einen Grund, warum ich deine Geschichte hören sollte.« Während wir uns dann später persönlich miteinander unterhielten, stellte ich fest, wie tief verletzt sie war – genau so, wie ich es gewesen war. Und ich konnte sehen, dass Gottes Botschaft ihr geholfen hatte, den eigenen schrecklichen Vorhang der Scham zu zerreißen. Es hatte eine Weile gedauert, bis Gottes Liebe zu ihr vorgedrungen war, aber nun befand sie sich in einem Prozess der göttlichen Heilung und Wiederherstellung.

Also weiß Gott doch, was er tut, dachte ich. *Das ist doch erstaunlich!*

Wenig später bekam ich einen Anruf von der zweiten Frau. Sie sagte mir etwas Ähnliches: Dass sie beim ersten Hören meiner Geschichte Panik bekommen hatte und leugnete, dass es irgendetwas mit ihr zu tun haben könnte. Aber das hatte es!

Und als sie es hörte, wurde ihr bewusst, dass Gott nie aufgehört hatte, sie zu lieben – ganz gleich, was ihr in der Vergangenheit zugestoßen war.

Sie hatte sich endlich nach Jahren des Stillschweigens befreit.

Und nach diesen beiden Begegnungen hörte ich auf, Gottes Anstupsen je wieder infrage zu stellen.

~

Anstupser geschehen oft vollkommen überraschend, hin und wieder auch zu unpassenden Gelegenheiten. Manchmal spüre ich einen, wenn ich mit meinen Kindern einkaufe: *Erzähl es dieser Person; für sie ist es wichtig.* Das passiert zwar nicht täglich, aber doch ein paarmal die Woche. Schon oft bin ich dem dann nachgegangen, sodass Virgil und die Kinder sich gar nicht mehr wundern, wenn ich meine gewohnten Bahnen verlasse und anfange, in den höchsten Tönen vom Himmel zu reden – obwohl die Kinder manchmal genervt davon sind. Einmal warteten Sabyre und ich an der Kasse im Supermarkt, als ich das Bedürfnis verspürte, mich einer Frau anzuvertrauen, die hinter mir stand. Die Schlange war wirklich lang und die Frau war beschäftigt. Sie blätterte gerade ein Bündel Coupons durch. Nicht gerade der ideale Moment, um sein Herz zu öffnen und zu erzählen, dass man gestorben ist. Aber ich nehme diese Anstupser sehr ernst. Also drehte ich mich um und fing ein Gespräch an.

Sabyre sah gleich, worauf das hinauslaufen würde, und sagte: »Mama, ich warte dann mal da drüben auf dich.« Sie wusste aus Erfahrung, dass das eine Weile dauern konnte, und suchte sich lieber gleich einen gemütlichen Platz.

Ein anderes Mal saßen wir in einem unserer liebsten Burgerlokale. Unser Essen wurde gerade serviert, als ich drei ältere

Frauen bemerkte, die am Tisch hinter uns saßen. Ich bekam einen Anstupser wegen einer von ihnen und dachte: *Wirklich? Jetzt? Aber mein Burger ist gerade gekommen!* Doch ich wusste, eine Diskussion mit Gott brauchte ich erst gar nicht anzufangen. Also wartete ich eine günstige Gelegenheit ab und klinkte mich in das Gespräch ein.

»Hallo, ihr da drüben«, sagte ich. »Wo kommt ihr alle her?«

Es stellte sich heraus, dass wir den Ehemann der Frau kannten. Mehr brauchte ich nicht, um loszulegen.

»Ich weiß, dass das völlig verrückt klingt«, sagte ich, »aber ich bin 2009 gestorben und im Himmel gewesen.«

Die Frau sah mich mit einem vollkommen verblüfften Gesicht an. Ich wusste, dieser Moment war entscheidend. Dann fragte sie: »Würdest du dich zu uns setzen und davon erzählen?« Ich ging an ihren Tisch und trug meine Geschichte vor und als ich halb damit durch war, sah ich, wie die Augen der Frau sich mit Tränen füllten. Das war die Bestätigung. Gott hatte wieder mal recht gehabt.

»Weißt du«, sagte die Frau, als ich fertig war, »ich bin auch als Kind missbraucht worden.«

»Ich auch«, bemerkte ihre Freundin. Auch sie weinte.

Wow, gleich zwei auf einen Schlag. Danke, Gott!

Es gab nur einen Haken an der Sache. Als ich wieder an unseren Tisch zurückkam, hatte Virgil bereits meinen Hamburger aufgegessen.

Das ist mir in den vergangenen Monaten häufiger passiert. Vielleicht handelt es sich ja um eine von Gott verordnete Diät.

~

Einige Anstupser führten zu wirklich erstaunlichen Begegnungen. 2011 nahm ich an einer christlichen Konferenz nicht weit entfernt von meiner Heimatstadt teil. Am ersten Tag wanderte ich mit meinem Tablett in der Hand durch die Cafeteria und suchte nach einem Sitzplatz. Ich kannte einige der Frauen, die an der Konferenz teilnahmen, aber an ihren Tischen war es schon so voll. Der einzige freie Platz, den ich entdeckte, war an einem Tisch mit mehreren jungen Frauen, die ich noch nie gesehen hatte. Also setzte ich mich dorthin, senkte meinen Kopf und griff nach meiner Gabel.

Ich wollte gerade den ersten Bissen in den Mund nehmen, als ich das Anstupsen spürte: *Erzähl es ihr.* Ich sah auf und in das Gesicht einer hübschen jungen Frau, die mir gegenübersaß. Sie war Anfang zwanzig, mit schönen braunen Haaren, die ihr über die Schulter fielen. Ich dachte: *O Gott, bitte nicht. An diesem Tisch sitzen lauter fremde Leute. Wie soll ich das hier bewerkstelligen? Soll ich hier damit anfangen?* Ich spürte, wie mein Gesicht rot wurde.

Trotzdem legte ich meine Gabel nieder, holte Atem und sah die Frau direkt an.

»Also«, sagte ich zu ihr, »2009 bin ich gestorben und in den Himmel gekommen und Gott hat mir eben gesagt, dass ich Ihnen davon erzählen soll.«

Die Frau sah etwas überrascht aus und antwortete: »Ah … na gut.«

Ich erzählte ihr meine Geschichte. Sie saß mir nicht direkt gegenüber, was bedeutete, dass die anderen Frauen am Tisch mithören konnten, was mich etwas verlegen machte. Aber ich fuhr fort und versicherte ihr, wie sehr Gott sie liebte – so sehr, dass es für ihn keine Rolle spielte, was sie getan hatte oder was man ihr angetan hatte, weil es seine Liebe zu ihr nicht verändern würde. An dieser Stelle fing sie an zu weinen.

Gott hatte wieder mal recht gehabt. Nun ja, das hat er ja immer.

Später, als wir alleine waren, packte sie aus: »Ich habe das bislang in meinem Leben nur einer anderen Person erzählt und nicht einmal meiner Mutter«, sagte sie, »aber als ich jung war, hat mein Stiefvater mich sexuell missbraucht.« Sie hatte nie offen darüber gesprochen, was geschehen war; stattdessen verbarg sie es tief in sich, vermutlich glaubte sie, dass sie es bis zu ihrem Tod geheim halten könne. Aber an diesem Tag hatte Gottes Liebe das Geheimnis gelüftet und ihre Ketten hatten sich gelöst. Das, was zerbrochen war, konnte nun anfangen zu heilen. Ich weiß nicht, ob sie sich mit ihrer Geschichte später anderen Leuten anvertraut hat, aber ich weiß, dass Gott mich für einen Moment mit ihr zusammengebracht hat, damit er ihr sagen konnte, wie sehr er sie liebte.

Es gibt auch die Geschichte von Patricia, einer Förderschullehrerin, mit der ich zusammenarbeitete. Sie ist lebhaft, witzig, unglaublich nett und es ist toll, ihre Freundin zu sein. Einige Jahre bevor ich sie traf, war ihre Tochter Heather bei einem Autounfall getötet worden. Ich wusste davon, aber wir hatten nie darüber gesprochen.

Ich hatte Patricia eine Weile nicht gesehen, als ich Willow, die da ungefähr ein Jahr alt war, mit an ihre Schule brachte. Patricia stand in der Eingangshalle an der Cafeteria, während ihre Schüler auf der Bühne für eine Muttertagsaufführung probten. Sie sangen das Lied »You raise me up«, ein schönes Lied darüber, wie Gott uns wieder aufrichtet, wenn es uns schlecht geht. Als Patricia uns entdeckte, sah ich, dass sie weinte. Es schien, als ob der Text des Songs ihr naheging.

Dann passierte etwas Seltsames und Merkwürdiges. Willow ist ein süßes kleines Mädchen, das gerne seine Nase überall hineinsteckt und dem Leben mit einer natürlichen Neugierde begegnet, aber trotzdem ist sie nicht besonders offen, wenn sie fremde Menschen trifft. Sie ist dann ein wenig schüchtern.

Insofern war ich sehr, sehr überrascht, dass sie in dem Moment, als sie Patricia weinen sah, zu ihr lief und ihre dünnen kleinen Arme um sie schlang.

Patricia war total überrascht. Sie schloss ihre Augen, umarmte Willow und die beiden hielten sich für eine lange Zeit fest. Während ihrer Umarmung konnte ich hören, wie die kleinen Kinder ihr schönes Lied sangen – ein Lied darüber, wie man in schlimmen Zeiten »still steht und schweigend wartet – bis du kommst und bei mir bist«.

Erst als das Lied zu Ende war, ließ Willow los und kam zu mir zurück, als sei nichts Besonderes passiert. Ich ging nun selber hinüber und umarmte Patricia.

»Das war das Lied, das wir an Heathers Beerdigung gespielt haben«, sagte sie mir.

Nun wusste ich, weshalb sie geweint hatte, aber ich konnte immer noch nicht die Verbindung zu Willow herstellen. Da erzählte Patricia weiter: »Nach der Beerdigung haben wir einen Baum für Heather gepflanzt«, sagte sie. »Und es war eine Weide (engl. willow tree).«

~

War das, was da geschehen war, Gottes Werk oder nur purer Zufall? Man könnte annehmen, dass ich mir diese Frage nicht mehr zu stellen brauchte, aber gelegentlich tue ich das immer noch. Ich habe mit meinen eigenen Augen gesehen, wie Willow meiner Freundin so viel Trost spenden konnte, als sie es am meisten brauchte, indem sie etwas tat, was ich noch nie zuvor bei ihr gesehen hatte. Und das Lied? Und der Baum? Wenn das ein Zufall war, dann eine ziemlich geballte Ladung.

Ein paar Tage, nachdem das passiert war, stupste mich Gott wieder an. Er forderte mich auf, Patricia meine Geschichte zu erzählen. Ich schickte ihr eine SMS, dass wir miteinander reden müssten, und wir verabredeten uns in einem kleinen Café in der Stadt. Als ich dorthin unterwegs war, begann ich mir Sorgen zu machen. Ich hatte beinahe den Punkt erreicht, an dem es mir egal war, wenn andere Leute mich für übergeschnappt hielten – aber eben nur beinahe. Ich betete und fragte Gott, ob er sicher war, dass ich ihr meine Geschichte erzählen sollte. Und dann fragte ich Gott aus irgendeinem Grund, ob ich ihr nicht irgendetwas sagen könnte, damit sie wusste, dass es wahr war. Denn wenn sie wusste, dass ich ihr die Wahrheit sagte, würde sie auch sicher sein können, dass es ihrer Tochter gut ging.

In diesem Augenblick bildeten sich in meinem Kopf die Worte »blaues Kaninchen«.

Ich dachte: *Okay, sag einfach »blaues Kaninchen«* zu ihr, aber dann kam ich wieder davon ab, *Nein, sag das bloß nicht. Das ist nicht nur verrückt, es klingt auch so! Zum einen gibt es keine blauen Kaninchen und zum anderen ist es nur eine Dummheit, die mein Gehirn gerade eben ausgespuckt hat. Vergiss es und erwähne es ihr gegenüber nicht. Erzähl ihr einfach deine Geschichte und lass es damit gut sein.*

Aber dann, in dem Café, fühlte ich den Drang, Patricia doch von dem blauen Kaninchen zu erzählen. Ich beschloss, eine kleine Geschichte drumherum zu stricken, und behauptete, dass ich davon geträumt hätte. Kurz bevor ich begann, meine Himmelsgeschichte zu erzählen, sagte ich:

»Weiß du was, ich hatte gestern einen verrückten Traum, in dem Heather mich gebeten hat, dir von einem blauen Kaninchen zu erzählen, damit du weißt, dass es ihr gut geht. Ist das nicht merkwürdig?« Ich versuchte, das ganz beiläufig zu erwähnen, damit es sich nicht nach einer großen Sache anhörte.

Patricia saß auf einmal da wie versteinert, antwortete nicht und zeigte keinerlei Regung. Ich kam mir dumm vor.

»Träume sind schon manchmal komisch«, sagte ich. »Es tut mir leid, dass ich dir das erzählt habe.«

Und dann erzählte ich ihr meine Geschichte. Als ich fertig war, saß Patricia wieder schweigend da, mit regungslosem Gesicht. Schließlich blickte sie auf und sagte:

»Heathers Lieblingsfarbe war Blau. Und ihre Lieblingstiere waren Kaninchen. Und auf dem Bauernhof ihres Großvaters haben wir diese Kaninchen mit Schlabberohren, die wir zur Erinnerung an Heather halten. Sie hat die Kaninchen so geliebt, dass wir sie immer ›Süßer Hase‹ genannt haben.«

Patricia hatte angefangen zu weinen und ich weinte mit ihr.

»Heather hatte auch dieses alte Stoffkaninchen, das sie liebte und mit dem sie jeden Abend einschlief«, sagte sie. »Crystal, dieses alte Stoffkaninchen war blau.«

~

Gott ist ein Gott der Liebe, der Gnade und Vergebung. Er hat große Macht. In seiner Gnade kann er ganz erstaunliche und menschlich unvorstellbare Dinge tun. Ich weiß nicht, warum es mich letztlich doch so überrascht hat, dass Gott mir solch merkwürdige Worte wie »blaues Kaninchen« eingegeben hatte. Wenn etwas Derartiges passiert, bin ich selber vollkommen perplex. Vermutlich werde ich mich nie daran gewöhnen, was Gott alles kann.

In der Blumenabteilung des Supermarktes hatte ich eine andere erstaunliche Begegnung. Ich war bei Micah und Virgil war gerade mit Willow bei den Azaleen unterwegs. Da sah ich eine Bekannte, Shearl, die ihren Sohn Mickey im Rollstuhl schob. Mickey war Anfang zwanzig und hatte schwere Verletzungen von einem Autounfall davongetragen. Shearl und ich wechselten ein paar Worte, bevor sie sagte: »Weißt du, irgendwann würde ich wirklich gerne deine Geschichte hören.«

Normalerweise hätte ich darauf geantwortet: »Klar, jederzeit, wenn du magst.« Aber aus irgendeinem Grund platzte ich heraus: »Wie wäre es jetzt gleich?«

Manchmal gibt es Situationen, in denen ich meine Geschichte etwas abkürze. Ich sage dann, dass ich mich als junger Mensch wertlos gefühlt habe, anstatt all die Details meiner Abtreibung zu beschreiben. Aber in diesem Fall hatte ich das Bedürfnis, alles zu erzählen. Und das tat ich, mitten in der Blumenabteilung. Virgil nahm mir Micah ab und ich erzählte Shearl und ihrem Sohn die ungekürzte Version.

Gegen Ende, als ich darüber sprach, wie großartig Gott ist, begann Mickey zu weinen. Immer stärker, er war untröstlich. Irgendetwas musste ihn schwer getroffen haben.

»Ist alles in Ordnung, Mickey?«, fragte Shearl. »Soll Crystal aufhören?«

Ich hörte, wie Mickey die Worte hervorstieß: »Nein, sie soll weiterreden.«

Als ich fertig war, umarmte Shearl mich, dankte mir und sagte: »Wir sind gläubige Menschen. Wir glauben, dass Gott heilen und Wunder vollbringen kann.« Shearl erklärte, dass Mickey nach seinem Unfall ins Krankenhaus eingeliefert worden war und sie ihn beinahe verloren hätte. Sein Herz setzte zweimal aus und er wurde beide Male wiederbelebt.

Dann sah Mickey zu mir auf, während ihm die Tränen über das Gesicht liefen, und er versuchte zu sprechen.

»Aber ich habe Gott nicht gesehen«, sagte er mit gebrochener Stimme. »Ich habe ihn nicht gesehen.«

Ich empfand plötzlich ganz viel Liebe, Gottes Liebe, für ihn und ich kniete mich vor ihm hin, sodass ich auf einer Höhe mit ihm war, und legte meine Hände in seine.

»Mickey, ich habe auch nicht alle Antworten bekommen«, sagte ich. »Ich weiß nicht, warum du schon so viel durchmachen musstest. Ich weiß nicht, warum du diesen Unfall hattest oder warum du so zu kämpfen hast, aber eines weiß ich: Gottes Plan ist richtig. Ich habe durch den ganzen Mist, der in meinem Leben passiert ist, erst verstanden, wie er sich durch mein Leben verherrlichen will.«

Und dann fügte ich hinzu: »Gott gibt es wirklich. Er ist für uns da.«

Ich wiederholte das Letzte wieder und wieder, eine ganze Weile.

Mickey wendete den Blick nicht von mir ab. Dann fragte ich, ob ich mit ihm beten solle. Mitten in der Blumenabteilung legte ich Mickey meine Hände auf und Shearl tat dasselbe. Und während die Einkaufenden vorbeigingen und uns seltsame Blicke zuwarfen, dankten wir Gott für seine Gegenwart in unserem Leben und beteten für Mickeys Genesung.

Wir waren so dankbar, uns in den Gängen des Supermarktes getroffen zu haben.

Shearl erzählte mir später, dass Mickey meine Geschichte viel bedeutet habe. Er ist ein bemerkenswerter junger Mann, der von ganzem Herzen glaubt, dass er mit Gottes Hilfe eines Tages wieder laufen lernen wird, und niemand, der ihn kennt, zweifelt daran. Aber immer wieder gerät er in Krisen, in denen sein Glaube auf dem Prüfstand steht, wie wir alle.

»Manchmal«, sagt Shearl, »muss man die Leute einfach daran erinnern, dass es Gott wirklich gibt.«

~

Über Mickey habe ich viel nachgedacht und ich glaube, dass ich durch ihn etwas Wesentliches verstanden habe. Gott hat mir das wunderbare Geschenk gemacht, seine Nähe und Weisheit erleben zu dürfen. Das ist für mich der Grund, weshalb ich so lebhafte und leidenschaftliche Gefühle für ihn habe. Die Liebe, die ich zwischen ihm und mir gefühlt habe, hat mich für immer verändert. Dass ich dies erleben durfte, macht mich mehr als glücklich. Wie mein Leben ohne diese Erfahrung verlaufen wäre, kann ich mir kaum mehr vorstellen. Aber mir ist klar geworden:

Das ist nicht das Wesentliche – *man muss nicht sterben und im Himmel gewesen sein, um Gott zu erleben.*

Zum Beispiel Mickey – er war dort, wo ich war, in einem Krankenhaus, wo sein Leben an einem seidenen Faden hing. Trotzdem hat er in seinem Zustand Gott nicht zu Gesicht bekommen. Doch er liebt Gott mit jeder Faser seines Seins und er glaubt, dass Gott ihn wieder laufen lassen wird. Seine Leidenschaft und Hingabe sind in jeder Hinsicht ebenso groß wie meine, vielleicht noch größer, obwohl er Gott nicht gegenübergetreten ist!

Mickeys immenser Glaube berührt mich. Er ist nicht der Einzige, der das fertigbringt. Ich habe auch bei anderen Christen eine brennende Begeisterung wahrgenommen. Gläubige Menschen, die den Himmel nicht zu sehen brauchten, um zu wissen, dass Gott wirklich existiert – sie lieben ihn einfach tief und innig.

~

Im Himmel hatte ich einen besonderen Kanal, mit dem ich mich mit Gott und meinen Engeln austauschen konnte. Es fühlte sich an wie ein großes Wissen, ein Erkennen, ein Bewusstsein. Auf der Erde nutzt Gott auch besondere Formen der Kommunikation, um mit uns zu reden. Dabei teilt sich Gott uns nicht nur über Worte mit. Manchmal ist es auch ein Gefühl, das uns zu einer Person hinzieht oder einen bestimmten Ort aufsuchen lässt. Und manchmal erscheint Gott auch in unseren Träumen.

Dass ich einen Traum hatte, in dem mein Bruder Jayson vorne in der Kirche sang und den Lobpreis leitete, hatte ich bereits erwähnt. Damals war Jayson Anfang zwanzig und hatte mit erheblichen Problemen zu kämpfen. Er empfand tiefe Abscheu darüber, wie seine Kindheit verlaufen war und wie sich sein Leben seitdem entwickelt hatte. Er wurde zu einem starken, verantwortungslosen Alkoholiker. Einmal wachte er hinter dem Lenkrad seines Pick-ups auf, als der Wagen gerade mit 90 Sachen in ein Kornfeld raste. Und ein anderes Mal fuhr er mitten in der Nacht mit seinem Motorrad die zwei Stunden von Oklahoma City zu meiner Heimatstadt. Er war sturzbetrunken, trug keinen Helm und raste fast die ganze Zeit mit einer Geschwindigkeit von 150 Stundenkilometern. Sein Leben war ihm zu gleichgültig – und das aller anderen Menschen auch –, als dass er irgendetwas hätte ändern können. Er stellte sich darauf ein, einen einsamen Tod im Suff zu sterben, und hatte sich mit dem Gedanken daran bereits abgefunden.

Sein Verhalten führte zu vier Festnahmen wegen Alkoholeinfluss am Steuer. Obwohl all das passierte, stellte Jayson seine Haltung gegenüber Gott nie infrage. Während ich mich in einem ständigen Zwiespalt befand – gibt es ihn oder gibt es ihn nicht –, war für Jayson klar: »Gott existiert nicht.« Wenn ich ihn besuchte und das Thema auf Gott brachte, sagte er: »Hier wird nicht über diesen Hokuspokus gesprochen.« Und so kam es, dass wir uns nie mehr über Gott unterhielten. Trotzdem habe ich meinen Traum nicht vergessen und ich klammerte mich an die Hoffnung, dass Gott Jayson finden würde. Merkwürdigerweise vertraute ich Gott da irgendwie, dass er Jayson retten würde, obwohl ich mir unsicher war, dass er mir jemals helfen würde.

Heute sind die Dinge anders. Mittlerweile leitet Jayson die musikalische Anbetung in einer Kirchengemeinde – genau wie in meinem Traum.

Wie hat sich das zugetragen? Seltsamerweise geschah die Wende in seinem Leben in der Gefängniszelle, sagt mein Bruder. Dort saß er nach seiner vierten Festnahme und musste mit einer zehnjährigen Haftstrafe rechnen. Er erinnert sich, dass er in der Zelle aufwachte und auf der oberen Schlafpritsche lag. Unter ihm war ein Mann, ein Cracksüchtiger, der lauthals seine Unschuld beteuerte. Der Dritte in der Zelle, ein spindeldürrer alter Mann, saß auf dem Fußboden und las ruhig in der Bibel.

Nach einer Weile hatte Jayson genug von dem entschuldigenden Gerede des Drogenabhängigen, warum er den Drogentest nicht bestanden hatte. Er lehnte sich von der Bettkante herunter und gab dem Kerl Saures.

»Hörst du eigentlich selber, was du da sagst?«, sagte Jayson. »Wie du schon redest. Du bist hier, weil du auf Drogen bist. Du bist auf Drogen! Kapier das doch einfach mal!«

Da meldete der alte Mann auf dem Fußboden sich zum ersten Mal zu Wort. Jayson erinnert sich, dass er wie ein gealterter Hippie aussah, mit getönten Brillengläsern, ein Piratenschiff und einen Kompass auf die Brust tätowiert.

»Warum bist du denn hier?«, fragte der Mann Jayson, nachdem dieser mit seiner Tirade gegen den Cracksüchtigen fertig war.

Die Frage war rhetorisch. Jayson antwortete ihm nicht. Er legte sich wieder in sein Bett und starrte an die Decke. Er wusste, was der alte Mann gemeint hatte: Wer war Jayson, dass er den Drogensüchtigen zurechtwies, wo er doch selber ein eingelochter und kaputter Abhängiger war? Diese fünf Worte erteilten Jayson eine schmerzhafte und niederschmetternde Lektion. Sie ließen keinen Raum für Entschuldigungen oder Besserwisserei. Für Jayson beinhalteten sie die Aufforderung, endlich eine Bestandsaufnahme seines Lebens zu machen und zuzugeben, wie entsetzlich kaputt er war.

Und genau dort, oben auf einer Gefängnispritsche, kehrte er seinem alten Leben den Rücken.

Am nächsten Tage öffneten die Wachleute die Zellen, um die Insassen durchzuzählen. Als sie wieder hineingingen, bemerkte Jayson, dass der alte Mann nicht mehr da war.

»Was ist mit dem alten Kerl?«, fragte er den Drogensüchtigen.

»Welcher alte Kerl?«, gab der zurück.

Und als Jayson durch eine Kaution vorerst wieder auf freien Fuß kam, fragte er den Wachmann, wie viele Leute mit ihm in der Zelle gewesen seien.

»Wie viele Betten standen denn drin, du Depp?«, antwortete der Wachmann.

War der alte Mann eine Wahnvorstellung gewesen? Nicht einmal während seiner schlimmsten Alkoholexzesse hatte Jayson vergleichbare Halluzinationen gehabt. War es ein Symptom für seinen schlimmen Zustand? Oder hatte Gott ihm vielleicht ein Zeichen gegeben? Jayson war sich nicht sicher. Aber er wusste, dass er als gebrochener Mann ins Gefängnis gekommen war, und bei seiner Entlassung fühlte er sich seelisch aufgeräumter als je zuvor in seinem Leben. Er war bereit, sich zu ändern.

Und das tat er. Er fing an, die Treffen der Anonymen Alkoholiker zu besuchen, und hörte auf zu trinken. Er besuchte eine Vortragsreihe zu dem Thema »Praktische Atheisten« und ihm wurde klar, dass er eine Beziehung zu Gott aufbauen wollte.

Und am 2. November um 12:47 Uhr – er hat sich den Tag und die genaue Uhrzeit gemerkt – ließ Jayson Jesus Christus in sein Leben.

Gott rangiert nun in Jaysons Leben an erster Stelle. Ihm verdankt er es auch, dass er seine Frau Melissa kennengelernt hat, die er »Meine Nr. 2« nennt. Er ist ihr begegnet, nachdem er trocken war und einen Job an der Theologischen Hochschule angenommen hatte, an der auch sie arbeitete. Jayson wünschte sich gar keine Beziehung, aber Gott hatte andere Pläne für ihn. Melissa ist eine tolle, zärtliche Frau. Sie sieht umwerfend gut aus und »sie hat so ein breites Lächeln, mit dem sie jeden ansteckt«, wie Jayson zu sagen pflegt. Ich habe ihn noch nie so glücklich gesehen.

Inzwischen leitet Jayson beim Gottesdienst an der Hochschule, wo er arbeitet, die musikalische Anbetungszeit – genau wie in meinem Traum. »Schmerz und Angst können das Leben eine lange Zeit beherrschen«, sagt Jayson heute. »Aber Angst und Glaube können nicht nebeneinander bestehen. Man muss sich für eins von beiden entscheiden und das habe ich getan. Und nun versuche ich, alles dafür zu tun, dass Gott die Ehre zuteilwird, die ihm gebührt.«

Gott hat Jayson wie mich aus der Dunkelheit herausgeführt.

~

Über den anderen seltsamen Traum, den ich hatte, habe ich lange gerätselt. Ich hatte damals Virgil aufgeweckt und ihm erzählt, dass Gott mir seinen perfekten Plan für uns mitgeteilt hatte, von dem ich aber leider nur noch Bruchstücke wusste, zum Beispiel einige Zahlen und das Bild einer großen Mauer. Ich hatte keine Ahnung, was die Zahlen oder die Mauer bedeuten sollten, bis mein Onkel eines Abends vorbeikam und die

Bibel aufschlug. Er fragte mich, an welche Zahl ich mich erinnern könnte, und ich nannte ihm die 16. Er schlug das sechzehnte Buch der Bibel auf – das Buch Nehemia. »Was war die zweite Zahl?«, fragte er, und ich nannte ihm die 6. Er schlug das sechste Kapitel im Buch Nehemia auf und fing an, laut vorzulesen.

Es handelt davon, wie Nehemia eine große Mauer baut.

Genau genommen erneuert Nehemia die zerstörten Mauern Jerusalems. Im Grunde hätte dieses Unternehmen Jahre in Anspruch nehmen müssen, aber Nehemia schloss die Ummauerung und Befestigung Jerusalems in nur zweiundvierzig Tagen ab. »Als unsere Feinde aus den Völkern ringsum das hörten, bekamen sie Angst und verloren allen Mut«, heißt es in Nehemia 6,16. »Denn sie erkannten, dass unser Gott uns geholfen hatte.«

Nun wusste ich wenigstens, was die Mauer in meinem Traum bedeutete, aber ich verstand trotzdem nicht, was sie mit mir zu tun hatte. Was für eine Mauer sollte ich wiederaufbauen? Was sollte ich tun? Ich dachte weiter über die Mauer nach und betete, aber ich kam zu keinem Ergebnis.

Doch eines Tages stolperte ich über eine Passage aus dem Buch Jesaja:

»Gewalt wird es in deinem Land nicht mehr geben; Zerstörung und Verderben werden in deinem Land ein Ende haben. Dann nennst du deine Mauern ›Rettung‹ und deine Tore ›Ruhm‹«, heißt es in Jesaja 60,18 (NLB).

Als ich das las, wurde mir klar, dass es sich bei der Mauer in meinem Traum um keine wirkliche Mauer handelte. *Sie stand vielmehr als ein Symbol für meine »Rettung« durch Gott.* Mit Gottes Hilfe konnte ich akzeptieren, dass Christus mich mit seinem Tod erlöst hat, und nun sandte er mich durch die Tore hinaus, um anderen davon zu erzählen.

Natürlich vergleiche ich mich nicht mit Nehemia, keineswegs. Auch nach all dem, was ich erlebt habe, kenne ich nicht im Entferntesten die Antworten auf alle Fragen – ich bin eine ganz gewöhnliche Christin, die Gott liebt und beständig nach Wegen sucht, wie sie ihm näherkommen kann. Und mir ist bewusst geworden, dass mein Traum genau darauf abzielt – dass ich Gott näherkommen kann.

Jesus Christus ist für das gestorben, was ich falsch gemacht habe, auch wenn ich das einen Großteil meines Lebens nicht geglaubt habe. Mir leuchtete immer ein, dass er für die Fehler anderer Leute gestorben ist, nur nicht für meine. Ich fand mich furchtbar, seines Mitleids unwürdig. Und so konnte ich die Rettung nicht annehmen, für die Christus gestorben ist.

Aber dann beschenkte mich Gott, er machte mir das Geschenk seiner herrlichen Gegenwart und da begriff ich, dass er mich gerettet hat. Mir wurde bewusst, dass ich kein wertloser Mensch war und nichts Unverzeihliches getan hatte. Gott hat meinen Schmerz und meine Geheimnisse offenbart. Er hat meinen Vorhang der Scham zerrissen. Und nun will Gott, dass ich meine Geschichte anderen mitteile, sodass auch sie seine Hilfe annehmen können. Wenn ich über all das rede, was in meinem Leben passiert ist, dann tue ich das in der Hoffnung, dass auch andere über ihr Leben sprechen können, vielleicht zum allerersten Mal. Und wenn sie das tun, löst Gott ihren Schmerz und ihre Geheimnisse. Gott zerreißt dann die Vorhänge ihrer Scham, sodass auch sie Erlösung, Vergebung und Wiederherstellung erfahren dürfen.

Gottes Hilfe stand für sie wie für mich von jeher bereit. Wir dürfen sie in Anspruch nehmen. Wir brauchen uns nur für ihn zu entscheiden.

Und deshalb, denke ich, hat Gott mich in dem Glauben gelassen, dass ich in den Himmel zurückkehren könnte, obwohl es sein Plan war, dass ich wieder auf die Erde komme. Gott hat mir die Möglichkeit gegeben, mich für ihn zu entscheiden, und genau das habe ich getan – ich wollte bei Gott bleiben. Vorher konnte ich mir nicht vorstellen, dass ich Gott mehr als alles andere auf der Welt lieben würde, aber sobald ich die Entscheidung getroffen hatte, bei ihm zu bleiben, verstand ich nicht mehr, wie ich für irgendetwas mehr Liebe hatte empfinden können als für ihn. Gott hat mir die Entscheidung überlassen, damit ich mich immer daran erinnern kann. Es war die wichtigste aller Entscheidungen.

Aber warum, könnte man fragen, wurde Gottes Botschaft mir in einer so verwirrenden Form vermittelt? Warum musste ich erst träumen, in der Bibel nachlesen und auf die Verse von Jesaja stoßen? Warum hat Gott mir das nicht einfacher erklärt? Ich denke, er sehnt sich danach, dass wir uns für ihn entscheiden. Er wünscht sich, dass wir ihn finden wollen. Wenn Gott uns bloß Anweisungen geben würde, wären wir wie Marionetten. Aber Gott hatte niemals vor, Marionetten in die Welt zu setzen; er hat lebendige, atmende Menschen mit freiem Willen geschaffen. Wir entscheiden uns nicht für Gott, weil wir das müssen, sondern wir dürfen uns aus Liebe und freien Stücken für ihn entscheiden.

Inzwischen bin ich überzeugt, dass ich deswegen auch Zeugin dieser dämonischen Attacken wurde. Über sie zu sprechen, fiel mir am schwersten, da ich diese Erlebnisse am liebsten für mich behalten wollte. Aber sie sind wirklich passiert, einfach so, und ich musste irgendwie damit klarkommen. Sie waren ein weiterer Schritt, dass ich erkannte, Gott gibt es wirklich. Denn die Tatsache, dass ich Todesangst vor diesen Dämonen empfand, machte mir bewusst, dass es den Widersacher wirklich gibt. Und wenn er Realität ist, warum sollte ich dann nicht auch an die Existenz Gottes glauben? Was mich für den Feind so verwundbar machte, war einzig und allein meine Angst, denn er lebt von der Angst. Ich fühlte mich wie ein verlorenes Schaf, das sich von der Herde entfernt hat und so den Hirten dazu zwingt, nach ihm zu suchen. Der Feind kommt, wenn man sich allein und ängstlich fühlt. Und ich war einsam und allein … bis ich gerettet wurde.

Bis Gott mich fand und ich Gott gefunden habe.

Für diese Erlösung braucht es eine Beziehung mit dem lebendigen Gott. Daher bedeutet Erlösung nicht, eine Freikarte zu erhalten, die einem erlaubt, alles zu tun, was man will. Fehler, die man macht, behalten immer ihre Relevanz. So trauere ich immer noch um das Kind, das ich abgetrieben habe, und mein Herz ächzt noch immer unter all den falschen Entscheidungen, die ich getroffen habe. Mein menschliches Antlitz wird immer die Narben dieser Fehler tragen, aber weil ich Gott über alles andere gestellt habe, hat er meinen Geist gereinigt.

Gott hat mich erlöst.

Was keineswegs bedeuten soll, dass uns die Erlösung nur einen Platz im Himmel sichert. Erlösung geschieht bereits hier auf Erden. Gott hat einen Plan für uns, und zwar hier, heute, genau jetzt. Es ist sein Wille, dass wir unser Leben in großer Ganzheit und Fülle leben, ihm zuliebe. Aber das können wir nicht, wenn wir von Geheimnissen, Schuld und Schamgefühlen erdrückt werden.

Gott hat mir meine Schuld vergeben – und auch ich hege keinen Groll mehr gegen all die Menschen, die mich in meinem Leben verletzt haben. Vielmehr empfinde ich heute eine tiefe Liebe für sie und bewahre sie in meinem Herzen – meine wunderbare Mutter, die viele Fehler gemacht hat, aber stets zu mir gestanden hat und immer für mich gekämpft hat; mein Vater, der sich genauso nach Liebe und Anerkennung gesehnt hat wie ich und der sein Bestes gab, mir ein guter Vater zu sein;

mein Stiefvater, der selbst mit dämonischen Kräften zu ringen hatte und trotz alledem seiner kleinen Tochter Liebe schenken konnte, wenn er es nur wollte. Selbst gegen die Männer, die mich missbraucht und schlecht behandelt haben, hege ich keinen Groll.

Aber am allerwichtigsten ist, dass ich mir selbst vergeben habe.

Jeder Mensch, wir alle, sind wunderbare Geschöpfe Gottes – nur die Sache ist die: Wir haben seine Liebe so abgrundtief nötig.

18. Kapitel

Was kommt jetzt als Nächstes? Ich meine, was passiert jetzt mit mir, nachdem ich gestorben und zurückgekehrt bin, im Himmel war und Gottes Botschaft bereits einigen anderen Menschen mitgeteilt habe? Was ist die nächste Station auf diesem besonderen und einzigartigen Weg, den ich gehen darf?

Ich habe keine Ahnung.

Niemand von uns weiß, was die Zukunft für einen bereithält. Aber das Schöne ist, wir brauchen es auch nicht zu wissen. »Denn ich allein weiß, was ich mit euch vorhabe«, erklärt Gott in Jeremia 29,11. »Ich, der Herr, werde euch Frieden schenken und euch aus dem Leid befreien. Ich gebe euch wieder Zukunft und Hoffnung.«

Ich bin zurzeit so dankbar, vor allem für meine Familie. Mit ihr erlebe ich so viel Freude und Glück, jeden Tag. Dank empfinde ich auch gegenüber Großmutter Ernie, die ich weiterhin sehr vermisse. Ich erinnere mich noch immer daran, wie ich mich unter ihrem Mu'umu'u versteckt habe und mit ihr auf diesen Trittsteinen durch ihren wunderschönen Garten spaziert bin. Diese Steine liegen jetzt direkt vor meinem Haus. Und jedes Mal wenn ich darauf trete, vermisse ich meine Oma. Aber ich weiß auch, dass sie immer bei mir ist, fest in meinem Herzen.

Ich telefoniere oft mit meinem Vater, wir verstehen uns inzwischen ganz gut. Ich kann mit ihm über vieles reden, was mit meiner Mutter nicht geht, da sie immer gleich emotional wird, während mein Vater, der ja seine Gefühle nie so zeigt, immer ruhig Blut bewahrt. Es fällt uns immer leichter, freundschaftlich miteinander umzugehen.

Gestern habe ich Micah, der mittlerweile eine kleine Brille trägt, angesehen und er sah so süß aus, dass ich ihn mir schnappen und fest an mich drücken musste. Während ich ihn umarmte, fiel mir plötzlich auf alten Kinderfotos meines Vaters auf, wie sehr Micah ihm ähnelt. Ich habe mich gefragt, ob mein Vater jemals so geschnappt und gedrückt wurde, als er klein war. Ich griff mir gleich eine Kamera, machte ein Foto und schickte es meinem Vater. Ich schrieb ihm einfach, dass ich ihn liebe. Damit habe ich quasi auch ihn umarmt.

Mir ist klar geworden, dass er ein besserer Vater war, als ich es wahrhaben wollte. Und ich weiß, dass er mich sehr gern hat. Über die beiden Jahre, die ich bei ihm in Illinois verbracht habe, sagt er jetzt, dass es die besten in seinem Leben waren.

Und meine Mutter … nun, sie liebe ich natürlich auch. Wie ich schon sagte, ist sie die Einzige, die mein Leben lang für mich da gewesen ist, sogar, als wir uns mit Zähnen und Klauen bekämpft haben. Ich habe nie ihre vielen kleinen, liebevollen und freundlichen Gesten vergessen und ich gebe einige davon nun an meine eigenen Kinder weiter – wie die kleinen Zettel, die ich in den Servietten der Frühstückdosen verstecke. Ich habe von meiner Mutter viele Dinge gelernt und tue das immer noch.

Die Zwillinge entwickeln sich Gott sei Dank prächtig. Wenn man ihnen zusieht, wie sie im Wohnzimmer herumlaufen und

Seifenblasen fangen, kann man nicht glauben, dass sie bei ihrer Geburt weniger als ein Päckchen Zucker gewogen haben. Ich kann gar nicht sagen, wie glücklich es mich macht, sie mit ihrem Vater zu sehen, der ganz schön vernarrt in sie ist. Und was soll ich über Virgil sagen, den freundlichsten und liebevollsten Mann, der mir je begegnet ist? Seine Unterstützung für mich ist unerschütterlich und scheint nie aufzuhören. Gott ist mein Fels, das ist sicher, aber auch auf Virgil kann ich mich vollständig verlassen.

Mein Sohn Jamie wächst mittlerweile zu einem bemerkenswerten Mann heran. Er ist liebevoll und nett zu seinem kleinen Bruder und seinen kleinen Schwestern und er hat ein gutes, mitfühlendes Herz. Er geht jetzt auf die Highschool und spielt Trompete in der Schulband. In seiner Freizeit hat er auch ziemlich gut Geige spielen gelernt. Er erinnert sich fast nicht mehr an seinen Motorradunfall, obwohl er manchmal an feuchten Tagen noch einen Schmerz in seinem Knie verspürt und auf seinem rechten Ohr nichts hören kann. Seinen Freunden muss er immer sagen: »Kommt auf meine andere Seite, damit ich euch hören kann.« Es gibt Tage, an denen er noch die alte Wut verspürt, aber er hat unermüdlich daran gearbeitet, das Beste aus sich zu machen. Es wäre sein Traum gewesen, zum Militär zu gehen, aber mit seiner einseitigen Taubheit wird das nicht klappen. Er hat sich schon damit abgefunden, auch weil er eine starke und persönliche Beziehung zu Gott hat. »Ich glaube, dass Gott mein Leben so leitet, dass ich das tun kann, was er für mich vorgesehen hat«, sagte er. »Ich lasse es auf mich zukommen. Ich tue einfach das, was Gottes Plan ist.« Jetzt träumt er davon, aufs College zu gehen und Polizist zu werden, und ich habe keinen Zweifel, dass er das großartig hinbekommen wird.

Meine hübsche Tochter Sabyre, die gerade auf der Highschool angefangen hat, macht sehr gerne Musik. Sie wünscht sich, nach Nashville zu reisen. Sie liebt Ed Sheeran und Taylor Swift und die Band Jesus Culture. Sie will eines Tages ein eigenes Demoband aufnehmen und vielleicht Sängerin werden. Ich kann nur sagen, dass sie eine großartige Stimme hat, und ich kann mir das gut vorstellen. Sie ist sogar eingeladen worden, beim Lobpreisteam in unserer Gemeinde mitzumachen, das war eine große Ehre. Ich bin so stolz auf sie! Sabyre hat zu ihrem leiblichen Vater keine nennenswerte Beziehung, obwohl sie es wirklich – mit Gottes Segen – versucht hat. Noch vor Kurzem hat sie ihrem Vater, der gerade im Gefängnis sitzt, einen langen, bewegenden Brief geschrieben, in der Hoffnung, dass sie wenigstens ab und zu telefonieren könnten. Aber er antwortet nicht. Es bricht mir das Herz zu sehen, wie Sabyre jeden Tag in den Briefkasten guckt. Aber, wie gesagt, Kinder sind hart im Nehmen. Sabyre ist entschlossen, ihrem Vater *jede Woche* einen neuen Brief zu schicken, bis er irgendwann antwortet.

Und in diesen Briefen kämpft sie um einen Vater, an den sie sich nicht erinnert, und erzählt ihm von einem Gott, den er nicht kennt. Wie Jamie hat Sabyre eine sehr starke Beziehung zu Gott. Letzten Sommer war sie auf einem christlichen Jugendcamp und diese Erfahrung hat sie verändert – so sehr, dass Sabyre zu mir kam und sagte: »Mama, ich will mich taufen lassen.«

So fuhren wir alle an einem warmen Augusttag zu Lake Altus, einem Badesee in der Nähe. Sabyre bat Amber, die wie eine große Schwester für sie ist, die Taufe durchzuführen.

»Darfst du mich denn überhaupt taufen?«, witzelte Sabyre mit ihr.

»Oh, natürlich«, sagte Amber. Dann lief sie zu ihrem Pastor und fragte, ob sie tatsächlich eine Erlaubnis benötigte, um jemanden zu taufen. Es stellte sich jedoch heraus, dass ihre Liebe und Begeisterung für Gott alles waren, was sie dazu brauchte.

Während Jamie am Strand auf die Zwillinge aufpasste, wateten Sabyre, Virgil, Amber und Brandon bis zur Hüfte ins Wasser. Ich ging nur bis zu den Knien hinein, damit ich Fotos machen konnte. Wir behielten alle unsere normalen Kleider an, deshalb warfen uns die Strandbesucher ein wenig seltsame Blicke zu. Aber, hey, ich habe gelernt, dass Verlegenheit ein kleiner Preis ist, wenn man dafür an Gottes Größe teilhaben kann.

Amber ging ins Wasser mit der abgenutzten, alten, blauen King-James-Bibel ihres Großvaters, die sie bei Kolosser 2, 13–14 aufgeschlagen hatte. Während Brandon Sabyre hielt, las Amber aus der Bibel vor: »In Gottes Augen wart ihr tot, aber er hat euch mit Christus lebendig gemacht und alle Schuld vergeben. Gott hat den Schuldschein, der uns mit seinen Forderungen so schwer belastete, eingelöst und auf ewig vernichtet, indem er ihn ans Kreuz nagelte.«

Dann legte Brandon Sabyre zurück und tauchte sie ins Wasser. Die arme Sabyre fürchtet sich aus irgendeinem Grund vor Fischen und sie hatte schreckliche Angst, mit so einem schuppigen Ding aneinanderzugeraten. Sie hatte im Spaß sogar angekündigt, dass sie Fischfutter mitbringen würde, das sie an einer anderen Stelle ausstreuen würde, aber zum Glück war das nicht nötig. Sabyre kam aus dem kalten Wasser wieder hoch und Amber sagte zu ihr: »Gehe hin und beginne ein neues Leben in Liebe und Gnade, ein Leben zu Ehren Gottes.«

Danach war es zu heiß, um sich noch länger am See aufzuhalten, also fuhren wir wieder nach Hause und aßen eine Tauf-Eiscremetorte. Die Zwillinge tanzten herum, so wie sie es immer tun, und alle waren glücklich und fröhlich und freuten sich, dass sie dabei waren. Es war einer der glücklichsten Tage in meinem Leben. Ich saß auf meinem Sofa, umgeben von meiner Familie, und ich dachte: *Danke, Gott!*

Bevor das alles passiert ist, habe ich nicht geglaubt, dass es Gott wirklich gibt, aber jetzt weiß ich – mit einer Gewissheit, die alles andere übersteigt –, dass Gott wirklich existiert und bei mir ist.

Vor diesen Ereignissen dachte ich, dass ich seine Liebe und Erlösung nicht verdiene, jetzt weiß ich, dass ich es wert bin.

Früher habe ich mich gefragt, wie es sein würde in Gottes Gegenwart, und jetzt weiß ich, es ist großartig.

Und das kann *jeder* erfahren.

Man muss dazu nicht sterben und in den Himmel kommen. Es reicht vollkommen, wenn man sich für ein Leben mit Gott entscheidet, um seine Gegenwart zu spüren.

Der *Glaube* an ihn genügt dafür.

Irgendwann, nachdem ich gestorben und im Himmel war, zog meine Mutter ein altes Familienalbum hervor und fand darin dieses alte Foto. Ich war damals drei Jahre alt und trug dasselbe Outfit, mit dem ich mich selbst im Himmel gesehen hatte.

»Mitten im Leid
triumphieren wir über alles
durch die Verbindung mit Christus,
der uns so geliebt hat.

Denn ich bin ganz sicher:

Weder Tod noch Leben, weder Engel noch Dämonen,
weder Gegenwärtiges noch Zukünftiges,
noch irgendwelche Gewalten,
weder Hohes noch Tiefes oder sonst irgendetwas
können uns von der Liebe Gottes trennen,
die er uns in Jesus Christus, unserem Herrn, schenkt.«
Römer 8, 37–39

Mein Vater Brad mit meiner Mutter Connie, im Jahr 1975, als die beiden geheiratet haben.

Weihnachten 1979: Meine Mutter freute sich, wie viel Spaß ich mit meinen drei Jahren hatte, die Geschenke auszupacken.

Ich hatte mich für eine Verabredung zum Spielen richtig herausgeputzt. Leider kam niemand vorbei – aber ich hatte Spaß mit den Pusteblumen.

Wenn uns Oma Ernie und Paw Paw besuchen kamen, bedeutete das immer viel Spaß für mich und meinen Bruder – so auch 1982.

Ich liebte es, meinen kleinen Bruder in der Babyschaukel, die in unserem Garten stand, anzuschubsen.

Mein Vater – einfach ein cooler Typ. Vor allem, wenn er mich mit seiner Corvette abholte.

Süße sechzehn: Ein Foto aus meiner wilden Zeit (1993).

Abendessen bei meiner Tante: Jayson, meine Mutter, Onkel Al, Tante Bridget, Marie – eine Freundin der Familie – und ich (v.l.n.r.).

Es war Liebe auf den ersten Blick: mein Sohn Jameson Payne, wenige Stunden nach seiner Geburt.

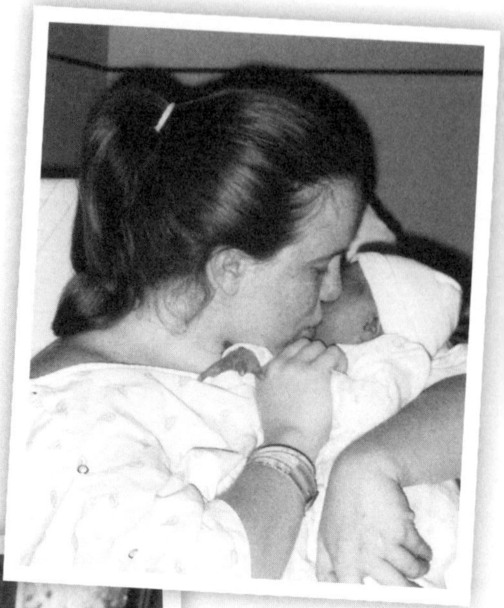

Jamie mit seinen 18 Monaten liebte es, dauernd diese komischen Ohren zu tragen.

Glücklich zu dritt: Sabyre, Jamie und ich (2001).

Jamie gemeinsam mit den Feuerwehrmännern, die ihm nach dem schweren Unfall das Leben gerettet haben. Als Erinnerung brachte er ihnen ein Foto mit. Dann bekam er eine Führung durch das Feuerwehrhaus.

Mein Vater ließ es sich nicht nehmen, mir zum Abschluss des Colleges einen Besuch abzustatten (2003).

Januar 2005: Unser Hochzeitstag. Die Trauung fand in den Räumen des Kindergottesdienstes statt. Unser Pastor George Lupton traute uns und Sabyre und Jamie waren natürlich schick angezogen.

Der Moment, als ich meine Tochter Willow zum ersten Mal sah (2009).

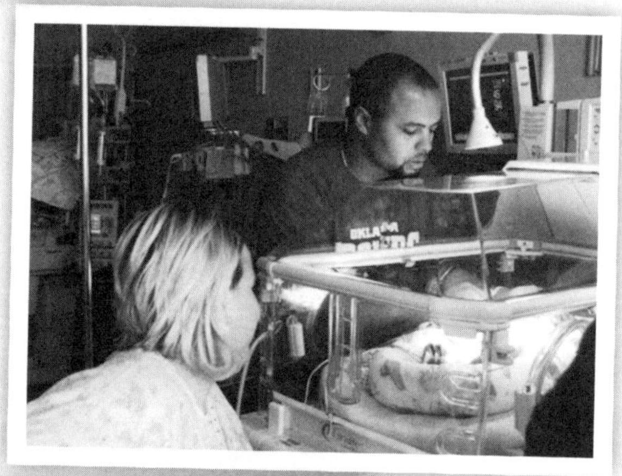

Ich werde es nie vergessen, als ich Micah das erste Mal im Arm halten durfte.

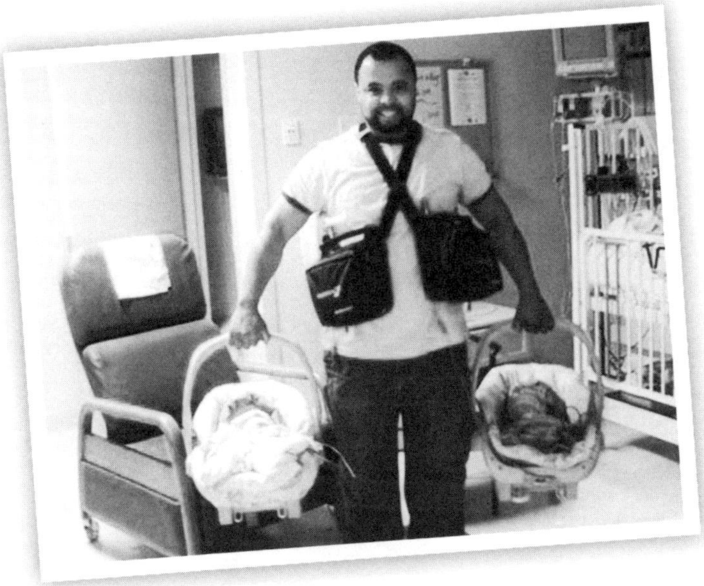

Nach zehn Wochen konnten wir endlich das Krankenhaus verlassen. Virgil ist da behangen mit den beiden Überwachungsmonitoren von Micah und Willow.

Familienfoto im Juli 2009, vier Monate vor meiner Nahtoderfahrung (Foto: Amy Hart).

Mein Bruder Jayson und seine Frau Melissa. Ich bin so froh, dass die beiden sich gefunden haben.

Meine Familie – ich danke Gott jeden Tag für dieses wunderbare Geschenk.

MIX
Papier aus verantwortungsvollen Quellen
FSC® C014496

Verlagsgruppe Random House FSC® N001967
Das für dieses Buch verwendete FSC®-zertifizierte Papier *Munken Premium Cream*
Lieferant: Arctic Paper Munkedals AB, Schweden

Die amerikanische Originalausgabe erschien bei HowardBooks, a division of Simon & Schuster, Inc., 1230 Avenue of the Americas, New York, NY 10 020 unter dem Titel: »Waking up in heaven – a true story of brokenness, heaven, and life again«

1. Auflage 2014
Bestell-Nr. 816939
ISBN 978-3-86591-939-7

Umschlaggestaltung: Björn Steffens
Umschlagfoto: Shutterstock
Satz: Greiner & Reichel, Köln
Druck und Verarbeitung: GGP Media GmbH, Pößneck
Printed in Germany